FÜR DANA

WEIHNACHTEN
2008

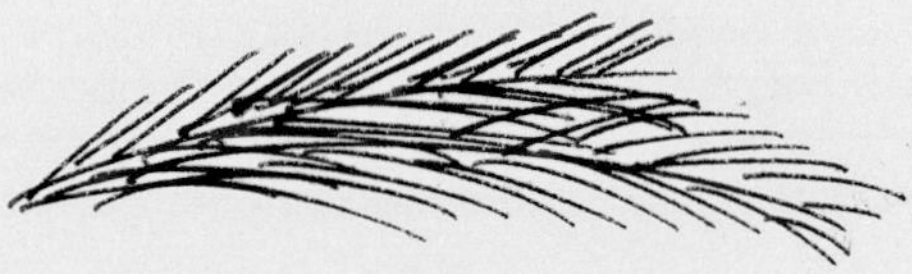

AQUARIENFISCHE

DIE BELIEBTESTEN TROPISCHEN SÜSSWASSERFISCHE

AQUARIENFISCHE

DIE BELIEBTESTEN TROPISCHEN SÜSSWASSERFISCHE

JOHN A. DAWES

Entwurf und Realisation: Stonecastle Graphics Ltd

Übersetzung aus dem Englischen:
Dr. Cornelia Panzacchi
Dr. Marion Pausch
Susanne Schmidt-Wussow
Jorunn Wissmann

Satz und Redaktion: Gerdi Killer für
bookwise Gmbh, München
Fachlektorat: Harro Hieronimus
Koordination: trans texas GmbH, Köln

ISBN: 1-40541-345-X

Printed in China

Bildnachweis

Alle Fotos © Parragon Books Ltd von Peter Gathercole mit folgenden Ausnahmen:
© Peter Gathercole, Seiten: 13–15, 17–33.
© Photomax, Seiten: 34u, 37, 65, 81, 111, 123u, 127, 132, 136o, 137, 138, 152, 155, 158, 170, 172, 174, 182, 184, 197, 206, 212, 214, 215, 222, 223, 225, 226, 227.
© David Allison, Seiten: 198, 236.
© Dennis Barrett, Seiten: 40u, 41.
© John Dawes, Seiten: 21ol, 38, 69u, 161.
© Aaron Norman, Seite: 159.
© Gina Sandford, Seite: 112.
© Bill Tomey, Seite: 95.
© K. A. Webb, Seite: 169.

Danksagung

Mein herzlichster Dank gilt all jenen Menschen, ohne die dieses Buch nicht erschienen wäre. Sue Pressley und Paul Turner von Stonecastle Graphics waren während dieses Projekts die Professionalität in Person, nahmen unseren Umzug von Großbritannien nach Spanien – den wir mitten in den Arbeiten an dem Buch durchführten – gelassen hin und standen die ganze Zeit über konstruktiv zur Seite. Dank gebührt auch Derek Lambert, der unserem Fotografen Peter Gathercole seine herausragende Sammlung lebendgebärender Fische zugänglich machte, ebenso den verschiedenen Fotografen, die uns ihre wertvollen Bilder für unsere Sammlung zur Verfügung stellten. Ich danke auch John Chalmers von Hobbyfish, wo viele der Fotos entstanden. Mein besonderer Dank schließlich geht an Vivian, meine Frau und scharfsichtige Kritikerin, der keine meiner Nachlässigkeiten entgeht, vor allem wenn ich wieder einmal den Wald vor lauter Bäumen nicht sehe ... und die mich stets motiviert, aufbaut und ermuntert, wenn ich es am meisten brauche.

INHALT

Vorwort

Auch wenn Sie selbst noch nie Fische gehalten haben, kennen Sie sicher jemanden, der ein Aquarium besitzt – so verbreitet ist dieses schöne Hobby. Gründe für seine große Anhängerschaft gibt es viele, und sie sind ebenso unterschiedlich wie die Menschen, die sich ein Aquarium zulegen. Manche entdecken ihr Hobby schon als Kind. Für sie ist ein Leben ohne das Halten von Fischen ganz einfach undenkbar. Viele andere stoßen erst als Erwachsene darauf und fragen sich oft, wie sie bisher ohne die vielen Freuden ausgekommen sind, die ein Aquarium bietet.

Manche Menschen steigen mit einem einzigen Aquarium ein und bleiben ihr ganzes Leben lang dabei. Andere fangen mit einem kleinen Aquarium an und errichten irgendwann Anbauten oder sogar ganze Gebäude für ihre stetig wachsende Sammlung.

Manche entwickeln einen Wissenshunger nach allem, was mit dem Aquarium zu tun hat. Sie studieren die Lebensweise der Tiere, reisen in die Herkunftsorte ihrer Lieblinge, besuchen Fischzuchtanlagen und Konferenzen, schreiben Artikel und Bücher, halten Lesungen und zeigen Filme. Andere gehen die Sache entspannter an und besuchen das öffentliche Aquarium oder schauen gelegentlich bei ihrem Händler vorbei.

Das Schönste an diesem Hobby ist, dass all diese Ansätze und zahllose andere gleichermaßen „gültig" sind.

Zwei der großen Vorzüge, die die Haltung tropischer Süßwasserfische mit sich bringt, sind die bunten Farbtupfer und der Hauch von Exotik, die mit den Tieren in unsere Wohnzimmer kommen.

Ein gut bepflanztes Aquarium, ausgestattet mit bunten Fischen, ist die Grundlage für ein schönes Hobby.

Es gibt genug Raum für all unsere unterschiedlichen und veränderlichen Geschmäcker und noch mehr!

Wenn dies das erste Aquarienbuch ist, das Sie je in die Hand genommen haben, dann hoffe ich, Sie gewinnen einen so positiven Eindruck, dass Sie einen Schritt über das reine Interesse hinaus gehen und sich uns anschließen. Wenn Sie aber schon ein eingefleischter Aquarianer sind, dann finden Sie sicherlich wertvolle Informationen in diesem Buch, das ich sowohl im Hinblick auf Neulinge als auch auf „alte Hasen" geschrieben habe.

So habe ich grundlegende Informationen für all jene mit hineingenommen, die Orientierung brauchen, aber auch die neuesten Erkenntnisse zu vielen Familien, Gattungen, Arten und Varietäten, aus denen der umfassende Artenteil besteht. Ab und zu habe ich auch persönliche Details einfließen lassen, die ich während meiner Reisen und Sammelausflüge zusammengetragen habe und die nur selten – wenn überhaupt – einen Weg in ein Aquarienbuch finden.

Dieses Projekt war eine Herausforderung und eine große Freude für mich. Ich hoffe, dass etwas von dieser Freude aus den folgenden Seiten spricht.

Viel Spaß mit Ihrem Aquarium!

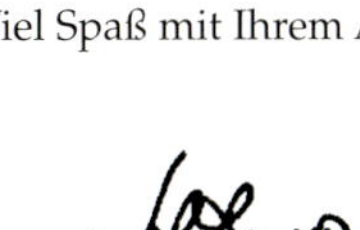

John Dawes

EINFÜHRUNG ZUM PRAKTISCHEN TEIL

EIN TROPISCHES Süßwasseraquarium einzurichten ist immer ein spannendes und unterhaltsames Vorhaben und überdies eine Entdeckungsreise, bis das Aquarium für die ersten Fische und Pflanzen vorbereitet ist.

Vor über 45 Jahren habe ich als Siebenjähriger mein erstes Aquarium eingerichtet. Es war ein altmodisches Vollglasgefäß, dessen unebene Seiten die Gestalt der Bewohner verzerrten. Trotzdem hinterließ es offensichtlich einen bleibenden Eindruck bei mir, da ich noch immer neue Aquarien einrichte und mich noch immer daran begeistern kann. Eine Lektion, die ich sehr früh lernte, hieß: Die Natur lässt sich nicht hetzen. Wir können sie unterstützen, aber wenn wir zu schnell zu viel verlangen, führt das unweigerlich zu Katastrophen und Enttäuschungen. Das bedeutet nun allerdings nicht, dass es nur eine einzige Vorgehensweise gibt, ein Aquarium erfolg-

Ein ausgewogenes Gleichgewicht zwischen Fischen und Pflanzen fördert das langfristige Wohlergehen der Aquarienbewohner.

reich einzurichten. Tatsächlich sind die Richtlinien auf den folgenden Seiten nur Vorschläge. Sie stehen aber immerhin für eine Technik, die bei mir über die Jahre gut funktioniert hat und die Ihnen hoffentlich dabei hilft, die frühen Stadien Ihres neuen Daseins als Aquarianer ohne größere Missgeschicke zu überstehen.

Unbedingt einzuhalten sind nur die Naturgesetze. Wenn die Bedingungen in einem Aquarium nur einer bestimmten Anzahl oder Art von Fischen und/oder Pflanzen zuträglich sind, kann man nur wenig machen, außer die Bedingungen zu ändern. Verträgt beispielsweise eine Fischart nur einen bestimmten Gehalt an Abfallprodukten im Wasser, lässt sie sich nicht dazu „zwingen", eine höhere Konzentration zu tolerieren, indem man die Wasserqualität einfach ignoriert. Früher oder später (normalerweise früher!) werden alle Fische darunter leiden. Wenn wir jedoch eine Möglichkeit finden, die Abfallstoffe zu kontrollieren, indem wir etwa ein effektives Wasseraufbereitungssystem installieren, dann werden wahrscheinlich alle Fische überleben.

Mit dieser vorrangigen Überlegung – dass das Wohlergehen unserer Fische und Pflanzen an erster Stelle steht – werden im ersten Teil des Buches die verschiedenen Grundaspekte der Aquarienhaltung vorgestellt.

Ein gut bepflanztes Aquarium bietet den Fischen eine natürlich aussehende Umgebung.

AQUARIUM

VOR VIELEN JAHREN waren Goldfischgläser groß in Mode. Dann änderten sich die Einsichten, und die Beliebtheit des einst allgegenwärtigen Fischbeckens schwand. Zu diesem Rückgang haben auch andere Faktoren beigetragen, darunter besonders der oft zitierte Vorwurf, die runden Behältnisse seien wahre Folterkammern für die Tiere. Tatsächlich wurden in diesen Gläsern Fische gehalten, die viel zu groß dafür werden – immerhin können Goldfische Längen bis 30 Zentimeter erreichen. Damit man gar nicht erst in die Versuchung kommt, gehören Goldfischgläser – selbst die mit Technik – nicht zu den geeigneten Aquarien.

Das Aquarium muss immer auf die Endgröße der darin gehaltenen Fische abgestimmt sein. Es macht keinen Sinn, groß werdende Fische in einem kleinen Aquarium pflegen zu wollen. Und entgegen einer weit verbreiteten Ansicht passen sich die Fische nicht der Aquariengröße an, sondern zu kleine Becken behindern das Wachstum und lassen die Fische kränkeln.

Der Schlüssel liegt darin, von einem System nichts zu verlangen, das es nicht leisten kann. In Wahrheit kann das emotionsgeladene Etikett „Folterkammer" auf jedes Aquarium geklebt werden, unabhängig von der Größe, wenn wir die Grundprinzipien der artgerechten Tierhaltung außer Acht lassen.

JE GRÖSSER, DESTO BESSER

Nach diesem Grundsatz lohnt es sich, das größte Aquarium zu wählen, das Sie sich leisten können und das den Bedürfnissen der darin gehaltenen Fische und Pflanzen gerecht wird. Es gibt mehrere Gründe dafür, die direkt oder indirekt mit der Wasserqualität zusammenhängen.

Im Gegensatz zur landläufigen Meinung ist es weitaus schwieriger, kleinere Wasservolumen gesund zu halten als größere. Das Problem bei kleinen Volumen besteht darin, dass sie sich nicht leicht an schwankende Bedingungen anpassen können. Ebenso wie sie schneller auf Erwärmung und Abkühlung reagieren, verschlechtert

Kleine Wasservolumen sind schwieriger zu kontrollieren als große.

Ein echter Blickfang ist dieses außergewöhnliche sechsseitige Becken.

sich die allgemeine Qualität auch wesentlich schneller als bei großen Volumen. Dies kann passieren, wenn etwa ein Fisch stirbt und dies einige Zeit unbemerkt bleibt, oder wenn so viel Futter gleichzeitig angeboten wird, dass ein Teil davon nicht gefressen wird und zu verrotten beginnt. Möglicherweise wird auch einmal ein Medikament leicht überdosiert oder nur ein Teilwasserwechsel vorgenommen ... und so weiter.

Umfangreichere Volumen haben eine größere eigene Pufferkapazität und bieten dem Aquarianer – besonders dem Anfänger – daher einen größeren Spielraum für Fehler. Dies ist ein besonders wichtiges „Sicherheitsnetz" in den Anfängen der Aquarienhaltung, wenn der eine oder andere Schnitzer noch häufiger passiert.

Wenn Sie sich auf kleine Arten wie Killifische oder Lebendgebärende spezialisieren möchten, von denen die meisten klein oder mittelgroß sind, und wenn Ihr langfristiges Ziel darin besteht, so viele Arten oder Varietäten wie möglich zu halten, sind Sie gut beraten, mit einem größeren Aquarium zu beginnen (siehe nächster Abschnitt), damit Erfahrungen zu sammeln und sich allmählich an die kleineren Gefäße „heranzutasten", sobald Sie die Grundlagen der erfolgreichen Aquarienhaltung beherrschen. Die Mindestgröße für eine dauerhafte Haltung beträgt 60 x 30 x 30 Zentimeter.

Standardbecken oder Massanfertigung?

Heutzutage ist es möglich, Aquarien in praktisch jeder Form und Größe herzustellen. Außerdem ist die Qualität der modernen Silikonkleber so hoch, dass die einst so beliebten Metallrahmen heute nicht mehr verwendet werden. So lässt sich ein Aquarium praktisch jedem verfügbaren Platz oder dem persönlichen Geschmack und den Vorlieben des Besitzers anpassen.

Ganzglasaquarium mit angepasster Abdeckung und geeignetem Unterschrank.

Dieser Fortschritt hat aber nicht nur Vorteile, sondern – man glaubt es zunächst kaum – auch Nachteile. Einerseits bekommt man genau die gewünschte Form und Größe des Beckens, die man sich wünscht. Andererseits birgt diese Flexibilität aber auch mögliche Gefahren durch ungeeignete Formen, Gestaltungen und Größen, wenn in der Planungsphase nicht sorgfältig vorgegangen wird. Im Besonderen sollte ein Aquarium ein maximales Oberfläche-Volumen-Verhältnis haben, da der Gasaustausch über die Wasseroberfläche stattfindet (siehe Kapitel „Belüftung").

Die meisten Neueinsteiger entscheiden sich für ein industriell gefertigtes rechteckiges Standard-Ganzglasaquarium, das meist eine der folgenden Größen umfasst:

- 60 x 30 x 30 Zentimeter
- 100 x 40 x 40 Zentimeter
- 120 x 50 x 50 Zentimeter

Diese Größen werden entweder als frei stehende Modelle angeboten, die auf einen tragfähigen Unterschrank oder einen Metallständer gestellt werden können, oder als komplette Aquarienschränke, die auf einem speziellen Unterschrank stehen. Zu einem Aquarienschrank gehört meist eine Abdeckung. Letztendlich ist es eine Frage persönlicher Vorlieben und Rahmenbedingungen, da sich frei stehende Aquarien und Aquarienschränke mit gleichem Erfolg betreiben lassen.

Echte Pflanzen begrünen das Aquarium.

Offene Räume ermöglichen das Beobachten.

HEIZUNG

OBWOHL SCHON IHRER Definition nach tropische Fische aus tropischen Regionen stammen, brauchen Aquarien selbst in den Tropen häufig eine Heizung. Das hat nichts mit der Umgebungstemperatur zu tun, sondern vielmehr mit den Temperaturen in vielen klimatisierten Häusern und Büros in diesen Teilen der Welt. Deshalb wird ein Süßwasseraquarium beispielsweise in Singapur ebenso wahrscheinlich eine zusätzliche Heizung benötigen wie ein Aquarium in einem beheizten Haus oder Büro in Berlin oder München.

Als technisch ausgereiftere Modelle gibt es ausgezeichnete Heizungssysteme, die eine sehr genaue Überwachung und Anpassung der Temperatur ermöglichen. Ebenso existieren Außenfilter mit eingebautem Heizelement, Kabelheizer unter dem Bodengrund oder Heizmatten sowie verschiedene andere Innenbeckenlösungen zur Temperaturkontrolle.

Eingefleischte Aquarianer bevorzugen mitunter die Raumheizung – das Heizen eines speziell für Aquarien eingerichteten Zimmers. Doch selbst diese Spezialisten haben meist eine Reserve in Form eines gewöhnlichen Regelheizers in ihren Aquarien. Diese herkömmlichen Einheiten gibt es schon seit Jahren. Sie wurden immer weiter entwickelt, sodass sie heute nicht nur hocheffizient, sondern auch langlebig und leicht einzustellen sind. Das Kernstück des Heizers ist eine Heizspirale, die je nach Wassertemperatur von einem Thermostat (entweder elektronisch oder nach dem bewährten Bimetallstreifen-Prinzip) an- und ausgeschaltet wird. Heizelement und Thermostat sind meist zusammen in einem Wärme ableitenden Rohr untergebracht. Wenn Sie sich für einen Regelheizer entscheiden, dann wählen Sie einen, der die erforderliche Wärme liefert plus etwas Reservekapazität hat, um unvorhergesehene Umstände aufzufangen – beispielsweise einen Ausfall der Hausheizung im Winter.

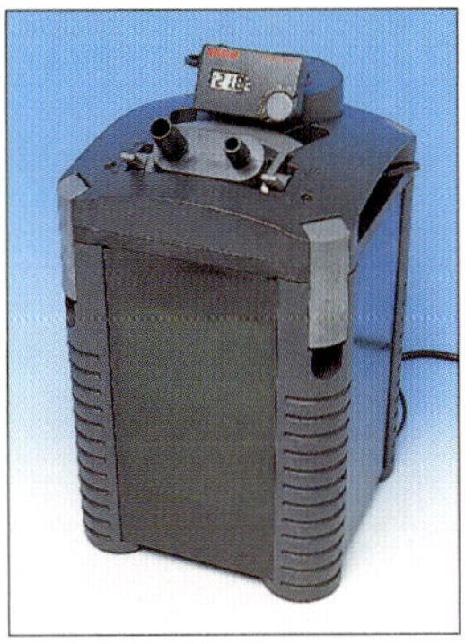

Zwei Thermofilter von Eheim.

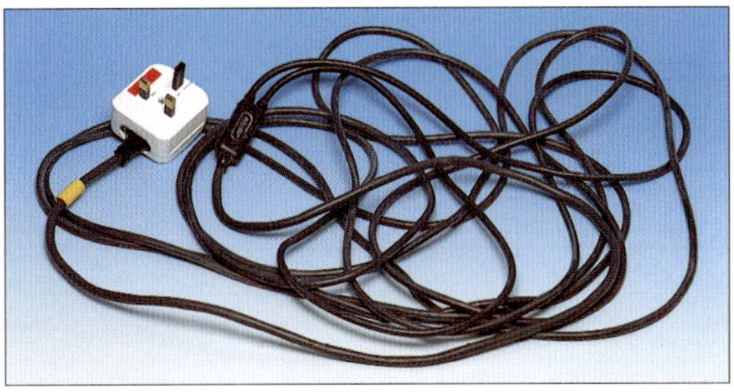

Bodengrundheizer.

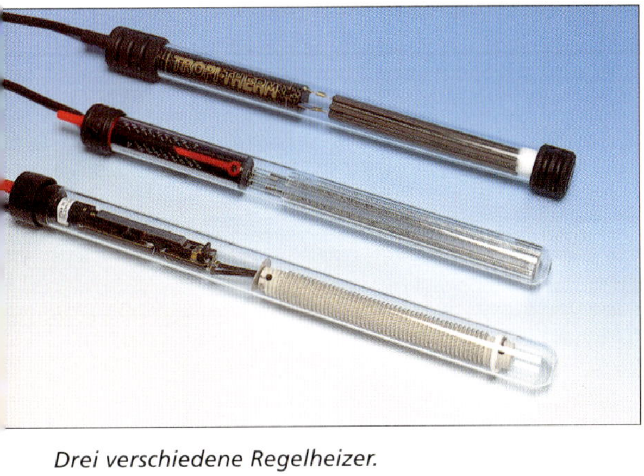

Drei verschiedene Regelheizer.

In der folgenden Tabelle sind die erforderlichen Wattzahlen für die drei gebräuchlichsten Standard-Aquariengrößen in einem einigermaßen gut geheizten Raum aufgeführt. Fügen Sie für kühle Räume etwa 50 Prozent hinzu und nehmen Sie für kalte Räume die doppelte Wattzahl, um ganz sicher zu gehen.

Aquariengröße	Erforderliche Wattzahl
60 x 30 x 30 cm	50–75
100 x 40 x 40 cm	100–150
120 x 50 x 50 cm	150–200

BELEUCHTUNG

DIE AQUARIENBELEUCHTUNG erfüllt zwei Hauptfunktionen: Erstens ermöglicht sie uns das Betrachten der Beckenbewohner und zweitens ist sie wesentlich für ein gesundes Pflanzenwachstum verantwortlich.

Wenn Sie in erster Linie die Farben Ihrer Fische bewundern wollen und Pflanzen ersetzen, sobald sie beschädigt sind, vor sich hin kümmern oder welken, beschränkt sich die Auswahl der richtigen Beleuchtung auf eine Lampe, die die Farben der Tiere am besten zur Geltung bringt. Sollen die Pflanzen jedoch auch gedeihen, dann kommen andere Erwägungen ins Spiel. Vor allem sollten die Intensität und Qualität des Lichtes zu den Bedürfnissen der Pflanzen passen, die Sie in Ihr Aquarium einsetzen. Die Wahl einer solchen Lampe erfordert zwar einige Vorüberlegung, doch stellen heutzutage führende Hersteller jeweils ihre Richtlinien hinsichtlich der Eignung ihrer Lampen für Aquarien aller Größen zur Verfügung. Sie müssen sich also nicht mit Begriffen wie Lux, Lumen und Wärmeabgabe beschäftigen. Allgemein gilt, dass heutzutage keine gewöhnlichen Wolfram-Glühlampen mehr verwendet werden wie früher. Ihren Platz haben stattdessen verschiedene Arten von Leuchtstoffröhren eingenommen, die dem Aquarianer eine große Auswahl an so genannten „weißen" Farben mit unterschiedlichem Gehalt an ultraviolettem und blauem Licht bieten. Allgemein gesagt, können diese Röhren in Abdeckungen eingesetzt werden (möglichst mit eingebauten Reflektoren), die wiederum auf das Becken passen, sodass kein Streulicht entweicht. Die Röhren lassen sich auch in hängende Abdeckungen einpassen; die besten Leuchtsysteme haben verstellbare Klappen, mit denen sich das Licht in die gewünschte Richtung lenken lässt.

Pendelleuchten erfreuen sich ebenfalls zunehmender Beliebtheit bei Aquarianern, die offene Becken bevorzugen und deren besonderes Interesse den Pflanzen gilt. Die Lichtqualität dieser Lampen ist in der Tat hervorragend.

Ungeachtet Ihrer Vorlieben sollten Sie die genauen Angaben der Hersteller studieren und fachlichen Rat einholen, bevor Sie sich endgültig für eine Beleuchtungsart entscheiden.

VORGESCHLAGENE MINDESTANFORDERUNGEN FÜR LAMPEN (LEUCHTSTOFFRÖHREN):

Länge des Aquariums	Anzahl der Röhren & Wattzahl
60 cm	1 x 24 Watt
100 cm	2 x 39 Watt
120 cm	2 x 54 Watt

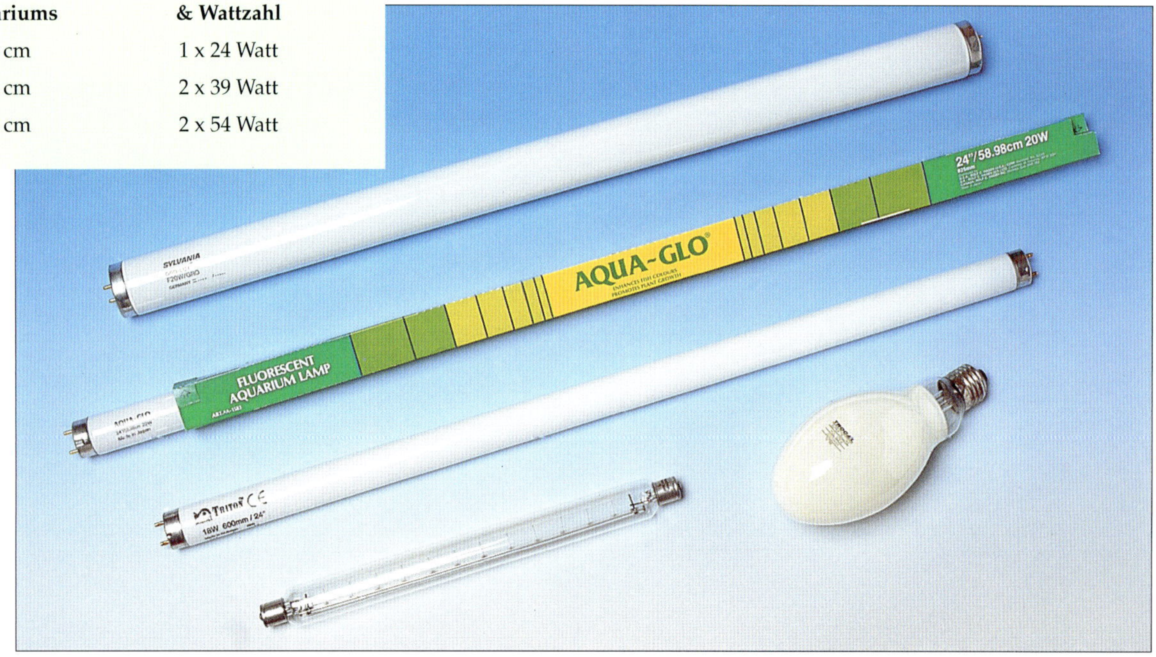

Leuchtstoffröhren, Kunstlichtröhren und Quecksilberdampflampen.

BELÜFTUNG

Bis auf wenige Ausnahmen brauchen alle Lebewesen Sauerstoff zum Überleben. Das gilt ebenso für grüne Wasserpflanzen wie für Fische, obwohl man immer wieder liest, dass grüne Pflanzen tagsüber Kohlendioxid „einatmen" und Sauerstoff „ausatmen" und diesen Vorgang nachts umkehren. Im Wesentlichen geschieht Folgendes: Die Pflanzen nehmen während der Tageslichtstunden Kohlendioxid auf, jedoch nicht um zu atmen, sondern um Nährstoffe zu erzeugen. Diesen Prozess nennt man Photosynthese, bei der als Nebenprodukt Sauerstoff abfällt – und zwar in größeren Mengen, als die Pflanze zur Atmung benötigt. Der Überschuss an Sauerstoff wird freigesetzt. Nachts findet keine Photosynthese statt, doch setzt sich die Atmung fort, sodass die Pflanze Sauerstoff aufnimmt und Kohlendioxid abgibt. Tiere können keine Photosynthese durchführen. Sie verbrauchen daher stets Sauerstoff und produzieren Kohlendioxid.

Da wir den Gehalt dieser Gase nicht jederzeit ausgleichen können, kommt es für Fische und Pflanzen in Aquarien tagsüber oder nachts zeitweise zu Problemen. Deshalb spielt die Belüftung eine so zentrale Rolle.

Nicht die Blasen, die beim Herauspumpen der Luft über Ausströmersteine oder Venturi-Systeme (spezielle Vorrichtungen an Motorfiltern und Tauchkreiselpumpen, die Luft ansaugen) entstehen, belüften jedoch das Wasser. Tatsächlich löst sich daraus bei ihrem Aufstieg in der Wassersäule nur sehr wenig Sauerstoff. Sie dienen hauptsächlich dazu, die Wasseroberfläche zu bewegen und so den Eintrag von Sauerstoff und das Entweichen von Kohlendioxid zu erleichtern.

Wenn der Luftstrom aus einem durch eine Membranpumpe angetriebenen Belüfter durch einen Filter gelenkt wird, können gleich zwei wichtige Vorgänge parallel durchgeführt werden: Belüftung und Filterung. Ein ähnliches Ergebnis erreicht man durch den Einsatz des Venturi- oder Diffusorsystems vieler derzeit erhältlicher Tauchkreiselpumpen und Motorfilter.

Es lohnt sich auf jeden Fall, all diese Möglichkeiten gründlich zu prüfen, bevor Sie schließlich eine endgültige Entscheidung treffen.

Venturi-System auf einem Motorinnenfilter.

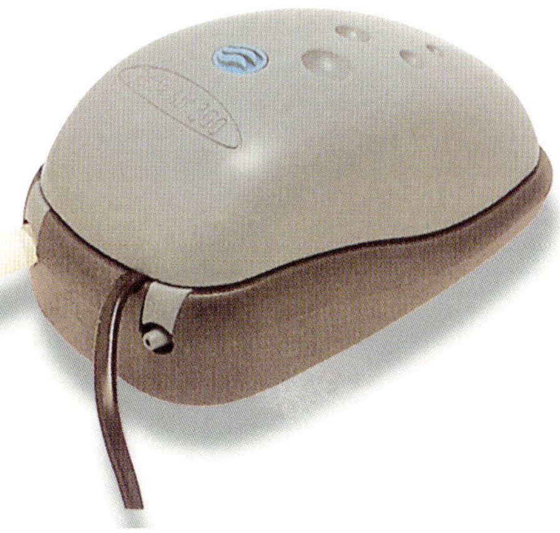

Zwei Beispiele für Membranpumpen.

FILTERUNG

FISCHE BRAUCHEN SAUBERES, „gesundes" Wasser. Wie wichtig dieser Aspekt ist, macht eine Redensart unter erfahrenen Aquarianern deutlich: „Kümmere dich um das Wasser, dann kümmert sich das Wasser um deine Fische." Es wäre also völlig richtig, wenn sich der Aquarianer eher als „Wasser-Halter" denn als „Fisch-Halter" betrachtete, denn ohne ständige Kontrolle der Wasserqualität ist das erfolgreiche Halten von Fischen unmöglich.

In freier Natur leben Fische in großen Wasservolumen; mechanische, chemische und biologische Reinigungsprozesse sind ein wesentlicher Bestandteil der natürlichen Zyklen, die die Lebensbedingungen im Gleichgewicht halten. Wenn ein Ungleichgewicht auftritt, dann ist es gewöhnlich das Ergebnis menschlichen Eingreifens, das den natürlichen Status quo stört.

Wird Wasser jedoch in ein Aquarium gefüllt, ist diese relativ kleine Wassermenge von vielen der natürlichen Reinigungsprozesse abgeschnitten, die sie normalerweise in einem gesunden Zustand erhalten würden. Unter solchen Umständen müssen wir diese begrenzte Wassermenge richtig handhaben, sonst gehen die Fische ein. Deshalb ist es so wichtig für jeden Aquarianer, etwas über die Filterung und deren optimalen Einsatz zu lernen.

FILTERUNGSTYPEN

Streng genommen bezeichnet das Wort „Filterung" einen Vorgang, bei dem Wasser (oder eine andere Flüssigkeit) durch eine Art von Sieb geleitet wird. Wenden wir diese Definition aber auf die Prozesse an, die tatsächlich im Aquarium geschehen, dann kann nur eine der drei betei-

Es ist wichtig, sich über die Filterung zu informieren, um die Gesundheit der Fische zu fördern.

Verschiedene Filtermedien.

ligten Vorgänge als echte Filterung bezeichnet werden. Man spricht von mechanischer, chemischer und biologischer Filterung.

Mechanische Filterung

Genau genommen ist dies die einzige echte Filterung im Aquarium, da hierbei Wasser durch eine Art von Hindernis geleitet wird, in dem gröbere Schmutzpartikel beim Durchfluss des Wassers zurückgehalten werden. Zu diesem Zweck kann eine Vielfalt an Materialien verwendet werden wie Schaumstoff, Filterwatte, Matten, Kies usw.

Die mechanische Entfernung gelöster Partikel verändert die chemische Zusammensetzung des Wassers jedoch nicht. Wenn es also gelöste Stoffe enthält, gehen diese unverändert durch das Filtermedium hindurch.

Chemische Filterung

Obwohl hier der herkömmliche Begriff „Filterung" verwendet wird, geht es in Wahrheit um chemische Entgiftung oder Reinigung. Manche Materialien wie Aktivkohle und Zeolith können bestimmte Verbindungen an ihrer Oberfläche adsorbieren (Achtung: Adsorption ist etwas ganz anderes als Absorption. Bei der Adsorption haften Moleküle – in diesem Fall gelöste Abfallstoffe – als dünne Schicht an der Oberfläche des verwendeten Mediums).

Es ist immer von Nutzen, diese Art von Reinigung in ein Wasseraufbereitungssystem mit einzubeziehen, besonders aber, wenn es um ein frisch eingefahrenes Aquarium geht, in dem sich noch keine nützlichen Bakterienpopulationen niedergelassen haben.

Nach einiger Zeit, die von Besatz und Menge der Abbauprodukte abhängt, erschöpfen sich die chemischen Filtermedien und müssen entweder reaktiviert oder entsorgt werden. Zeolith lässt sich leicht durch Einlegen der Körnchen in Salzlösung reaktivieren; dabei werden Ammoniummoleküle aus dem Medium entfernt oder abgelöst, sodass es wieder verwendet werden kann. Aktivkohle kann theoretisch in einem Ofen reaktiviert werden, aber in der Praxis ist dieses Verfahren gar nicht so einfach, wie es klingt, und das Ergebnis ist den Aufwand bei weitem nicht wert.

Außen-Topffilter.

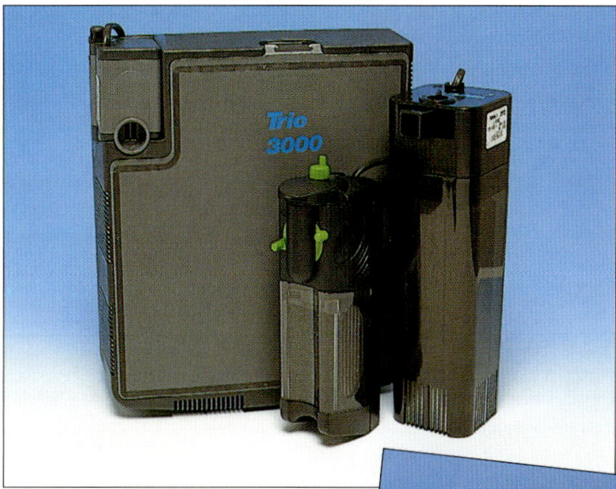

Oben: Innenfilter.
Rechts: Einsetzen einer Schaumstoffpatrone in einen Innenfilter.

Biologische Filterung

Diese Art von Filterung bzw. Entgiftung nutzt die bemerkenswerte Fähigkeit einiger Bakterien, giftiges Ammonium (eines der Abfallprodukte, die Fische produzieren) in etwas weniger giftiges Nitrit und anschließend in relativ harmloses Nitrat umzuwandeln.

Von jeher haben alle Autoren von Büchern über Aquarien und Gartenteiche die Bakteriengattung *Nitrosomonas* für die Umwandlung von Ammonium in Nitrit und die Gattung *Nitrobacter* für die anschließende Umwandlung von Nitrit in Nitrat verantwortlich gemacht. 1996 ließen jedoch Forschungen von Timothy Hovanec und Edward DeLong in den USA Zweifel an der Gültigkeit dieser weithin akzeptierten Überzeugung aufkommen. Die Ergebnisse ihrer Untersuchungen zeigten die interessante Möglichkeit auf, dass weder *Nitrosomonas* noch *Nitrobacter* überhaupt mit der biologischen Wasserreinigung in Süßwasseraquarien zu tun haben. Zwar sind zum jetzigen Zeitpunkt noch weitere Untersuchungen im Gange, aber es könnte sein, dass wir unser Denken hier in neue Bahnen lenken müssen.

Wie die Ergebnisse auch lauten werden, es bleibt die Tatsache, dass Bakterien auf höchst effektive Weise an der Reinigung belasteten Aquarienwassers beteiligt sind. Sie wandeln nicht nur Ammonium in Nitrate um, einige Arten vermögen sogar Nitrate in freien Stickstoff umzuwandeln, der dem Wasser dann entweichen kann. Der erste Vorgang, bekannt als Nitrifikation, erfordert Sauerstoff, ist also aerob, während der letztere, die Denitrifikation, anaerob und damit ohne Sauerstoff verläuft.

Auswahl von Filtern und Filtermedien

Bei der Wahl eines Filtersystems sollte stets darauf geachtet werden, dass es alle drei Arten der Wasseraufbereitung durchführen kann, nämlich – wie oben erläutert – die mechanische, die chemische und die biologische Filterung. Allerdings sind mittlerweile so viele Filtertypen und eine so große Auswahl an Filtermedien im Handel erhältlich, dass eine Entscheidung für ein System richtig schwierig wird.

Am einfacheren und preiswerteren Ende des Spektrums gibt es einfache Kastenfilter, die ihre Aufgabe hervorragend erfüllen können, solange sie nicht große Mengen stark verschmutzten Wassers filtern müssen. Am anderen Ende stehen die voll integrierten, hoch entwickelten und entsprechend teureren Systeme – teilweise mit eingebauten Heiz- und Pumpeinheiten. Sie können so groß sein wie das Aquarium selbst. Zwischen diesen beiden Extremen werden eine Unmenge an Konstruktionen in verschiedenen Preiskategorien angeboten, darunter Bodengrundfilter (Filterplatten), Motor-Innenfilter, Motor-Außenfilter (Topffilter), Nass-Trocken-Filter (Rieselfilter) sowie viele weitere Modelle.

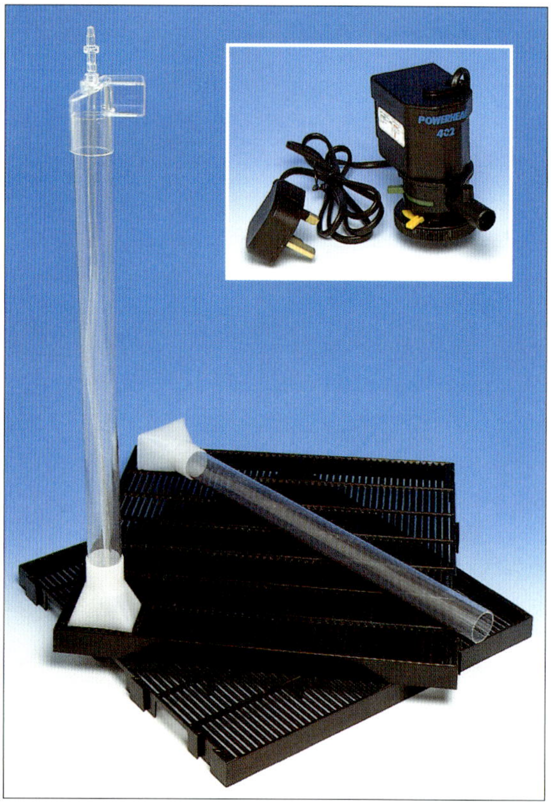

Bodengrundfilter und Tauchkreiselpumpe für Bodengrundfilter (kleines Bild).

Auch bei Filtermedien gibt es eine breite Palette an unterschiedlichen Materialien, von denen die Filterwatte die einfachste Lösung darstellt. Zwischen Schaumstoff, Körnchen, Ringen und Zylindern aus Keramik, Ringen und Zylindern aus gesintertem Glas, komplizierten hohlen Kugeln, Pyramiden und anderen Formen aus Kunststoff, Filterbändern und -matten kann die Wahl zur Qual werden, vor allem wenn mehrere davon als Teil eines „Sandwichs“ innerhalb eines Filters kombiniert werden.

Letztendlich spielen persönliche Vorlieben, finanzielle Möglichkeiten, die Art und Größe des Aquariums, die Besatzstärken, die gewählten Fisch- und Pflanzenarten, die Fütterungsintensität und eine Reihe weiterer Faktoren eine Rolle, welches System man sich letztendlich anschafft. Grundsätzlich gilt: Wählen Sie stets das effektivste System, das Sie sich leisten können, und lassen Sie sich in einem Fachgeschäft oder von einem befreundeten Aquarianer gründlich beraten.

Zum Schluss: Befolgen Sie bei der Installation eines Filters die Anweisungen des Herstellers ganz genau und haben Sie etwas Geduld. Es dauert mitunter Monate, bis sich ein funktionsfähiges biologisches System etabliert hat.

ZUBEHÖR

BISLANG WURDEN IN diesem Buch die wesentlichen Voraussetzungen vorgestellt, ohne die es praktisch unmöglich wäre, ein Süßwasseraquarium erfolgreich zu betreiben. Allerdings ist es damit noch lange nicht getan, denn jedes Aquarium benötigt – neben den Fischen – noch geeignetes Zubehör.

Was tatsächlich als schmückendes Beiwerk gilt und was als wesentlich betrachtet wird, führt unter Aquarianern durchaus zu Diskussionen und hängt auch vom Stand der Fachkenntnis ab. Die folgende Liste stellt eine Auswahl an Gegenständen zusammen, die jedem Aquarianer nützliche Dienste leisten können.

Belüftung: ein Ersatzbelüfter (ein batteriebetriebenes Modell ist sehr praktisch bei Stromausfall); ein Stück Luftschlauch plus Luftschlauchklemmen; ein Rückschlagventil sowie T- und Y-Verbindungsstücke für Mehrfachverbindungen (Bild links); Ersatz-Ausströmersteine/-blöcke; eine Ersatzmembran.

Elektrik: verschiedene Stecker und Sicherungen; ein Kabelsammler (kleines Gerät, das die Verkabelung sicher und übersichtlich hält; Bild rechts); Isolierband und wasserfestes Klebeband.

Heizung: ein voll verkabelter und sofort einsatzbereiter Ersatz-Regelheizer; Regelheizer-Klemmen; ein Ersatzthermometer; ein Regelheizerschutz (Vorrichtung, die das Ablösen des Heizers durch ungestüme Fische und Verbrennungen von Standfischen durch dichtes Stehen am Heizer verhindert).

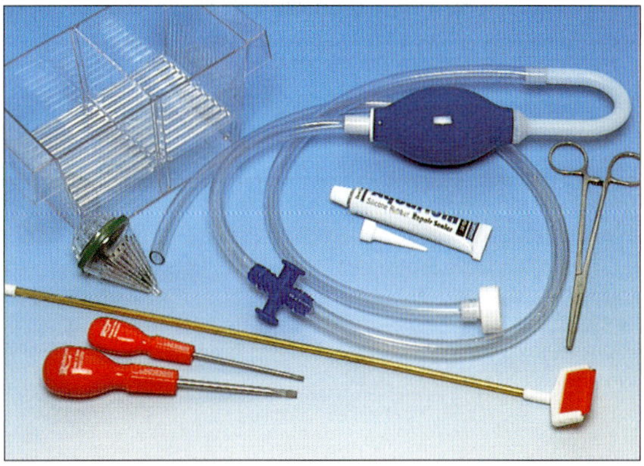

Verschiedenes Zubehör, darunter Absaugrohr, Zange, Ablaichbecken, Algenschaber und Kleber.

Routinemäßige Pflege: ein Absaugrohr; ein Algenreiniger oder Algenschaber; ein Kiesreiniger oder Tauchrohr; eine lange Pinzette; Pflanzstäbe; verschiedene Netze.

Fütterung: Futterreserven verschiedener Art; Futterautomat (Bild rechts); ein Futterring, der das Futter in einem bestimmten Bereich hält.

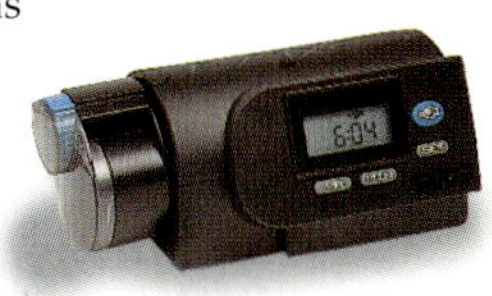

Chemikalien: verschiedene Wasserprüfsets (grundsätzlich sollten Prüfsets zur Grundausrüstung gehören); eine Hausapotheke mit Markenmedikamenten gegen alle häufigen Fischkrankheiten; Mittel zur pH-Wert-Anpassung (falls Sie den Säure- oder Basengehalt des Wassers anpassen müssen; siehe auch Kapitel „Wasserchemie", Seite 22).

Verschiedenes: eine Tube Silikonkleber zum Reparieren von Lecks, Aufkleben von Steinen oder Moorkienholz auf festen Untergrund etc.; ein Ablaichbecken für lebendgebärende Fischarten; Schere; wasserfeste Marker; ein Notizbuch; Schraubenzieher etc.; verschiedene Plastikpflanzen als sofortige Versteckmöglichkeit, wenn nötig; passende Stücke Schiefer, Gestein und Aquarienholz (natürlich oder synthetisch) zum gleichen Zweck oder zur Änderung der Dekoration.

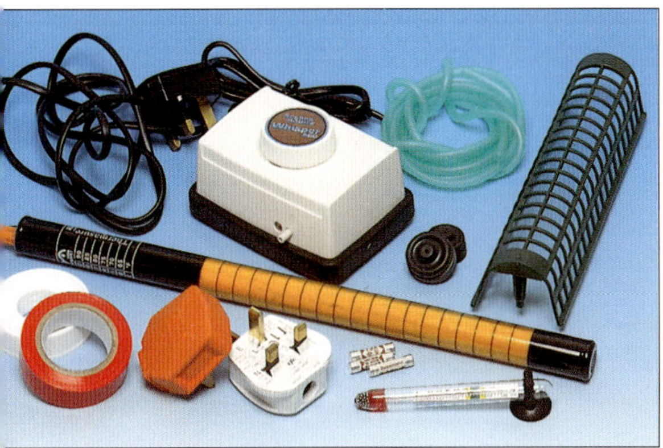

Eine Auswahl an Zubehör, darunter Regelheizer, Thermometer, Belüfter, Luftschlauch und Heizerschutz.

Einrichtung & Dekoration

Welche Einrichtungsmaterialien und Dekorationen Sie wählen und wie Sie sie anordnen, ist natürlich eine Frage Ihres persönlichen Geschmacks. Daher werde ich mich darauf beschränken, auf einige wenige allgemeine Regeln hinzuweisen, die Ihnen helfen sollten, die größeren Fallen zu umgehen.

Einrichtungsmaterialien gibt es in verschiedenen Formen, die wichtigsten sind Aquarienkies, Steine, Aquarienholz, Hintergründe und Dekorationen.

Aquarienkies

Kies ist überall in verschiedenen Korngrößen erhältlich. Zwar wird er oft als Wurzelmedium bezeichnet, doch bedeutet das nicht, dass er Pflanzen mit anorganischen Nährstoffen versorgen kann. Tatsächlich ist Kies in dieser Hinsicht vollkommen steril, die Bezeichnung bezieht sich also eher auf seine wurzelverankernden als auf seine nährenden Eigenschaften.

Bei der Korngröße gilt: Je feiner der Kies, desto mehr wird er mit der Zeit zusammengedrückt und ist daher umso geeigneter für Pflanzen mit flachen Wurzeln. Für wühlende Fischarten wie einige Stachelaale (*Macrognathus*- und *Mastacembelus*-Arten) eignet sich feinkörniger Kies bzw. grober Sand wesentlich besser als grober Kies; auch andere Arten wie *Corydoras*-Panzerwelse bevorzugen ein feinkörniges Substrat.

Wenn Sie feinkörnigen Kies oder groben Sand verwenden, wühlen Sie regelmäßig dessen Oberfläche auf, um die Bildung von Bereichen zu vermeiden, an denen sich bevorzugt organisches Material, also ungefressenes Futter, sammelt und verrottet.

Sofern Sie kein hartes, alkalisches Wasser brauchen, vergewissern Sie sich, dass der gekaufte Kies kalkfrei ist. Achten Sie außerdem darauf, dass die Körner abgerundet sind. Scharfkantige Körner können zu Verletzungen führen, wenn ein Fisch sich etwa am Kies reibt, um Juckreiz zu lindern, oder diesen bei der Nahrungssuche mit dem Maul aufnimmt.

Rechts: Kieselsteine.

Links: Lavagestein.

Rechts: Künstliche Steinterrassen.

Steine

Steine gibt es in allen möglichen Formen und Größen, als natürliche Steine ebenso wie als synthetischen Ersatz. Wie beim Kies ist es in jedem Fall wichtig, kalkreiche (sofern Ihre Fische keine harten, alkalischen Wasserbedingungen brauchen) und scharfkantige Stücke zu meiden.

Aquarienholz

Diese Bezeichnung umfasst alle Arten von geeignetem Holz, beispielsweise gut abgelagertes und sauberes Treibholz. Abgesehen von seinen dekorativen Eigenschaften spielt so manches Aquarienholz auch eine sehr nützliche Rolle in Aquarien mit Fisch- und Pflanzenarten, die etwas Tannin im Wasser mögen. Tannine verleihen dem Wasser die leicht gelbliche oder bräunliche Färbung von schwachem Tee und gehören zu der natürlichen Umgebung, aus der viele unserer tropischen Süßwasserfische – darunter so beliebte wie der Rote Neon (*Paracheirodon axelrodi*) – ursprünglich kommen.

Das Austreten von Tanninen aus Moorkienholz und anderen färbenden Hölzern lässt sich relativ einfach mit mehreren Schichten ungiftigem Polyurethanlack verhindern. Alternativ können auch Holzarten wie Sa-

Der Rio Negro mit durch Huminstoffe schwarz gefärbtem Wasser.

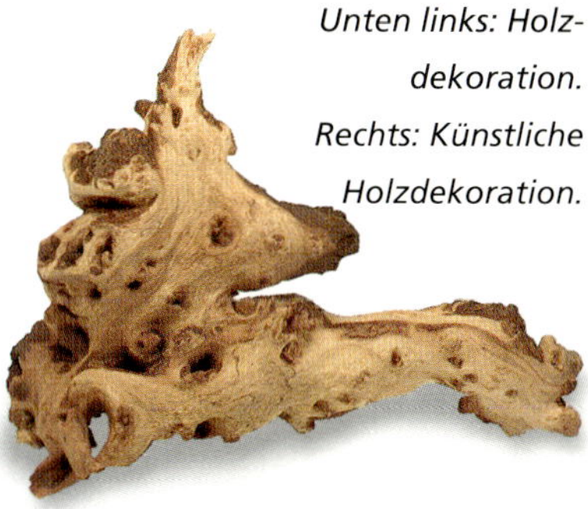

Oben: Aquarienholz. Unten links: Holzdekoration. Rechts: Künstliche Holzdekoration.

vannenholz verwendet werden, die praktisch keine Farbstoffe an das Wasser abgeben. Außerdem gibt es inzwischen ausgesprochen natürlich aussehende Holznachbildungen aus Kunststoff.

Hintergründe

Herkömmliche Hintergründe sind bis heute vor allem als Unterwasserlandschaften erhältlich, die man von der Rolle kauft und von außen am Becken befestigt, um direkt eine Unterwasserszene zu erschaffen. Sie bieten dem Aquarianer eine preiswerte Möglichkeit, sein Aquarium mit einem attraktiven Hintergrund auszustatten.

In letzter Zeit finden sich immer mehr dreidimensionale Hintergründe im Handel, von denen einige Modelle so realistisch sind, dass sie sich nur sehr schwer vom Original unterscheiden lassen.

Zwischen diesen beiden Arten gibt es eine zunehmend große Auswahl an Lösungen in verschiedenen Preislagen; sie alle haben ihre Vorteile und sind sicherlich eine Überlegung wert.

Dekorationen

Zwar sind alle bisher erwähnten Einrichtungsgegenstände auch dekorativ, der Begriff „Dekoration" beschränkt sich jedoch in der Regel auf schmückende Gegenstände, die nicht ausschließlich zum Aquarium gehören. So werden Totenköpfe, Schatzkisten, Skelette, Frösche, Brücken, Schlösser und zahlreiche andere Gegenstände als Aquariendekorationen oder -verzierungen bezeichnet.

Je nach persönlichem Geschmack können Sie die aufgezählten Dekorationen einsetzen, solange sie in Zusammensetzung und Konstruktion unbedenklich sind. Manche Deko-Gegenstände erfüllen auch einen Zweck. So haben sie etwa einen Ein- und Ausgang für einen Luftschlauch und können sich mitunter rhythmisch öffnen und schließen. Bei jedem Öffnen geben sie Luftblasen frei und beleben auf diese Weise die Unterwasserszene.

Die Auswahl an Beckendekorationen ist riesig.

WASSERCHEMIE

TROTZ SEINES EINFACHEN chemischen Aufbaus ist reines Wasser eine bemerkenswerte Flüssigkeit, die – genügend Zeit vorausgesetzt – fast alles auflöst. Die gelösten Substanzen verleihen dem Wasser dabei seine chemischen Eigenschaften. So ist Wasser, das organische Säuren enthält, eher weich und sauer, während es durch Kalzium- und Magnesiumsalze hart und alkalisch wird.

Alle Meere und Ozeane der Erde stehen gewissermaßen in Verbindung zueinander und haben daher dieselbe Grundzusammensetzung. Es gibt natürlich lokale Unterschiede, vor allem wenn eine Meeresfläche durch Festlandsflächen begrenzt ist, wie etwa das Rote Meer. Doch insgesamt ist Meerwasser reich an Natriumchlorid und anderen Salzen. Diese entstammen entweder dem Eintrag durch Flüsse, die die Substanzen im Landesinneren abtragen, oder aus den Emissionen heißer Quellen, die entlang der mittelozeanischen Rücken aktiv sind. All diese Faktoren machen das Meerwasser dichter als Süßwasser und deutlich alkalisch.

Das Wesen von Süßgewässern wird von der Art des Geländes beeinflusst, über oder durch das das Wasser fließt. Wenn die Steine im Hinblick auf saure oder alkalische Bestandteile neutral sind (wie die meisten Quarzsandsteine), ist das Wasser weich. Weiterhin gilt: Fließt das Wasser durch ein Gebiet mit überhängenden Bäumen, deren Blätter schließlich im Wasser landen, steigt sein Gehalt an organischen Säuren, wie es in einigen der großen Süßwasserbecken der Welt, etwa im Amazonas, der Fall ist. Umgekehrt ist Wasser, das über oder durch Schichten wie Kalkstein fließt, hart und alkalisch.

Rechts: Wasseraufbereitungssets sind in jedem guten Fachgeschäft erhältlich.

Die Wasserchemie des Aquariums ist lebenswichtig für das Wohlergehen seiner Bewohner.

Vom Standpunkt des Aquarianers gesehen sind der Säure- bzw. Basengehalt des Wassers (pH-Wert), seine Härte sowie sein Gehalt an Ammoniak/Ammonium und Nitrit/Nitrat am relevantesten. Besorgen Sie sich daher auf jeden Fall Wassertestsets, um zumindest die oben genannten Eigenschaften zu bestimmen. Solche Sets sind überall erhältlich und einfach anzuwenden.

Säure- bzw. Basengehalt

Der Säure- bzw. Basengehalt wird auf einer Skala von 0 bis 14 gemessen, wobei 0 den größtmöglichen Säuregehalt und 14 den größtmöglichen Basengehalt angibt. Beide Extreme sind tödlich für Fische und Pflanzen, vor allem wenn man bedenkt, dass jede Skaleneinheit für eine zehnfache Abnahme oder Zunahme des Wertes steht. Mit anderen Worten: Wasser mit einem Säuregehalt von 6 ist zehnmal saurer als Wasser mit dem pH-Wert 7.

Der Säure- bzw. Basengehalt wird durch das Symbol pH dargestellt, wobei pH 7 den neutralen Wert angibt. Alle Werte unter pH 7 sind zunehmend sauer, alle darüber zunehmend alkalisch. Die meisten Süßwasserfische bevorzugen pH-Werte zwischen 6 und 7,5. Spezielle Bedürfnisse werden bei jedem Eintrag im Artenteil angegeben.

Wasserhärte

Die Wasserhärte wird in Grad deutscher Härte (°dGH) angeben. Die absolute Härte einer Wasserprobe ist die Summe seiner temporären oder Karbonathärte (diese Härte lässt sich durch Kochen entfernen) und seiner permanenten Härte oder Nichtkarbonathärte, die nicht durch Kochen beseitigt werden kann. Die temporäre Härte ist wichtig, da das Wasser bei einem niedrigen Wert viel Pufferkapazität verliert und daher anfällig für rasche pH-Wert-Schwankungen wird. Die permanente Härte ist ebenfalls wichtig.

WASSERHÄRTE

Beschreibung	°dGH
Sehr weich	0–50
Mäßig weich	50–100
Leicht hart	100–150
Mäßig hart	150–200
Hart	200–300
Sehr hart	300+

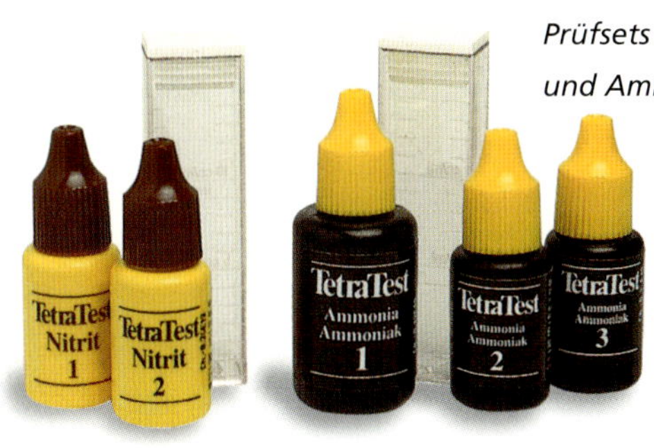

Prüfsets auf Nitrite und Ammoniak.

Links: Wasseraufbereitungsmittel.

Rechts: Schnelltesttabletten, um den Nitratgehalt zu testen.

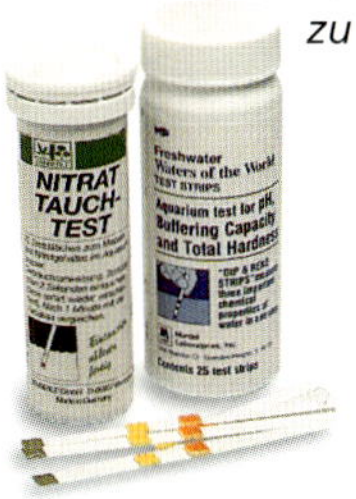

Links: Chemische Streifentests, um Pufferkapazität und Härte zu testen.

So brauchen Fische aus Regionen mit weichem Wasser (Amazonas) eine niedrige permanente Wasserhärte, während solche aus Regionen mit hoher permanenter Wasserhärte (afrikanische Grabenseen) langfristig nur in hartem Wasser gedeihen. Wie beim pH-Wert werden die speziellen Bedürfnisse der Tiere im Artenteil hervorgehoben.

Ammoniak/Ammonium

Ammoniak ist ein giftiges Abfallprodukt, das von allen Wassertieren ausgeschieden wird. Schon ein Gehalt von nur 0,025 mg/l kann für einige Arten toxisch sein. In einer neutralen oder sauren Umgebung wird Ammoniak jedoch in ungiftige Ammoniumionen umgewandelt. Deshalb haben Aquarien mit neutralem oder leicht saurem Wasser einen deutlich größeren Sicherheitsspielraum beim Ammoniakgehalt als alkalische.

Nitrit/Nitrat

Während des natürlichen biologischen Reinigungsvorgangs wird Ammoniak in Nitrit umgewandelt (siehe Kapitel „Filterung", Seite 16), das für sich genommen ebenfalls schon bei Konzentrationen von 0,1 mg/l für viele Fische toxisch ist. Spezielle Filterbakterien sorgen jedoch dafür, dass dieses Nitrit umgehend in Nitrat umgewandelt wird, dessen Konzentration über 50 mg/l steigen kann, bevor selbst die empfindlicheren Fischarten erste Anzeichen von Unbehagen oder Stress zeigen.

Einrichtung des Aquariums

Fragen Sie 20 erfahrene Aquarianer, wie man ein Aquarium einrichtet, und Sie bekommen vermutlich 20 verschiedene Antworten. Bei genauerer Betrachtung wird jedoch klar, dass trotz der Unterschiede alle denselben Grundsätzen folgen. Dabei handelt es sich nicht um starre, unflexible Regeln, sondern um die Beachtung gewisser Schlüsselelemente, ohne die ein Aquarium nicht erfolgreich eingerichtet werden kann.

Im Folgenden finden Sie eine Schritt-für-Schritt-Anleitung für die Einrichtung eines Gesellschaftsaquariums, also eines Aquariums mit einer Auswahl an verträglichen, robusten Fischarten, die miteinander in einem Becken gehalten werden. Im Allgemeinen lässt sich die Anleitung auf die meisten anderen Aquarien-Konstellationen übertragen. Dieser Ansatz hat sich für viele Fischliebhaber gut bewährt. Die meisten Aquarianer gehen danach vor, mit kleinen Anpassungen an individuelle Umstände – beispielsweise das Weglassen von Bodengrundfiltern in Aquarien mit grabenden Arten.

Lesen Sie erst alle Anweisungen, bevor Sie beginnen. Danach sollten die meisten Ihrer Fragen bereits beantwortet sein. Wenn der Aquarienaufbau, an den Sie denken, jedoch zusätzliche Ausrüstung oder Schritte erfordert, holen Sie fachlichen Rat ein, bevor Sie sich an die Arbeit machen. Es ist immer besser, Pannen zu vermeiden, als Fehler zu machen und dann noch einmal von vorn anfangen zu müssen.

Gewicht von mit Wasser gefüllten Aquarien

60 x 30 x 30 cm	70–80 kg
100 x 40 x 40 cm	200–250 kg
120 x 50 x 50 cm	350–400 kg

1 Vergewissern Sie sich, dass Sie die Mindestausrüstung besitzen: Aquarium; passender Unterschrank oder Gehäuse (alternativ ein stabiles Möbelstück, auf dem das Aquarium stehen kann); bedenken Sie stets, dass ein Liter Wasser ein Kilogramm wiegt); Styroporplatte oder anderes Dämpfungsmaterial, auf das das Becken gestellt wird; Abdeckhaube und Lampen mit Vorschaltgeräten für Leuchtstoffröhren; Beleuchtungskörper; Abdeckplatte oder Abdeckscheibe; Regelheizer; Bodengrund- oder anderer Filter; Bodengrundmatte (diese nützliche Vorrichtung besteht aus einem Bogen Netzmaterial, der auf den Bodengrundfilter gelegt werden kann, damit das feinkörnige Substrat die Filterplatte nicht verstopft); Thermometer; Belüfter, Luftschlauch, Rückschlagventil (um das Zurücklaufen des Wassers in die ausgeschaltete Pumpe zu verhindern) und Ausströmerstein bzw. -block; alternativ (elektrische) Tauchkreiselpumpe mit Venturi-System (Belüftungsvorrichtung) oder Diffusor für einen Motorfilter; Bodengrund, Steine, Aquarienholz und andere Einrichtungsmaterialien, natürlich oder synthetisch; Wasserpflanzen, die ständig feucht gehalten werden müssen; Kabelsammler, wenn Sie alle elektrischen Geräte in einer einzigen Einheit anschließen möchten; Sets zur Prüfung und Überwachung der Wasserwerte. **(Kaufen Sie jetzt auf gar keinen Fall schon Fische!)**

2

3

2 Bedenken Sie das Gewicht des Wassers plus das beträchtliche Gewicht natürlicher Steine (synthetische sind oft leichter). Wählen Sie einen entsprechend geeigneten stabilen Aufstellort für das Aquarium ohne direkte Sonneneinstrahlung, schwankende Temperaturquellen wie Heizkörper, Zugluft und ständige Störungen durch häufig benutzte Türen etc. Bei Verwendung eines Metallständers für ein größeres Aquarium sollte eine Platte zur Gewichtsverteilung unter jedem Ständerbein in Betracht gezogen werden.

3 Überprüfen Sie das Aquarium auf Lecks. Dieser Arbeitsgang erfüllt zwei Funktionen: Ein Leck wird gleich zu Anfang festgestellt, bevor Schaden passiert, und der Staub wird aus dem Aquarium gewaschen. Reparieren Sie eventuelle Lecks oder ersetzen Sie das Aquarium.

4 Nun können Sie mit der Installation beginnen. Stellen Sie zunächst das Aquarium auf die Styroporplatte oder auf anderes geeignetes Dämpfungsmaterial.

5

5 Falls Sie eine Innenrückwand verwenden – ob zwei- oder dreidimensional –, sollten Sie sie jetzt anbringen.

6

6 Wenn Sie einen Bodengrundfilter verwenden, bringen Sie ihn jetzt in Position. Die Bodengrundmatte auf die Filterplatte legen und zurechtschneiden. Lufttheber in die Filterplatte einpassen.

7

7 Bodengrund im Eimer waschen, am besten unter fließendem Wasser, und so lange umrühren, bis das Wasser klar bleibt.

8b

8 Den Bodengrund auf der Filterplatte oder Bodengrundmatte verteilen bzw. direkt auf den Beckenboden streuen, sofern Sie keinen Bodengrundfilter verwenden. Diese Schicht sollte mehrere Zentimeter dick sein

8a

(etwa 7,5 Zentimeter sollten bei Verwendung eines Bodengrundfilters ausreichen, sonst etwas weniger).

Es ist ratsam, den Bodengrund von hinten nach vorn leicht abfallen zu lassen, damit sich Abfälle vorne sammeln und leichter entfernt werden können. In der Praxis funktioniert das nicht immer, wenn Sie das Aquarium bepflanzen und mit Steinen, Aquarienholz etc. ausstatten.

9a

9b

9 Steine, Aquarienholz und andere Einrichtungsmaterialien unter fließendem Wasser abspülen. **(Auf keinen Fall Reinigungsmittel verwenden, da deren Rückstände giftig für Fische sind.)** Die Anordnung der Materialien sollte Ihnen gefallen und den Fischen gleichzeitig Verstecke bieten. Mein Tipp: Vermeiden Sie symmetrische Anordnungen, da dies eine ohnehin künstliche Unterwasserlandschaft noch unnatürlicher aussehen lässt.

Achten Sie darauf, dass schwere Steine gut in das Substrat eingebettet sind, damit sie später nicht umkippen und das Aquarium beschädigen können.

10 Thermometer und Regelheizer in der richtigen Position befestigen. Die untere Spitze des Regelheizers darf dabei keinen Kontakt zum Bodengrund haben, sonst entsteht ein „Heißpunkt", der den Heizer beschädigen kann, mit schwerwiegenden Auswirkungen auf Pflanzen und Fische. Regelheizer können so angebracht werden, dass sie von vorn nicht zu sehen sind. **(Regelheizer noch nicht anschalten!)**

10a

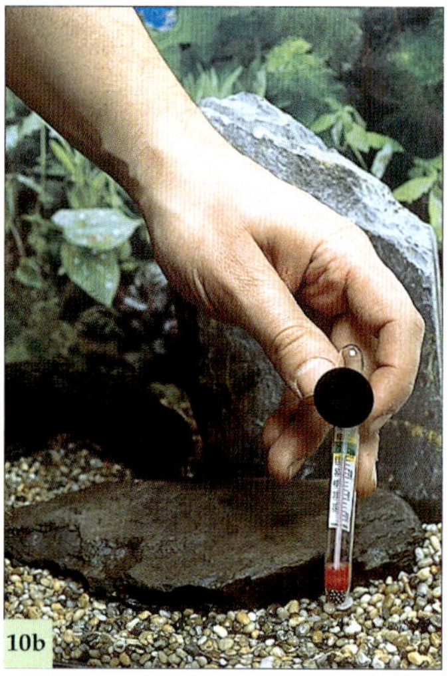

10b

11

11 Luftschlauch mit dem Belüfter verbinden, dabei das Rückschlagventil richtig herum einbauen (ein Pfeil auf dem Ventil zeigt die korrekte Ausrichtung an). Ausströmer am freien Ende des Luftschlauchs befestigen und an einer Stelle im Hintergrund platzieren. Bei Verwendung eines Bodengrundfilters das freie Ende (mit oder ohne

Ausströmerstein) oben in den Luftheber des Filters einführen und nach unten drücken, bis es auf einer Höhe mit dem Bodengrund ist.

Man kann die Luftzufuhr mithilfe von T- und Y-Verbindungsstücken, Luftschlauchklemmen und Durchflussreglern zwischen zwei Lufthebern oder einem Luftheber und einem Ausströmerstein oder geeigneter Aquariendekoration teilen. **(Belüfter jetzt noch nicht einschalten.)**

12

12 Ein Innen-Motorfilter oder Tauchkreiselpumpenfilter kann jetzt in Position gebracht werden, nachdem er mit einem geeigneten Filtermedium bzw. geeigneten Medien befüllt wurde. Tauchkreiselpumpen kräftig oben in den/die Luftheber des Bodengrundfilters schieben. Außen-Motorfilter können jetzt vorbereitet und installiert werden. Die Tauchkreiselpumpe kann auch später, nach dem Befüllen des Aquariums, installiert werden, damit das Wasser einen Teil ihres Gewichts trägt. **(Filter bzw. Tauchkreiselpumpe noch nicht einschalten.)**

13a

13b

13 Das Aquarium nun befüllen. Verwenden Sie einen Schlauch, bei dem Sie den Strahl durch eine Düse regulieren können, oder gießen Sie das Wasser aus einem Eimer oder einem anderen geeigneten Behälter ins Becken. In jedem Fall ist es wichtig, das Wasser vorsichtig so hineinzugießen, dass es den Bodengrund nicht aufwirbelt.

Dazu gibt es viele Möglichkeiten. Legen Sie ein Blatt Zeitungspapier oder Backpapier auf den Boden und lenken Sie den Wasserstrahl darauf. Oder gießen Sie das Wasser auf einen Teller oder eine Untertasse oder in ein Marmeladenglas auf einem Teller. Unterbrechen Sie das Befüllen des Aquariums, wenn es halb voll ist, und entfernen Sie das Zeitungspapier etc.

14

14 Warmes (nicht heißes) Wasser zugießen, um die Temperatur leicht zu erhöhen und den Pflanzen einen Kaltwasserschock zu ersparen.

15

15 Jetzt sind die Pflanzen an der Reihe! Die Anordnung der Pflanzen sollte Ihnen gefallen, und gleichzeitig sollte das Arrangement dicht bewachsene Stellen und offene Räume aufweisen. Niedrigwüchsige Pflanzen kommen am besten im Vordergrund zur Geltung und höherwüchsige an den Seiten und im Hintergrund des Aquariums. Vermeiden Sie wie bei den Einrichtungsmaterialien symmetrische Anordnungen.

16

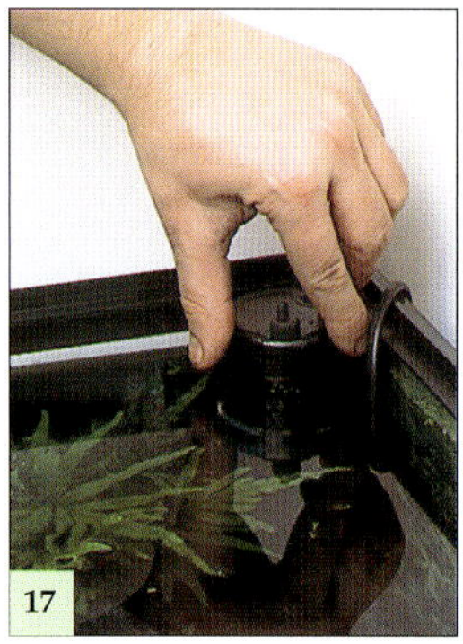

17

16 Becken bis etwa 2,5 cm unter dem Rand mit Wasser auffüllen.

17 Sie können jetzt den Tauchkreiselpumpenfilter installieren (wenn nicht schon in Schritt 12 erledigt). Korrigieren Sie die Position des Ablaufrohrs des Motorfilters so, dass es keine großen Wasserturbulenzen verursacht. Wird der Ablauf über ein Sprührohr gelenkt, achten Sie darauf, dass sich dieses über dem Wasserspiegel befindet und die Ablauflöcher zur Wasseroberfläche ausgerichtet sind.

18

18 Abdeckplatte oder Abdeckscheibe auflegen.

19

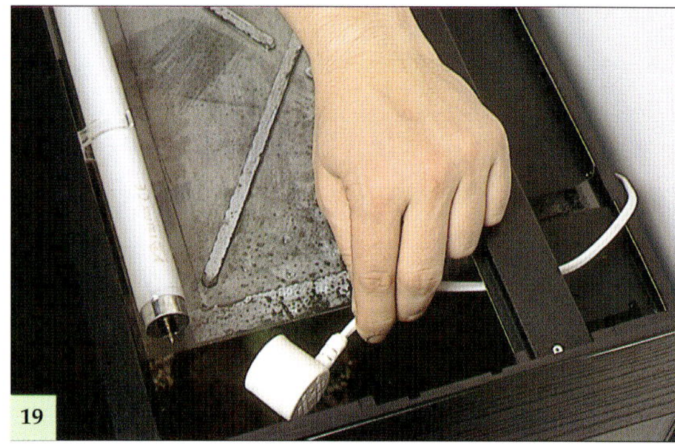

19

19 Abdeckhaube aufsetzen, nachdem Sie Lampen, Vorschaltgeräte und Elektrokabel der anderen Geräte installiert haben. Auch der Luftschlauch und die Filterrohre sollten nun sorgfältig durch die Löcher oder Schlitze in der Abdeckplatte oder entsprechende Lücken zwischen den Abdeckscheiben geführt sein.

20

20 Nach sorgfältiger Überprüfung der Installation elektrische Geräte einschalten und Wasser- bzw. Luftstrom anpassen, falls erforderlich.

Schalten Sie die Geräte möglichst morgens oder am frühen Nachmittag ein, damit Sie etwas Zeit haben, die wichtigen Parameter wie pH-Wert, Wasserhärte und Temperatur zu überwachen und zu korrigieren. Wenn Sie eines der Elektrogeräte neu ausrichten müssen, **schalten Sie es vorher aus.** Lassen Sie den Regelheizer etwa zehn Minuten abkühlen, bevor Sie ihn anfassen.

21 Lassen Sie das Aquarium mindestens drei Wochen lang bei einer Beleuchtungsdauer von 12 bis 15 Stunden stehen, bis sich alles eingespielt und sich das Wasser geklärt hat. Mit entsprechenden Aufbereitungsmitteln lässt sich dies beschleunigen, doch Sie sollten **während der so genannten Einfahrphase noch keine Fische einsetzen** (siehe Kapitel „Auswahl und Einsetzen der Fische").

Auswahl und Einsetzen der Fische

Wenn das neue Aquarium etwas eingefahren ist (auf natürliche Weise oder durch Wasseraufbereitungsmittel und Starterlösungen oder -tabletten), können die ersten Fische eingesetzt werden. Die Bedingungen im neuen Aquarium sind jedoch noch zu ungünstig, als dass man das Becken gleich mit vollem Fischbesatz bestücken sollte. Dies ist erst möglich, wenn sich die Filterbakterien und andere Wasser reinigende Mikroorganismen und Pflanzen angesiedelt haben, was einige Wochen dauert.

Während der Einfahrphase sollte der Fischbestand nach und nach aufgestockt werden. Man beginnt mit höchstens der Hälfte des angestrebten Besatzes und setzt jede Woche einige Fische dazu, bis der Vollbesatz erreicht ist (siehe Tabelle unten). Während der Bestandvergrößerung das Wasser regelmäßig überprüfen; falls einer der wichtigen Parameter wie pH-Wert, Ammonium- oder Nitritgehalt von der Norm abweicht, keine weiteren Fische einsetzen, bis sich die Bedingungen normalisiert haben.

Der Transport und das Einsetzen von Fischen in ein neues Aquarium müssen sehr behutsam erfolgen.

UNGEFÄHRE KAPAZITÄTEN BEI VOLLBESATZ

Aquariengröße in Zentimeter (Abmessung der Grundfläche)	**Anzahl der Fische** bei jeweiliger Größe der Fische ohne Schwanz: bis 5 cm	5–7,5 cm	7,5–10 cm
60 x 30	20	15	10
100 x 40	40	30	25
120 x 50	60	50	40

Auswahl der Fische

Wenn Sie zum ersten Mal Fische kaufen, lassen Sie sich am besten vom Fachpersonal des Aquariengeschäfts oder von einem erfahrenen Aquarianer beraten. Wie Sie an der Menge der im Buch vorgestellten Arten erkennen, ist die Auswahl enorm. Nicht alle Fische eignen sich jedoch für ein erstes oder ein Gesellschaftsaquarium.

Natürlich gibt es auch „Anfängerfische", wie Guppy *(Poecilia reticulata)*, Schwertträger *(Xiphophorus hellerii)*, Spiegelkärpfling *(Xiphophorus maculatus)*, Papageienplaty *(X. variatus)*, Zwergfadenfisch *(Colisa lalia)*, Siamesischer Kampffisch *(Betta splendens)* sowie Metall- und Netz-Panzerwels *(Corydoras aeneus* und *C. reticulatus)*. Auch viele Neonfische, Barben und andere Arten eignen sich gut als erste Fische, also lassen Sie sich Zeit und wählen Sie mit Sorgfalt. Bedenken Sie dabei stets die Bedürfnisse der Fische und Ihre eigenen Vorstellungen vom voll besetzten Aquarium.

Es gibt viele Anzeichen, an denen sich ein gesunder Fisch erkennen lässt. Achten Sie beim Kauf stets auf folgende Merkmale:

- kräftiger, kompakt aussehender Körper,
- intakte, aufgerichtete Flossen,
- klare Augen,
- keine fehlenden Schuppen, keine Wucherungen, Wunden oder Geschwüre,
- hohe Aktivität (außer bei allen am Boden lebenden Standfischen),
- gesunder Appetit (fragen Sie danach, aber verlangen Sie keine Vorführung, denn frisch gefütterte Fische koten oft auf dem Nachhauseweg in den Transportbeutel!).

Informieren Sie sich zusätzlich über spezielle Anforderungen oder Besonderheiten. Viele Fische leben beispielsweise in Schwärmen und sollten deshalb nicht einzeln oder paarweise gekauft werden; andere wiederum dulden die Gegenwart eines Rivalen der eigenen Art nicht.

Einsetzen der Fische

Der Fachhändler setzt die Fische in wassergefüllte Plastikbeutel. Wie umsichtig man jedoch auch vorgeht, das Umsetzen in den Beutel, der Transport und das Einsetzen in ein neues Aquarium bedeuten für jeden Fisch Stress. Versuchen Sie daher die Belastung jeweils so gering wie möglich zu halten. Verpacken Sie die Fische für den Heimtransport so, dass sie vor Licht und Kälte geschützt sind, etwa in Zeitungspapier oder in einer Kühltasche. Setzen Sie die Beutel nicht plötzlicher Helligkeit oder Stößen aus. Zu Hause angekommen, setzen Sie die Fische wie folgt vorsichtig in ihre neue Behausung um:

1 Aquarienbeleuchtung ausschalten.

2 Die Beutel mit den Fischen etwa zehn Minuten im Aquarium schwimmen lassen, damit das Wasser darin die Wassertemperatur des Beckens annimmt.

3 Beutel aufknoten. Nicht mit Gewalt platzen lassen!

4 Ein wenig Aquarienwasser in jeden Beutel fließen lassen. So können sich die Fische an die Chemie des Wassers gewöhnen.

5 Zehn Minuten warten und den Vorgang noch einoder zweimal wiederholen.

6 Beutel vorsichtig ankippen, damit die Fische herausschwimmen können. Fische nicht auschütten.

7 Bis zum folgenden Morgen die Aquarienbeleuchtung ausgeschaltet lassen; die Fische nicht füttern.

Ernährung

Beim Futterbedarf für Heimtiere gab es in den letzten Jahrzehnten solche Fortschritte, dass es heute für praktisch jeden Aquarienfisch das passende Futter gibt. Selbst Arten, deren Ernährung früher als sehr kompliziert galt, vertragen mindestens eine dieser hervorragenden Fertigmischungen.

Futtermittel

Die wichtigsten handelsüblichen Futtersorten fallen in eine von fünf Kategorien. Die Bandbreite an Rezepturen ist jedoch beträchtlich, um es vorsichtig zu formulieren.

Flocken: Es gibt feines Pulverfutter für Jungfische sowie kleine Flocken und große Flocken für größere Fische. Die Zusammenstellungen reichen von proteinreicher Kost für Fischlarven und Jungfische bis zu proteinärmerem Futter für ausgewachsene Fische, von Rezepten auf Pflanzenbasis für Herbivoren bis zu Futter auf Tierbasis für Karnivoren und gemischtem Futter für Omnivoren. Zusätzlich gibt es Laichfutter, Farbfutterflocken und vieles mehr.

Granulat/Tabletten/Sticks: Hier gibt es nicht ganz so viele Rezepturen. Manche Sorten schwimmen, während andere langsam und wieder andere rasch absinken. Auf diese Weise wird auf die Fressgewohnheiten vieler unterschiedlicher Fischarten eingegangen.

Füttern von Flockenfutter.

FÜNF-MINUTEN-REGEL: Geben Sie Ihren Fischen nur so viel Futter, wie sie in etwa fünf Minuten fressen können. Ein bis zwei Fütterungen pro Tag sind für die meisten Arten ausreichend. Entfernen Sie überschüssiges Futter, um Wasserverschmutzung zu verhindern.

Gefriergetrocknetes Futter: Dieses Futter enthält sehr wenig Feuchtigkeit bei großem Nährwert. Es besteht aus Insektenlarven und -puppen, Krebstieren, Würmern oder anderen Kleinlebewesen. Es wird lose zum Verteilen an der Wasseroberfläche oder in kleinen Pressblöcken angeboten, die man an die Seiten des Aquariums heftet.

Frostfutter: Dieses überwiegend aus tierischem Material hergestellte Futter ist in der Regel gammabestrahlt, um Krankheitskeime abzutöten. Es wird in Einkomponenten- und Mehrkomponentenrezepturen angeboten, teilweise mit Pflanzenmaterialien. Das Frostfutter muss stets im Gefrierschrank aufbewahrt werden.

Lebendfutter: In allen Größen erhältlich, von winzig kleinen Rädertierchen (die mit einem Startset selbst gezüchtet werden können) und frisch geschlüpften *Artemia*-Nauplien bis hin zu größeren Wirbellosen wie Zuckmückenlarven, Wasserflöhen und adulten *Artemia*-Krebsen. Manche Sorten sollte man besser vor dem Verfüttern auf verirrte Räuber untersuchen, die mit den Futtertieren zusammen gegriffen worden sein könnten. *Tubifex*-Würmer sollte man vorher gründlich abspülen, um das Risiko zu minimieren, Krankheiten verursachende Mirkoorganismen einzuführen. Obwohl streng genommen Flüssigfuttermittel nicht zum Lebendfutter zählen, werden sie hier mit aufgeführt, da sie hauptsächlich dazu entwickelt wurden, das Wachstum von Mikroorganismen (Infusorien) anzuregen, die sich besonders für die Ernährung von Fischbrut an den ersten Lebenstagen eignen.

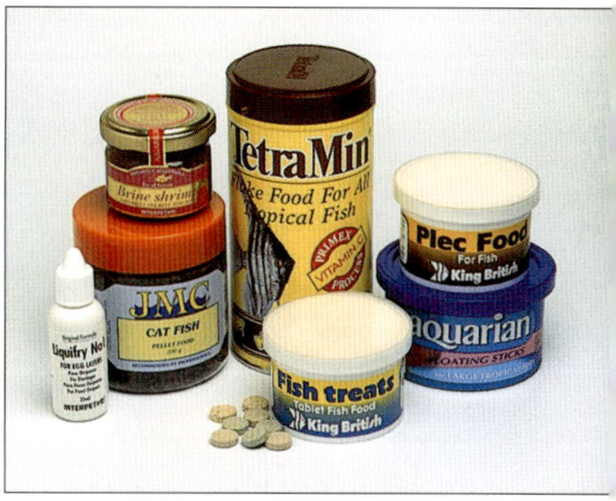

Verschiedene international erhältliche Futtermittel.

Aquarienpflege

Sobald das Aquarium voll besetzt und gut eingefahren ist, muss es durch regelmäßige Pflegearbeiten gesund gehalten werden. Manche dieser Arbeiten sind täglich durchzuführen, wie das Füttern der Fische, andere nur gelegentlich. Das Wichtigste ist jedoch, keine einzige der routinemäßigen Pflegearbeiten zu vernachlässigen, denn sonst müssen Sie wahrscheinlich früher oder später umfangreichere Abhilfemaßnahmen einleiten.

Werden solche Maßnahmen erforderlich, bringen sie häufig einen so großen und abrupten Wechsel der Umgebungsbedingungen mit sich, dass die Fische darunter leiden. Plötzlich werden von ihrem Stoffwechsel Anpassungen erwartet, die dieser nicht leisten kann. Es ist deshalb wesentlich besser, die Umgebungsbedingungen zu jeder Zeit genau einzustellen. Die folgenden Richtlinien wurden mit diesem Ziel vor Augen zusammengestellt.

Algen alle zwei Wochen von der Scheibe entfernen.

Bodengrundreiniger beseitigen Abfälle.

Täglich

- Zimmerbeleuchtung einige Minuten vor der Aquarienbeleuchtung einschalten, um einen allmählichen Tagesanbruch zu simulieren. Oder den echten Tagesanbruch abwarten und dann erst das Aquarium beleuchten.
- Gesundheitszustand aller Fische überprüfen. Zeigen Fische Krankheitsanzeichen, setzen Sie sie zur Behandlung in ein separates Krankenbecken, wenn eine Ganzbeckenbehandlung nicht durchführbar ist.
- Wassertemperatur überprüfen und eventuell anpassen.
- Fische am Morgen und, falls erforderlich, erneut am Abend füttern. Nachtaktiven Fischen erst kurz vor dem Abschalten der Beleuchtung oder danach Futter anbieten.
- Auf Anzeichen von Ablaichen oder Geburten prüfen; balzende Pärchen oder Fischbrut separat unterbringen.
- Aquarienbeleuchtung einige Minuten vor der Zimmerbeleuchtung oder dem Einbruch der Nacht ausschalten.

Wöchentlich

- Regelheizer auf Anzeichen von Fehlern wie Lecks überprüfen und sofort ersetzen, falls etwas nicht stimmt.
- Wasserhärte, pH-Wert, Ammonium- und Nitritgehalt bestimmen und notfalls anpassen. Wenn Sie einen der

Parameter verändern, dann schrittweise; in der Regel verursacht nicht die Größe der Veränderung Probleme, sondern die Abruptheit, mit der sie ausgeführt wird.

- Futter- und Medikamentenvorrat überprüfen und auffüllen, falls erforderlich.
- Lassen Sie ruhig die Fische einen Tag pro Woche fasten, außer es handelt sich um heranwachsende Tiere oder um Weibchen, die auf das Ablaichen vorbereitet werden.

Alle zwei Wochen

- Belüftung bzw. Motorfilter abschalten. Oberste Schicht des Bodengrunds harken oder auf andere Weise vorsichtig aufwühlen (Bodengrundreiniger eignen sich gut dazu).
- Algenbelag von der Vorderscheibe schaben.
- Wenn sich Mulm abgesetzt hat, zusammen mit etwa 20 bis 25 Prozent des Aquarienwassers absaugen.
- Abgesaugtes Wasser durch Frischwasser ersetzen, das eventuell an die Chemie des Aquarienwassers angepasst wurde. Versuchen Sie auch die Temperatur so weit wie möglich anzugleichen und fügen Sie ein Mittel zur Entfernung von Chlor sowie Wasseraufbereiter hinzu, falls erforderlich.
- Belüfter oder Motorfilter einschalten.

Hinweis: Wird der Teilwasserwechsel morgens ausgeführt, lassen Sie das Leitungswasser einige Minuten laufen, bevor Sie etwas für das Aquarium abfüllen. So umgehen Sie das Risiko, giftige Chemikalien wie Kupfer durch stehendes Wasser in Haushaltsrohren einzuführen.

Überschüssige Pflanzen und abgestorbene Blätter entfernen.

Alle drei bis vier Wochen

- Belüftung bzw. Motorfilter ausschalten und alle nicht biologischen Medien unter fließendem Wasser abspülen bzw. ersetzen, falls erforderlich. Biologische Medien sollten idealerweise in Aquarienwasser gespült werden, um die nützlichen Bakterienkulturen und andere hilfreiche Mikroorganismen nicht zu zerstören. **Auf keinen Fall Reinigungsmittel verwenden – sie sind hochgiftig.**

Nachdem der Mulm sich abgesetzt hat, zusammen mit 20 bis 25 Prozent des Aquarienwassers absaugen.

- Wenn ein Bodengrundfilter installiert ist, Luftschlauch entfernen und Oberteil des Lufthebers reinigen.
- Absaugrohr bis auf Bodengrundhöhe in den Luftheber einführen und die kleine Menge Mulm unter den Filterplatten wegsaugen.
- Alle Ausströmersteine reinigen.
- Abdeckplatte oder Glasabdeckscheibe reinigen.
- Alle anderen Geräte überprüfen, wie Belüfter, Membran, Rückschlagventil, Leuchten etc.
- Abgestorbene Blätter entfernen, Pflanzen beschneiden und kümmernde oder tote Exemplare entfernen.
- Aquarium auffüllen, falls erforderlich.

FISCHKRANKHEITEN

DAS SPRICHWORT „Kümmere dich um das Wasser, und das Wasser kümmert sich um deine Fische" taucht im Zusammenhang mit dem allgemeinen Gesundheitszustand der Fische wieder auf. Wie jede Redensart trifft auch diese meist zu, wobei es auch Situationen gibt, in denen sie nicht funktioniert bzw. funktionieren kann.

Wenn Sie ein besonders effektives Wasserpflegesystem installieren und dieses durch eine genaue Überwachung der Wasserqualität und ein gutes Pflegeprogramm ergänzen, können Sie durchaus Ihr Aquarium über den empfohlenen Besatz hinaus bestücken, ohne dass die Wasserbedingungen darunter leiden. Das bedeutet jedoch nicht, dass Ihre Fische gesund bleiben. Beim Halten von Fischen in unnatürlichen Kombinationen oder übermäßiger Zahl auf begrenztem Raum kommen Faktoren ins Spiel (wie erhöhte Aggression und Konkurrenz), von denen einige zu gesundheitlichen Problemen führen.

Sobald man unvernünftige Anforderungen an gegebene Umgebungsbedingungen stellt, wird das System, das diese Anforderungen nicht erfüllen kann, früher oder später zusammenzubrechen – mit fataler Wirkung auf die Gesundheit der Fische. Es muss daher unbedingt ein Gleichgewicht zwischen den Fischen, ihrer Umgebung und den stets vorhandenen Krankheitskeimen erhalten werden, wenn das Wasser die Chance haben soll, sich „um die Fische zu kümmern".

VORBEUGEN IST BESSER ALS HEILEN

Ohne Zweifel sind vorbeugende Maßnahmen den heilenden vorzuziehen. Sie können Fische vor Krankheiten am besten schützen, indem Sie sich an geeignete Besatzstärken halten, darauf achten, dass nur verträgliche Arten (und Geschlechter) vergesellschaftet werden und ein geeignetes Fütterungs- und Pflegeprogramm einhalten.

Ein unbedingt empfehlenswerter Schritt ist das Einrichten eines separaten Beckens zur Eingewöhnung neuer Fische oder Behandlung kranker Tiere. Dieses Becken kann durchaus kleiner und spartanischer eingerichtet sein als Ihr Hauptaquarium, muss aber allen Bedürfnissen der Fische gerecht werden können.

Wenn Sie Ihren allerersten Fisch kaufen, dient Ihr Hauptbecken auch als Eingewöhnungsbecken. Wenn sich jedoch alles erst einmal eingespielt hat und Sie eine gesunde Fischgesellschaft angesiedelt haben, bringt jeder Neuzugang ein – wenn auch kleines – Risiko mit sich, Krankheiten einzuschleppen. Die bei weitem beste Mög-

Weißpünktchenkrankheit bei einem Keilfleckbärbling.

Knurrender Gurami mit Samtkrankheit.

lichkeit, dieses Risiko zu vermeiden, besteht darin, alle neuen Fische eine Weile in einem separaten Eingewöhnungsbecken zu halten, wo sie überwacht und notfalls gegen Krankheiten behandelt werden können. Gibt es nach ein oder zwei Wochen keine Krankheitsanzeichen, setzen Sie die Fische vorsichtig in ihr endgültiges Zuhause um. Bricht jedoch bei einem neuen Fisch eine Krankheit aus, siedeln Sie keinen der Fische – auch wenn sie gesund aussehen – um, bis das Problem gelöst ist.

Eingewöhnungs- bzw. Krankenbecken sind auch dann wertvoll, wenn ein Fisch an einer Krankheit leidet, die eine individuelle und keine Ganzbeckenbehandlung erfordert. Ist die Behandlung abgeschlossen, sollte das Becken gereinigt, mit einem Aquariendesinfektionsmittel sterilisiert und mit laufenden Systemen neu eingefahren werden.

Wenn Sie es für zu umständlich halten, ein Eingewöhnungs- bzw. Krankenbecken einzurichten und zu pflegen, hilft Ihnen vielleicht die Tatsache, dass die Mehrheit der erfahrenen Aquarianer, Händler, Großhändler und Importeure auf diese oder ähnliche Weise das Risiko der Krankheitsübertragung verringern, weil sie längst begriffen haben, dass es sich nicht lohnt, solche Risiken einzugehen.

Methoden zur Gesunderhaltung

Werden Fische in einer gesunden, stressfreien Umgebung gehalten und richtig gefüttert, bleiben sie in der Regel gesund. Überprüfen Sie daher beim ersten Anzeichen von Krankheiten, ob sich an der Umgebung etwas geändert hat. Plötzliche Schwankungen von Temperatur, pH-Wert, Gehalt an toxischen Abfallprodukten und anderen Parametern können sich ungünstig auf die Gesundheit eines Fisches auswirken.

Zwergfadenfisch-Weibchen mit Flossenfäule im Endstadium.

Rotaugen-Moenkhausia mit Augeninfektion.

Trotz aller Bemühungen werden ab und zu einige Fische krank. Oft ist nur ein Tier oder sind wenige Fische in einer ganzen Gesellschaft betroffen. Das deutet darauf hin, dass diese Tiere aus bestimmten Gründen anfälliger für die Krankheitskeime sind als ihre Beckengenossen. Dafür können verschiedene Faktoren verantwortlich sein. Sie sollten diese herausfinden, bevor Sie Medikamente verabreichen.

Die Symptome lassen sich oft effektiv behandeln. Wird aber die eigentliche Ursache des Problems nicht erkannt und korrigiert, kehrt es oft noch schlimmer zurück. Pilze etwa befallen oft Fische, die bereits geschwächt sind, vielleicht durch eine Verletzung oder durch Laichstress, während an der Weißpünktchenkrankheit oft Fische erkranken, die einem plötzlichen Temperaturrückgang ausgesetzt waren.

Krankheitsdiagnose und Behandlung

Von einem unerfahrenen Aquarianer kann niemand erwarten, dass er jede Gesundheitskrise ohne Unterstützung meistert. Daher sollte er sich fachlichen Beistand suchen, etwa bei erfahrenen Aquarianern, Fachpersonal im örtlichen Aquariengeschäft, aus Fachbüchern und -artikeln zur Fischgesundheit oder bei Tierärzten, die auf Fischkrankheiten spezialisiert sind.

Glücklicherweise lassen sich die häufigsten Fischkrankheiten leicht diagnostizieren, und die meisten können mit Medikamenten effektiv behandelt werden. Der folgende Überblick betrifft nur diese am häufigsten anzutreffenden und (mit Ausnahme der bakteriellen Erkrankungen) leicht zu behandelnden Krankheiten. Wenn Ihre Fische also unter einer dieser Krankheiten leiden, kaufen Sie im Fachhandel das entsprechende Medikament und halten Sie sich genau an die Dosierungshinweise. Fischkrankheiten entstehen meist durch Parasiten, Pilze und Bakterien.

Lassen Sie sich beim Kauf von Medikamenten in einem Aquaristikfachgeschäft beraten.

Weißpünktchenkrankheit oder Ichthyo: Die Krankheit wird von dem Einzeller *Ichthyophthirius multifiliis* hervorgerufen, der winzige weiße Pünktchen auf Körper und Flossen des befallenen Fisches verursacht. Durch die Reizung scheuert der Fisch sich an Bodengrund, Steinen oder Einrichtungsmaterial,

Fischschimmel an einem Rostpanzerwels.

was wiederum zu Verletzungen und zusätzlichen Sekundärerkrankungen führen kann.

Hauttrübung: Es gibt drei Einzeller *(Ichthyobodo, Trichodina, Chilodonella),* die ähnliche Symptome hervorrufen: übermäßige Schleimproduktion (schleimige Haut), bläulich-weiße Hautfärbung, unbeholfene Schwimmbewegungen, Scheuern etc.

Kiemenwurmkrankheit: Die Krankheit wird hervorgerufen durch parasitische Würmer *(Dactylogyrus* spp.). Sie führt zu entzündeten Kiemen mit übermäßiger Schleimproduktion, beschleunigten Atembewegungen und dem ständigen Scheuern der Kiemendeckel.

Befall mit Gyrodactyliden: Würmer der Gattung *Gyrodactylus* spp. (verwandt mit *Dactylogyrus)* verursachen Entzündungen auf der Haut, einhergehend mit übermäßiger Schleimproduktion, leichtem Verlust der Körperfarbe und Scheuern an Gegenständen.

Ankerwürmer: Trotz ihres Namens handelt es sich bei den Parasiten *Lernaea* spp. um Ruderfußkrebse. Sie verursachen nervöse, hüpfende Schwimmbewegungen, Scheuern und leichten Farbverlust (bei starkem Befall). Die schlanken weißlichen Parasiten sind deutlich am befallenen Fisch zu erkennen.

Samtkrankheit: *Piscinoodinium*-Arten, in manchen Büchern als Dinoflagellaten bezeichnet, verursachen einen feinen „Staub" aus winzigen weißlichen oder rostfarbenen Flecken auf Körper und Flossen der befallenen Fische. Diese schnappen vermehrt nach Luft, scheuern sich und weisen Entzündungen auf.

Fischschimmel: Der Erreger ist meist ein Pilz der Gattung *Saprolegnia.* Die Symptome treten in der Regel auf beschädigtem Gewebe in Form von weißen oder cremefarbenen watteähnlichen Flecken auf.

Maulschimmel oder *Columnaris*-Krankheit: Trotz ihres Namens wird diese Krankheit nicht von einem Pilz, sondern von einem Bakterium, *Flexibacter columnaris,* hervorgerufen; sie führt zu weißlichen Wucherungen am Maul. In schweren Fällen kann das umgebende Gewebe zerfressen sein, was weitere Probleme nach sich zieht.

Andere bakterielle Infektionen: Solche Infektionen zeigen sich ganz unterschiedlich als Geschwüre, blutige Streifen in Flossen, Schuppenausfall, Trägheit, Farbverlust oder kiefernzapfenähnlich aufgetriebene Körper (Bauchwassersucht). Sie sind nur und ohne Erfolgsgarantie mit speziell für die Aquaristik entwickelten Medikamenten zu behandeln.

FORTPFLANZUNG

FISCHE LEGEN ENTWEDER Eier oder gebären voll ausgebildete Jungen. Erstere bezeichnet man als Eierleger, Letztere als Lebendgebärende. Bei Eierlegern werden Eier und Samen ins Wasser abgegeben, sodass es sich um eine äußere Befruchtung handelt. Bei Lebendgebärenden findet die Befruchtung der Eier und deren Entwicklung zu fertigen Jungfischen im Mutterleib statt.

Es gibt aber auch einige sehr interessante Ausnahmen von dieser allgemeinen Regel. So werden zum Beispiel bei manchen Arten die Eier im Mutterleib befruchtet und dann vor dem Schlüpfen vom Weibchen abgesetzt. Zu dieser bemerkenswerten Ausnahme zählen etwa einige Salmler und Welse, bei denen die Eier Tage oder Wochen nach der Befruchtung abgelegt werden.

EIERLEGER

Obwohl die äußere Befruchtung ein Merkmal der Eier legenden Arten ist, gibt es verschiedene Varianten des Ablaufs. Je nach Art unterscheidet sich auch, was anschließend mit den Eiern und den frisch geschlüpften Jungfischen geschieht. Trotz der Unterschiede besteht jedoch das biologische Ziel letztendlich darin, der Art die bestmögliche Chance zu geben, ihr Überleben von einer Generation auf die nächste zu sichern.

Freilaicher: Bei frei laichenden Arten geben Paare oder Schwärme Eier und Samen ins Wasser ab, entweder zwischen feinblättriger Vegetation oder am Boden. Zu diesen gehören die meisten Karpfenfische, Salmler, Regenbogenfische und einige Killifische. In freier Natur setzen viele Freilaicher, vor allem Salzwasserarten, Eier und Samen auch im freien Wasser ab, von wo aus sie an die Oberfläche steigen und von Strömungen fortgetragen werden. Die Fischbrut verbringt dann einen unterschiedlich langen Zeitraum als Teil des Planktons.

Freilaicher, die aktiv nach feinblättriger Vegetation suchen, zwischen der sie ihre klebrigen Eier absetzen, werden manchmal auch als Haftlaicher bezeichnet. Zu ihnen zählen zum Beispiel Regenbogenfische, einige Killifische und viele Salmler.

Versteckbrüter und Bodenlaicher: Statt Eier und Samen einfach abzusetzen und ihr Überleben ganz dem Schicksal zu überlassen, verstecken einige Arten ihre Eier, bevor sie sie verlassen. Das verschafft dem einzelnen Ei bessere Überlebenschancen, was sich im Allgemeinen in der geringeren Anzahl der Eier zeigt, die Versteckbrüter und Bodenlaicher im Vergleich zu Freilaichern ablegen.

Das beliebteste Versteck für Eier ist der Bodengrund selbst, aber es können auch andere, ungewöhnlichere Plätze ausgesucht werden, wie die Mantelhöhle von Süßwassermuscheln, die einige Bitterlings-Arten wie *Rhodeus* spp. bevorzugen. Die bekanntesten Vertreter der Bodenlaicher sind die Killifische, die in freier Natur beim Austrocknen ihrer Teiche im Sommer sterben.

Substratlaicher: Diese Fortpflanzungsstrategie ist unter Buntbarschen weit verbreitet, jedoch nicht auf diese beschränkt. Die Eier werden dabei auf einer Oberfläche abgelegt, etwa einem Holzstück, der Ober- oder Unterseite eines Blattes, einem flachen oder abgerundeten Stein, einer Mulde im Bodengrund, einer Höhle, dem Inneren eines leeren Schneckenhauses oder jeder anderen geeigneten Oberfläche. In einigen Fällen, wie beim Spritzsalmler *(Copella arnoldi)*, werden die Eier sogar außerhalb des Wassers auf überhängenden Blättern abgelegt.

Ein typisches Merkmal der Substratlaicher ist die Brutpflege, die sowohl die Eier als auch die Fischbrut umfasst. Dieser zusätzliche Schutz verbessert natürlich

Das Nest eines Zwergfadenfisches (Colisa lalia).

Zwergfadenfisch (Colisa lalia) *mit Schaumnest.*

die Überlebenschancen jedes einzelnen Nachkommen; im Gegenzug können diese Arten weniger, dafür aber größere Eier legen. Die frisch geschlüpfte Fischbrut ist meist schon weiter entwickelt als die der Freilaicher.

Nestbauer: Substratlaicher, die selbst eine Mulde graben bzw. einen Tunnel oder eine Höhle ausheben, um ihre Eier dort abzulegen, können berechtigterweise auch als Nestbauer bezeichnet werden, obwohl sie dazu keine Materialien verbauen.

Unter den Aquarienfischen besteht das Nest meistens aus schleimbedeckten Luftblasen, wobei manchmal, aber nicht zwangsläufig, Pflanzenmaterial mit eingebunden wird. Solche Nester liegen an der Wasseroberfläche, unter einem großen Blatt oder einer anderen Unterwasserstruktur, die Luft einschließt. Die Eier werden entweder zwischen die Blasen gelegt oder darunter abgesetzt, sodass sie nach oben steigen. Mitunter werden sie auch von einem oder beiden Elternteilen aufgenommen und zwischen den Blasen abgelegt.

Die bekanntesten Nestbauer sind Kampffische und Guramis sowie einige Welse. Die Pflege von Eiern und Brut ist bei solchen Arten üblich.

Künstliche Pflanzenmatte für das Ablaichbecken.

Maulbrüter: Zahlreiche Arten intensivieren die Brutpflege sogar noch weiter und brüten die befruchteten Eier im Maul aus. Meist ist in diesen Fällen die Anzahl der Jungtiere einer Brut zwar geringer, dafür wird den Jungfischen aber ein besonders guter Start ins Leben geboten.

Die meisten Maulbrüter betreiben die Brutpflege über den Schlüpftermin hinaus und kümmern sich mitunter auch noch einige Wochen lang um die Jungfische. In dieser Zeit entfernt sich die Brut nie weit vom brutpflegenden Elternteil und verschwindet beim ersten Anzeichen einer Gefahr in dessen Maul. Hier ist sie sicher vor Feinden und kann überdies rasch von Mutter oder Vater aus der Gefahrenzone gebracht werden.

Das Maulbrüten ist verbreitet unter den Buntbarschen, die die großen Seen des Afrikanischen Grabens bewohnen. Dabei ist das Weibchen das brütende Elterntier. Bei einigen anderen Maulbrütern, wie den Gabelbärten aus dem Amazonas *(Osteoglossum bicirrhosum, O. ferreirai)* und den Arowanas *(Scleropages* spp.) aus dem Fernen Osten sowie Australien, übernimmt das Männchen die Elternpflicht.

Lebendgebärende

Bei lebendgebärenden Arten findet die Befruchtung im Mutterleib statt. Anschließend bleiben die Eier entweder in ihren Hüllen (Eifollikeln) bis zum Abschluss der embryonalen Entwicklung im Eierstockgewebe eingebettet, oder sie werden in die Eierstockhöhle der Mutter ausgestoßen, die als eine Art Gebärmutter fungiert. Dort vollenden sie ihre Entwicklung in einem „Tauchbad" aus nährstoffreichen Sekreten.

Im ersten Fall kommt es in der Regel zu keiner Gewichtszunahme der Embryonen, allerdings gibt es auch Ausnahmen. Bei vielen Arten erleben die Embryonen sogar einen Gewichtsverlust zwischen Befruchtung und Geburt. Diese Art des Ausbrütens – Lecithotrophie genannt – ist typisch für die Familie der Lebendgebärenden Zahnkarpfen. Bei den Lebendgebärenden Hochlandkärpflingen und einigen anderen Arten kann es aufgrund ihrer nährstoffreichen Umgebung zu einer beträchtlichen Gewichtszunahme der Embryonen kommen. Diese Fortpflanzungsstrategie, bei der die Mutter einen wesentlichen Beitrag zum Wachstum ihrer Jungen leistet, wird als Matrotrophie bezeichnet.

Ein weiterer Unterschied zwischen den beiden Gruppen der Lebendgebärenden besteht darin, dass bei lecithotrophen Arten das Weibchen meist Sperma aus einer Paarung speichern und nach der Reifung mehrere Eigele-

Lebendgebärender Brachyraphis *spec. beim Gebären.*

Lebendgebärender Hochlandkärpfling (Girardinichthys viviparus) *beim Absetzen der Brut.*

ge hintereinander damit befruchten kann. Nach einer Begattung können solche Weibchen daher mehrere Bruten produzieren, ohne sich erneut paaren zu müssen. Bei den Hochlandkärpflingen ist das nicht möglich; hier ist jede Brut das Ergebnis einer Paarung.

Fortpflanzung im Aquarium

Zu den größten Freuden vieler Aquarianer gehört es, die Fische zur Fortpflanzung zu bringen. Bei den beliebten Lebendgebärenden wie Guppys, Schwertträgern, Platys und Mollys ist das sehr einfach. Man braucht gar nichts zu unternehmen, um diese Arten zur Fortpflanzung anzuregen. Solange sie gesund sind, vermehren sie sich. Die Fischbrut durchzubringen, ist jedoch ein anderes Thema. Meist werden nur wenige Jungfische – wenn überhaupt – länger im Gesellschaftsaquarium überleben.

Bei den Eierlegern versuchen sicherlich einige der robusteren Arten, im Gesellschaftsaquarium zu laichen. Wo es aber in einer solchen Umgebung schon schwierig wird, die Brut von Lebendgebärenden zu retten, ist das bei Eierlegern praktisch unmöglich.

Um Jungfische bis ins Erwachsenenalter aufzuziehen, müssen unbedingt geeignete Bedingungen geschaffen werden – nicht nur für die Brut, sondern auch für die Elterntiere. Dazu gibt es zahlreiche Möglichkeiten, darunter etwa das Aufstellen eines separaten Zuchtbeckens, in dem die Besonderheiten der betreffenden Arten berücksichtigt werden.

Bei den Lebendgebärenden bieten Ablaichbecken eine alternative Lösung. Sie ist zwar nicht ideal, stellt aber dennoch eine gute Möglichkeit dar, den Bestand zu vergrößern, ohne ein Extraaquarium aufstellen zu müssen. In einem im Hauptaquarium schwimmenden Ablaichbecken kann das Weibchen während der Geburt von ihren Beckengenossen getrennt werden. Da es aus zwei Kammern besteht, die durch einen Schlitz oder kleine Löcher miteinander verbunden sind, bietet es auch der Fischbrut eine Zuflucht, die sonst unter Umständen von der eigenen Mutter gefressen würde.

Direkt nach der Geburt kann das Weibchen wieder ins Hauptaquarium gesetzt werden. Die Brut wird so lange im Ablaichbecken gehalten, bis sie groß genug ist, um sicher ins Aquarium umgesetzt zu werden. Dort leben die Jungfische dann völlig selbstständig.

Nach welcher Methode Sie Ihre Fische auch vermehren wollen – treffen Sie stets sorgfältige Vorbereitungen. Ohne diese endet das Unternehmen mit Sicherheit in einer Enttäuschung. Mit der richtigen Vorbereitung dagegen werden Sie eine lehrreiche und besonders zufrieden stellende Dimension Ihres Hobbys genießen können.

AQUARIENPFLANZEN

PFLANZEN ERFÜLLEN in einem Aquarium verschiedene Aufgaben, von der rein ästhetischen Funktion – die nur den Betrachter erfreut – bis hin zu den „nützlicheren" Aufgaben, wie die Absorption überschüssigen Nitrats, um ausgewogene Bedingungen zu schaffen, oder die Bereitstellung von Verstecken und Laichplätzen.

AUSWAHL

Einige dieser Funktionen können von echten Pflanzen ebenso erfüllt werden wie von künstlichen. Die Aufgaben jedoch, für die biologische Prozesse wie die Photosynthese erforderlich sind, können im Aquarium nur echte Wasserpflanzen übernehmen.

Beachten Sie die Begriffe „Wasserpflanze" und „Aquarienpflanze". Der Unterschied besteht darin, dass Wasserpflanzen sich an das Leben und die Fortpflanzung unter Wasser angepasst haben, während als Aquarienpflanzen auch Sumpf- oder Landpflanzen bezeichnet werden können, die entweder nicht wachsen oder – falls doch – sich schlecht vermehren, wenn sie permanent unter Wasser gehalten werden. Inzwischen sind viele solcher Pflanzen im Handel. Obwohl sie keine echten Wasserpflanzen sind, überleben sie einen gewissen Zeitraum unter Wasser und bieten viele Dekorationsmöglichkeiten. Einige Arten wie die Amazonaspflanzen (*Echinodorus* spp.) wachsen sowohl unter Wasser als auch als Sumpfpflanzen. Kurz vor der Blüte jedoch ragen die Blütenstände weit über die Wasseroberfläche hinaus.

Nichts davon gilt natürlich für künstliche Pflanzen. Zwar dienen diese keinem biologischen Zweck, erfüllen jedoch andere nützliche Aufgaben. Heute sind so viele verschiedene Farben, Größen und Modelle erhältlich, dass es mit etwas Sorgfalt und Kreativität möglich ist, im Handumdrehen eine wunderschöne Unterwasserlandschaft zu erschaffen, die ohne genaueres Hinsehen kaum von einer natürlichen zu unterscheiden ist. Falls Ihnen der Sinn nach einer vollkommen unnatürlich aussehenden Unterwasserlandschaft aus Pflanzen in knalligen, fröhlichen Farben steht, dann können Sie auch diese aus künstlichen Pflanzen erschaffen. Es gibt auch noch andere Vorteile: Beispielsweise sterben künstliche Pflanzen nicht ab und lassen sich bei Algenbefall leicht reinigen.

Diamant-Regenbogenfische in einem Aquarium mit künstlichen Pflanzen.

Egeria densa.

Bacopa *spec.*

Javafarn.

Anubias lanceolata.

Falls Sie gerne natürliche Pflanzen halten, Ihnen aber auch einige künstliche Modelle gefallen: Warum mischen Sie nicht einfach beide Typen? Sie können ausgezeichnet miteinander harmonieren.

Pflanzenkauf

Pflanzen werden in verschiedenen Formen zum Kauf angeboten: als unbewurzelte einzelne oder gebündelte Pflanzen; bewurzelte, aber ungepflanzte Exemplare; bewurzelte Topfpflanzen; Knollen, Wurzelstöcke oder Zwiebeln; Portionen (Schwimmpflanzen); oder seit neuestem auch als Pflanzen, die auf Moorkienholz oder Steinen verwurzelt bzw. befestigt sind.

Was Sie letztendlich wählen, ist eine Frage des persönlichen Geschmacks. Grundsätzlich sind alle Varianten eine Überlegung wert. Einige, etwa die unbewurzelten einzelnen oder gebündelten Pflanzen, sind vielleicht preiswerter als die meisten anderen, sodass Sie mehr Pflanzen kaufen können. Ein kräftiges Exemplar, das sich bereits mit einem hübschen Stück Moorkienholz verbunden hat, ist auf der anderen Seite teurer, stellt aber auch eine sehr viel eindrucksvollere Hauptdekoration dar.

Ebenfalls von Bedeutung ist die Wahl zwischen Wasserpflanzen und Aquarienpflanzen, wie oben erklärt. Wenn Sie Landpflanzen wie Dieffenbachien *(Dieffenbachia)* oder Grünlilien *(Chlorophytum)* für das Aquarium kaufen, behalten Sie sie genau im Auge. Entfernen Sie stets absterbende Blätter und nehmen Sie die ganze Pflanze rechtzeitig heraus, bevor sie vollständig zu verrotten beginnt.

Einige Wasserpflanzen, die auch in feuchtem Boden wachsen wie Amazonaspflanzen *(Echinoderus* spp.) und Indischer Wasserwedel *(Hygrophila difformis),* werden oft unter Sumpfbedingungen kultiviert. Solche Pflanzen haben steife, aufrechte Stängel und/oder Blätter, die unter Wasser schnell absterben. Das ist eine natürliche Reaktion und kein Grund zur Verzweiflung. Mit etwas Geduld werden viele dieser Pflanzen neue Unterwassertriebe ausbilden und sich zu guten Aquarienpflanzen mausern.

Pflanzen aus Zwiebeln, wie die Thailand-Hakenlilie *(Crinum thaianum),* oder Knollen und Wurzelstöcken, wie Speerblätter *(Anubias* spp.) und einige *Aponogeton*-Arten, werden gewöhnlich zumindest teilweise ausgewachsen verkauft. Sie sind entweder ohne Topf, eingetopft oder – wie oft bei den *Anubias*-Arten der Fall – an einem Stück Moorkienholz oder einem Stein befestigt erhältlich.

In den letzten Jahren tauchen immer mehr Pflanzen auf, die in sorgfältig kontrollierten Umgebungen mithilfe der neuesten Gewebekultur-Technologien gezogen wurden. Solche Pflanzen sind in der Regel von sehr guter

Riccia fluitans *(schwimmend).*

Salvinia auriculata *(schwimmend).*

Myriophyllum *spec.*

EINIGE SCHWIMMPFLANZEN FÜR DAS TROPISCHE SÜSSWASSERAQUARIUM

Deutscher Name *(Wissenschaftlicher Name)*	**Empfohlene Lichtintensität**	**Empfohlene Wasserhärte**	**Anmerkungen**
Kleiner Algenfarn *(Azolla caroliniana)*	Hoch	Mittelhart	Schnell ausbreitend
Hornfarn *(Ceratopteris* spp.)	Hoch	Weich bis mittel	Wächst auch verwurzelt unter Wasser
Schwimmfarn *(Salvinia* spp.)	Hoch	Mittelhart	Eine weitere Farnart; ist in mehreren Arten erhältlich
Teichlebermoos *(Riccia fluitans)*	Hoch	Mittelhart	Bildet eine dichte Matte aus
Muschelblume/Wassersalat *(Pistia stratiotes)*	Hoch	Keine Ansprüche	Nicht geeignet für kleine Aquarien
Wasserlinse, Entengrütze *(Lemna* spp.)	Hoch	Keine Ansprüche	Schnell ausbreitend; oft versehentlich mit anderen Pflanzen eingeführt

Qualität; zwar kosten sie etwas mehr als andere Arten, bieten dafür aber eine weitere Möglichkeit zur Gestaltung von Unterwasserlandschaften.

Haltung von Aquarienpflanzen

Um Wasserpflanzen erfolgreich zu kultivieren, reicht es nicht, die Wurzeln nur in den Bodengrund zu drücken. Licht, pH-Wert, Wasserhärte, Nährstoffgehalt und andere Faktoren spielen ebenfalls eine große Rolle. Trotzdem können Pflanzen mit unterschiedlichen Bedürfnissen oft erfolgreich im selben Aquarium gehalten werden.

Hat eine Pflanze beispielsweise kräftige Wurzeln, die darauf hinweisen, dass sie zumindest einen Teil ihrer Nahrung auf diesem Weg aufnimmt, kann man sie gut durch eine in der Nähe abgelegte Düngertablette unterstützen. Für eine Pflanze, die gedämpftes Licht oder Halbschatten benötigt, schafft man geeignete Bedingungen, indem man sie in die Nähe einer lichthungrigen Pflanze setzt, deren Blätter sich an der Wasseroberfläche ausbreiten.

Flüssigdünger (nur in der vom Hersteller angegebenen Dosierung!), die Zufuhr einer stetigen, aber geringen Menge Kohlendioxid während des Tages (über einen Kohlendioxid-Ausströmer) und die sorgfältige Auswahl von Lichtquellen sorgen dafür, dass die Pflanzen alles bekommen, was sie langfristig benötigen. Auch ohne diese Unterstützung kann man jedoch in gewissem Rahmen Erfolge erzielen.

In den beiden Tabellen sind einige der bekanntesten Wasserpflanzen zusammen mit den wichtigsten Anforderungen aufgeführt.

Künstliche Pflanzen können eindrucksvoll aussehen, vor allem in Aquarien mit Pflanzen fressenden Fischen.

EINIGE WASSERPFLANZEN FÜR DAS TROPISCHE SÜSSWASSERAQUARIUM

Deutscher Name *(Wissenschaftlicher Name)*	**Empfohlene Lichtintensität**	**Empfohlene Wasserhärte**	**Anmerkungen**
Haarnixe *(Cabomba* spp.)	Hoch	Weich	Mehrere Arten, einige kupferrot gefärbt; feinblättrig
Tausendblatt *(Myriophyllum* spp.)	Hoch	Weich bis mittel	Ähnlich wie Haarnixe
Hornkraut *(Ceratophyllum* spp.)	Hoch	Hart	Zwei Arten, beide wurzellos und feinblättrig
Argentinische Wasserpest *(Egeria densa)*	Hoch	Keine Ansprüche	Wächst kräftig; ähnliche Arten sind *Elodea canadensis* und *Lagarosiphon major*
Indischer Wasserfreund *(Hygrophila polysperma)*	Hoch	Keine Ansprüche	Attraktive Pflanze mit aufrechten Stängeln und Blättern; einfache Haltung
Indischer Wasserwedel *(Hygrophila difformis)*	Hoch	Keine Ansprüche	Gezähnte Blätter; attraktiv; wächst nicht bei geringer Beleuchtung
Ludwigien *(Ludwigia* spp.)	Hoch	Keine Ansprüche	Einige Arten haben an Ober- und Unterseite unterschiedlich gefärbte Blätter
Fettblatt *(Bacopa* spp.)	Mittel bis hoch	Keine Ansprüche	Mehrere Arten erhältlich; manche fein behaart; Blätter meist mit runder Spitze
Gewöhnliche Wasserschraube *(Vallisneria spiralis)*	Hoch	Keine Ansprüche	Schnell ausbreitende, grasähnliche Pflanze; Wurzelhals darf nicht bedeckt sein; Kleine Schraubenvallisnerie *(V. torta)* ist unter Umständen eine Varietät und keine eigenständige Art
Thailand-Hakenlilie *(Crinum thaianum)*	Mittel bis hoch	Keine Ansprüche	Zwiebel nur zur Hälfte einsetzen; nicht geeignet für kleine Aquarien
Javamoos *(Vesicularia dubyana)*	Gering	Keine Ansprüche	Zerbrechlich anmutende, aber robuste Pflanze; wird teilweise an Steinen oder Moorkienholz befestigt angeboten
Javafarn *(Microsorum pteropus)*	Gering bis mittel	Keine Ansprüche	Einige schöne Varietäten erhältlich; wird teilweise an Steinen oder Moorkienholz befestigt angeboten
Speerblätter *(Anubias* spp.)	Gering bis mittel	Keine Ansprüche	Mehrere Arten erhältlich; wird teilweise an Steinen oder Moorkienholz befestigt angeboten
Wasserkelche *(Cryptocoryne* spp.)	Gering bis mittel	Keine Ansprüche	Wächst langsam an, dann aber prächtig; zahlreiche Arten erhältlich
Amazonasschwertpflanzen *(Echinodorus* spp.)	Mittel bis hoch	Keine Ansprüche	Viele Arten und einige Varietäten aus Gewebekultur erhältlich; die ersten Blätter sterben ab, neue wachsen nach
Wasserähren *(Aponogeton* spp.)	Mittel bis hoch	Weich	Mehrere Arten erhältlich; zeigt eventuell saisonalen Wachstumsstillstand, gefolgt von einer Ruheperiode

Einführung zu den Fischarten

Colisa lalia *(Zwergfadenfisch); siehe Seite 164.*

Auf den folgenden Seiten wird eine Auswahl an tropischen Süßwasserfischen vorgestellt, die mit großer Wahrscheinlichkeit mehr oder weniger regelmäßig im Fachhandel anzutreffen sind. Dazu gehören alle beliebten „einfachen" Arten, aber auch viele, die wesentlich schwieriger zu halten oder ungewöhnlich sind.

Diese Auswahl an Arten und Varietäten erhebt keinerlei Anspruch auf Vollständigkeit. Vielmehr sollte ein repräsentativer Querschnitt zusammengestellt werden, der den Bedürfnissen der meisten Neuaquarianer gerecht wird und dennoch genügend Wahlmöglichkeiten bietet. Sicherlich finden aber selbst gestandene Aquarianer wertvolle und interessante Informationen zu den einzelnen Arten.

Bei der Wahl, welche Arten aufgenommen werden sollen und welche nicht, mussten Entscheidungen getroffen werden, vor allem als es um das Ausschließen von Arten ging, die aus dem einen oder anderen Grund sehr spezielle Aquarien oder Umgebungsbedingungen brauchen. Daher werden einige der größeren Welse, Schlangenkopffische, Buntbarsche und andere Arten, die häufig im Handel angeboten werden, hier nicht aufgeführt. Auch wenn eine Gattung viele Arten umfasst, wurden ein oder mehrere repräsentative Beispiele ausgesucht und damit Platz für eine insgesamt größere Auswahl geschaffen.

Klassifizierung der Fische

Biologisch werden Fische nach dem Grad ihrer Ähnlichkeit eingeteilt und zwei Fische, die sich sehr ähnlich sind – wie Mosaikfadenfisch und Wulstlippiger Fadenfisch – als unterschiedliche, aber eng verwandte **Arten** betrachtet. Zusammen mit zwei weiteren Arten, dem Honiggurami und dem Mondscheinfadenfisch, stehen sie in derselben **Gattung** *(Trichogaster)*, die mehrere verwandte Arten enthält.

Je weiter wir der Systematik folgen, desto allgemeiner werden die Ähnlichkeiten. Gattungen werden in **Familien** zusammengefasst, Familien in **Ordnungen,** Ordnungen in **Klassen** und diese in **Stämmen.** Durch weitere Abstufungen, wie **Unterfamilie, Unterordnung, Überordnung** etc., entsteht ein hierarchisches System, in dem wir jeden Fisch – und jedes andere Lebewesen – in eine „biologische Schublade" einordnen können. Dies geschieht nach strengen internationalen Regeln, die uns helfen, eine allgemein gültige Ordnung aufzustellen.

Benennung der Fische

Nehmen wir den Mosaikfadenfisch *(Trichogaster leerii)* als Beispiel: Seine **Art** trägt den Namen *leerii* (der Artname wird klein und kursiv angegeben). Diese Art gehört zur **Gattung** *Trichogaster* (der Gattungsname wird kursiv, jedoch mit großem Anfangsbuchstaben angegeben).

Alle *Trichogaster*-Arten zählen zusammen mit ihren Verwandten, den Fadenfischen der Gattung *Colisa*, zur

Ein männlicher Vertreter der Art Poecilia reticulata *(Guppy); siehe Seite 240.*

Unterfamilie Trichogasterinae (Fadenfische; nicht kursiv), die in der **Familie** Belontiidae (Labyrinthfische) steht. Diese wiederum gehört der **Unterordnung** Anabantoidei (Labyrinthfische) und damit der **Ordnung** Perciformes, Barschartige Fische, an.

In den oberen Rängen der Hierarchie gibt es zwischen einigen führenden Fischkundlern unterschiedliche Ansichten zu den eigentlichen Kategorien. Nach einer weithin akzeptierten Klassifikation bilden die Perciformes einen Teil der **Überordnung** Teleostei, der so genannten Echten Knochenfische (im Gegensatz zu den Knorpelfischen, zu denen die Echten Haie und Rochen gehören). Die Echten Knochenfische bilden mit anderen Überordnungen die **Unterklasse** Actinopterygii oder Strahlenflosser, in der **Klasse** Teleostomi (oder Osteichthyes), den Knochenfischen. Etwas höher in der Kette gehören die Knochenfische zur **Überklasse** Gnathostomata (Kiefermäuler), die mit vielen anderen ein Teil des **Unterstamms** Vertebrata (Wirbeltiere) sind. Dieser geht im **Stamm** Chordata auf, den Chordatieren oder Rückensaitentieren. Sie besitzen in einem gewissen (meist frühen) Lebensstadium eine so genannte Chorda dorsalis (die bei Wirbeltieren später durch die Wirbelsäule ersetzt wird) sowie einen hohlen Nervenstrang.

Vom Standpunkt des Hobbyaquarianers aus reicht uns meist das untere Ende der Klassifikationshierarchie, die von der Familie bis zur Art reicht.

Ein weiterer Aspekt der wissenschaftlichen Nomenklatur der Fische ist die Nennung eines Personennamens und eines Datums nach dem Fischnamen. Der Name bezieht sich auf die Person, die den Fisch zuerst beschrieb (den Autor), und das Datum steht für das Jahr, in dem dies geschah. Steht der Personenname in Klammern, wurde der Fisch zwar zuerst von diesem Autor beschrieben, der Gattungsname wurde aber später geändert. Im Fall des Zwergfadenfisches etwa lautet das vollständige wissenschaftliche „Etikett" *Colisa lalia* (HAMILTON, 1822). Zur Vereinfachung werden Autorenname und Datum jedoch oft weggelassen.

Aquarianern unterteilen Fische in der Regel in **Eierleger** und **Lebendgebärende**, je nachdem, ob sie laichen oder voll entwickelte Junge zur Welt bringen. Auf den folgenden Seiten habe ich die Unterteilung in Eierleger und Lebendgebärende übernommen und Autorennamen sowie Datum der Erstbeschreibung weggelassen, um den Inhalt zugänglicher zu machen.

Paracheirodon axelrodi *(Roter Neon); siehe Seite 93.*

KARPFENFISCHE

DIE FAMILIE CYPRINIDAE ist die größte Fischfamilie, deren Mitglieder ausschließlich im Süßwasser vorkommen. Mit etwa 2010 Arten in rund 210 Gattungen gilt sie – noch vor der Familie der Grundeln (Gobiidae), die Vertreter in Süß-, Brack- und Salzwasser hat, – auch als größte Familie innerhalb der Wirbeltiere.

Tatsächlich werden derzeit so viele und so unterschiedliche Arten zu den Karpfenfischen gezählt, dass manche Quellen die Familie für künstlich vergrößert halten. Das führt zu heftigen Diskussionen und Meinungsverschiedenheiten unter den Experten, die mitunter sogar die Ebenen der Unterfamilien und Gattungen in Frage stellen. Dieses Buch folgt weitgehend der Klassifikation in Joseph S. Nelsons Werk *Fishes of the World**, wobei allerdings Angleichungen an die aktuell gültige Nomenklatur vorgenommen wurden.

Auf den folgenden Seiten sind einige Vertreter aus zwei der sieben Unterfamilien aufgeführt: Cyprininae (Kärpflinge) und Rasborinae (Bärblinge). Die Cyprininae umfassen rund 700 Arten, von denen die meisten Bartfäden am Maul tragen, die so genannten Barteln. Zu dieser großen Unterfamilie gehören Barben *(Barbus)*, Fransenlipper und Haibarben *(Labeo, Balantiocheilos, Epalzeorhynchos)* sowie zwei Lieblinge der Kaltwasseraquarianer, Goldfisch *(Carassius auratus)* und Koi *(Cyprinus carpio)*. In der Unterfamilie der Rasborinae (oft auch als Danioninae bezeichnet) finden wir weitere beliebte Aquarienfische,

Die Prachtbarbe ist eine von 700 Cyprininae-Arten.

wie Rasboras *(Rasbora)*, Bärblinge *(Brachydanio, Danio)* und Kardinal- oder Venusfisch *(Tanichthys albonubes)*.

Trotz der vielen Unterschiede zwischen den verschiedenen Unterfamilien der Cyprinidae teilen sie einige wichtige Merkmale. Alle besitzen beispielsweise zahnlose Kiefer, haben allerdings etwas weiter hinten im Rachen Mahlzähne, auch Schlundzähne genannt. Ebenso weisen sie den Weber'schen Apparat auf. Dies ist eine knöcherne Verbindung zwischen der doppelkammerigen Schwimmblase und dem Innenohr, die den Tieren ein ausgezeichnetes Gehör verschafft.

Die Kopfregion der Karpfenfische ist meist schuppenlos. Die Tiere besitzen nur eine Rückenflosse, während eine Fettflosse stets fehlt. Diese kleine, strahlenlose rudimentäre Flosse befindet sich bei Salmlern etwa hinter der Rückenflosse.

*Nelson, Joseph S. (1994): *Fishes of the World*, 3. Auflage, erschienen bei John Wiley & Sons, Inc.

Grüner Fransenlipper.

Balantiocheilos melanopterus
(Haibarbe)

Dieser Karpfenfisch ist in keinerlei Hinsicht ein echter Hai, sondern hat höchstens eine entfernte Ähnlichkeit im Äußeren. In jeder anderen Hinsicht könnte er nicht unterschiedlicher sein. So handelt es sich nicht um einen Raubfisch, obwohl er kleineres Lebendfutter wie *Tubifex*-Würmer und Wasserflöhe *(Daphnia)* frisst. Zu seinen Lieblingsspeisen zählen vielmehr zarte, saftige Pflanzentriebe, sodass die Haibarbe eher ein Allesfresser als ein reiner Fleischfresser ist.

Ausgewachsene Tiere werden zwar sehr groß, vertragen sich aber in der Regel gut mit anderen Arten und können auch mit kleineren Fischen vergesellschaftet werden. Allerdings sind Haibarben sehr aktive Schwimmer. Sie sollten idealerweise im Schwarm leben. In der Praxis jedoch bieten die meisten Heimaquarien aufgrund der räumlichen Begrenzung nur einer kleinen Gruppe von Jungfischen Platz.

Früher waren die im Handel erhältlichen Tiere Wildfänge, aber die Sorge um das Überleben der Art in freier Natur führte zur Einrichtung von Zuchtfarmen. Heute basiert der Handel für den Aquarienbedarf fast ausschließlich auf Zuchtfischen aus dem Fernen Osten.

Verbreitung: Die Art stammt aus Südostasien und ist auf Borneo (Kalimantan) und Sumatra, in Thailand und auf der malaiischen Halbinsel anzutreffen.
Größe: In freier Wildbahn bis 35 cm, in Aquarien jedoch gewöhnlich deutlich kleiner; hier kommt es zu Kümmerwuchs wegen der nicht artgerechten Haltungsbedingungen in zu kleinen Aquarien.
Futter: Frisst eine große Auswahl an kommerziellem Trocken-, gefriergetrocknetem, Frost- und Lebendfutter. Die regelmäßige Gabe von Pflanzenmaterial ist ebenfalls zu empfehlen. Manche Haibarben zeigen eine deutliche Vorliebe für Lebendfutter.
Becken: Den Tieren muss ein großes, geräumiges Becken mit offenen Schwimmräumen und dicht schließender Abdeckung zur Verfügung stehen (diese Fische sind ausgezeichnete Springer). Sie stellen keine besonderen Ansprüche an die Wasserchemie, zu empfehlen sind aber eher weiche Bedingungen mit einem pH-Wert um 6,5–7.
Temperatur: 22–28 °C; am besten eignet sich wohl der mittlere Temperaturbereich.
Fortpflanzung: Unbekannt in Heimaquarien; die Art wird in großem Stil auf fernöstlichen Fischfarmen gezüchtet.

Die Haibarbe ist ein eleganter Karpfenfisch und braucht unbedingt ein sehr geräumiges Becken.

Barbus conchonius
(Prachtbarbe)

Die Prachtbarbe ist eine beliebte Aquarienart, die in allen wichtigen Fischzuchtgebieten der Erde gezüchtet wird. Diese kommerziellen Varietäten, die den Großteil der Bestände für Hobbyaquarianer ausmachen, zeigen im Vergleich zur Wildform oft eine intensivere oder veränderte Färbung und/oder vergrößerte Beflossung. Ungeachtet des Umfangs dieser Veränderungen sind die Männchen farbenprächtiger als die Weibchen.

Die Prachtbarbe stammt aus den nördlichen Regionen des indischen Subkontinents und verträgt niedrigere Temperaturen als viele andere Aquarienarten, besonders während der Wintermonate. Diese Temperaturtoleranz zeigt sich in gewissem Maße selbst bei den langflossigeren Varianten. Doch sollten diese Fische besser nicht über einen längeren Zeitraum niedrigen Temperaturen ausgesetzt werden. In jedem Fall fühlen sich Prachtbarben bei normalen tropischen Temperaturen sehr wohl, solange der oberste Temperaturbereich vermieden wird.

Verbreitung: Nordindien, Bengalen, Assam.
Größe: Berichten zufolge bis zu 15 cm, Aquarienformen sind jedoch deutlich kleiner.
Futter: Alle kommerziellen Futtermittel, besonders gern Lebendfutter.
Becken: Das Becken sollte über dicht bewachsene Ecken und großzügige Schwimmräume verfügen. Obwohl an die Zusammensetzung des Wassers keine großen Ansprüche gestellt werden (solange es sauber und schadstoffarm ist), sind weiche, leicht saure Bedingungen zu empfehlen, besonders wenn die Tiere sich vermehren sollen.
Temperatur: Im Winter bis 15 °C (bei langflossigen Varietäten jedoch besser zu vermeiden). Zu anderen Zeiten ist jede Temperatur zwischen 18 und 25 °C geeignet.
Fortpflanzung: Diese Art ist ein typischer Freilaicher, der Eier zwischen Pflanzen und über dem Bodengrund absetzt. Die erwachsenen Tiere fressen sehr gern Eier, müssen also sofort von ihrem Laich getrennt werden. Nach etwa 30 Stunden schlüpft die Brut; sie wird mit Kleinstfutter (Rädertierchen, Infusorien) gefüttert, sobald sie frei schwimmt. Nach einigen Tagen steigt man auf frisch geschlüpfte *Artemia*-Nauplien um.

Großes Bild: ein Prachtbarbenpaar; kleines Bild: langflossige Variante der Prachtbarbe.

Barbus cumingii
(Ceylonbarbe/Zweifleckbarbe)

DIESE REIZENDE ART fühlt sich in einem Gesellschaftsaquarium besonders in kleinen Schwärmen wohl. Die Tiere benötigen eine Umgebung mit schattigen Plätzen und freiem Schwimmraum.

Zwar sind die Wildbestände in den Bergbächen ihrer Heimat Sri Lanka gering, doch wird die Ceylonbarbe in großer Zahl in einigen Ländern kommerziell gezüchtet. Trotz des Erfolgs dieser Zuchtprogramme scheinen die Züchter jedoch weder bei der Färbung noch bei der Beflossung etwas verändert zu haben. Das mag daran liegen, dass die Ceylonbarbe oberflächlich der leicht zu züchtenden Prachtbarbe *(B. conchonius)* ähnelt, von der bekanntlich zahlreiche Flossen- und Farbformen existieren. Vielleicht hielten es die Züchter nicht für nötig, auch bei der Ceylonbarbe verschiedene Varietäten anzustreben. In jedem Fall ist diese auch in der Wildform hübsch genug und zu Recht ein sehr beliebter Zierfisch.

B. cumingii gehört zu mehreren sich ähnlich sehenden Arten, die als mögliche Vorfahren der Rubinbarbe genannt werden (weitere Details siehe Seite 54).

Verbreitung: Bergbäche in Sri Lanka.

Größe: Etwa 5 cm.

Futter: Alle kommerziellen Futtermittel und kleines Lebendfutter.

Becken: Diese bezaubernde Barbe kommt am besten in gedämpftem Licht zur Geltung. Dies wirkt sich aber in der Regel schädlich auf das Pflanzenwachstum aus. Daher sollte man die Bepflanzung so anordnen, dass sie einige schattige Bereiche bietet. Offener Schwimmraum muss ebenfalls vorhanden sein. Wasser von guter Qualität mit einem neutralen pH-Wert verträgt die Art gut.

Temperatur: 22–27 °C.

Fortpflanzung: Ceylonbarben sind Freilaicher und fressen gern die eigenen Eier. Sie lassen sich zwar nicht leicht im Aquarium züchten, doch wenn sich erst einmal ein verträgliches Paar gefunden hat, wird sich auch ein Erfolg einstellen. Die Männchen sind etwas schlanker und farbenprächtiger als die Weibchen, besonders wenn sie in Laichstimmung geraten. Schlupf und Aufzucht der Brut erfolgt im Wesentlichen wie bei *B. conchonius.*

Ceylonbarben fühlen sich in Gesellschaftsaquarien besonders wohl und sind beliebte Zierfische.

Barbus filamentosus
(Schwarzfleckbarbe)

In der Aquaristik sind Schwarzfleckbarben schon seit über 40 Jahren bekannt und noch immer beliebt, obwohl die ausgewachsenen Tiere relativ groß werden. Anhänger findet diese Art vor allem wegen des glitzernden Schuppenkleids und ihres lebhaften Wesens. Vor allem wenn die attraktiven Fische im Schwarm und bei gedämpftem Licht gehalten werden, kommen ihre Vorzüge voll zur Geltung.

Die Männchen sind mit ihren verlängerten Rückenflossenstrahlen und den leuchtenderen Farben eindrucksvoller als die Weibchen, wenn auch kleiner. In Laichstimmung entwickeln die Männchen kleine weiße Wucherungen (Laichausschlag) um Maul und Kiemendeckel. Diese zeigen die Laichbereitschaft an und sollten keinesfalls mit einem Krankheitssymptom verwechselt werden!

Jungfische unterscheiden sich stark von den erwachsenen Tieren: Sie besitzen an den Körperseiten je drei vertikale schwarze Bänder, während ältere Fische nur in der Nähe des Schwanzstiels einen schwarzen Fleck aufweisen. Eine weitere interessante Besonderheit dieser Art besteht darin, dass ihr im Gegensatz zu anderen Mitgliedern der Gattung *Barbus* die Barteln am Maul fehlen.

Verbreitung: Sri Lanka, Süd- und Südwestindien.

Größe: Bis 15 cm, gewöhnlich jedoch kleiner; Weibchen größer als Männchen.

Futter: Keine Präferenzen, frisst jedes Futter.

Becken: Da sie etwas größer ist als die meisten in Aquarien gehaltenen Barben, benötigt diese aktive Art ein geräumiges Becken mit reichlich offenem Schwimmraum und dicht bewachsenen Stellen. Sie eignet sich daher nicht für kleine Aquarien, außer als Jungfisch. Wie bei *B. cumingii* ist eine gedämpfte Beleuchtung zu empfehlen. Das Wasser sollte weich und leicht sauer sein.

Temperatur: 20–24 °C, toleriert aber auch etwas höhere Temperaturen, besonders zur Laichzeit.

Fortpflanzung: Die Eier werden zwischen feinblättriger Vegetation abgesetzt. Anschließend müssen entweder die Eltern oder die Eier separat untergebracht werden, sonst fressen die Elterntiere das Gelege auf. Das Schlüpfen dauert je nach Temperatur eineinhalb bis zwei Tage.

Das kleinere Männchen der Schwarzfleckbarbe ist auffälliger gefärbt als das Weibchen.

Barbus nigrofasciatus
(Purpurkopfbarbe)

Purpurkopfbarben zählen zu den beliebtesten und schönsten Barben. Vor allem die Männchen entwickeln zur Laichzeit besonders am Kopf und Vorderkörper eine intensive Färbung. In dieser Zeit gibt es kaum einen schöneren Anblick als einen Schwarm Purpurkopfbarben in gedämpftem Licht, wenn die Männchen miteinander kämpfen und um die kleineren, schlichter gefärbten, aber nicht minder attraktiven Weibchen balzen.

Wenn man Purpurkopfbarben aus dem Laden nach Hause transportiert, sollte man beachten, dass diese Fische anscheinend sehr leicht erregbar sind. So können sie mitunter krampfartige Anfälle erleiden, wenn sie unsanft behandelt werden oder der Umsetzungsvorgang nicht sorgfältig und so stressfrei wie möglich durchgeführt wird. Vermeiden Sie vor allem, Purpurkopfbarben in ein hell beleuchtetes Aquarium mit unbehandeltem Wasser zu setzen (mehr Details in den Richtlinien zum Einsetzen von Fischen auf Seite 29).

Da nach dieser Art immer große Nachfrage besteht, wird sie in vielen Fischzuchtregionen der Welt in großem Umfang gezüchtet. Eine sorgfältige Zuchtauswahl über viele Generationen hinweg führte hier zu einigen hübschen Varianten mit einer Intensivierung in der Färbung, vor allem bei den Rottönen.

Verbreitung: Sri Lanka.

Größe: Etwa 6 cm.

Futter: Alle Futtermittel, besonders gern Lebendfutter. Die Ernährung sollten pflanzliche Komponenten ergänzen.

Becken: Auch diese Barbenart kommt am besten in gedämpftem Licht zur Geltung. Wie ihre Verwandten ist sie ebenfalls ein aktiver Schwimmer, der bewachsene Bereiche mit offenem Schwimmraum dazwischen bevorzugt. Weiches, leicht saures Wasser ist zu empfehlen.

Temperatur: 22–26 °C, zum Laichen etwas höher.

Fortpflanzung: Diese Art ist ein Freilaicher, der die eigenen Eier frisst. Sie setzt den Laich meistens morgens zwischen feinblättriger Vegetation ab. Wie bei vielen anderen Barben aus derselben Heimatregion scheint hartes Wasser die Befruchtung der Eier zu beeinträchtigen. Die Brut schlüpft nach etwa einem Tag und muss gefüttert werden, sobald sie einige Tage später frei schwimmt.

Die farbenfrohe Purpurkopfbarbe wird in großer Zahl gezüchtet und ist bei Aquarianern stets begehrt.

Barbus ‚odessa'
(Rubinbarbe/Odessabarbe)

Dieses prächtige Männchen der Rubinbarbe bezeugt, wie hübsch die umstrittene „Art" sein kann.

JEDER, DER DIESE LEBHAFTE Barbe zu Gesicht bekommt, wird zustimmen, dass es sich um einen wunderschönen Fisch handelt. Über ihre Identität jedoch wird heftig gestritten, weil die meisten Experten davon ausgehen, dass die Rubinbarbe keine natürlich vorkommende Art ist.

1971/72 wurde erstmals von einer neuen Barbenart berichtet, die auf einem Fischbasar in Odessa (Ukraine) entdeckt wurde. Innerhalb weniger Jahre erfreute sie sich unter Aquarianern großer Beliebtheit und wurde vermehrt gezüchtet. Dennoch blieb (und bleibt) ihre wahre Identität ein Geheimnis. Der wissenschaftliche Name *Barbus ‚odessa'*, ist eigentlich nicht gültig, wird aber hier zur einfacheren Identifizierung mit aufgeführt.

Tatsache ist: Obwohl es mehrere Barbenarten gibt, die der Rubinbarbe ähnlich sehen, wurde anscheinend nie eine Rubinbarbe in freier Wildbahn gefunden. Dies führte zur Überzeugung, dass sie überhaupt keine echte Art ist, sondern zufällig oder geplant aus einem der folgenden möglichen Vorfahren entstanden ist: Zweipunktbarbe *(B. ticto*; von einigen als Unterart *B. ticto ticto* angesehen), Sonnenfleckbarbe *(B. stoliczkanus;* auch als *B. ticto stoliczkanus* oder *B. stoliczkae* bezeichnet), Ceylonbarbe *(B. cumingii)* oder Prachtbarbe *(B. conchonius).*

Einige Fischspezialisten betrachten die Rubinbarbe auch als Farbvarietät der Zweipunktbarbe oder der Sonnenfleckbarbe, während andere Experten sie für das Ergebnis einer Kreuzung zwischen einigen ihrer angenommenen Stammarten halten.

Verbreitung: Unbekannt in freier Natur.
Größe: Etwa 6 cm.
Futter: Jedes Futter.
Becken: Die Art stellt keine besonderen Ansprüche an die Wasserchemie, fühlt sich aber besonders wohl bei neutralem pH-Wert und weicherem Wasser. Der lebhafte Fisch braucht bewachsene Stellen und freien Schwimmraum. Zwar scheint helles Licht das Verhalten nicht zu beeinflussen, in gedämpfter Beleuchtung kommt jedoch die intensive Färbung der Männchen gut zur Geltung.
Temperatur: Große Toleranz von 21–30 °C; der mittlere Temperaturbereich ist vermutlich am günstigsten.
Fortpflanzung: Etwas unberechenbar; einige Paare pflanzen sich ohne Schwierigkeiten fort, bei anderen kommt es kaum zur Paarung. Typischer Freilaicher und Laichfresser; Brut schlüpft je nach Temperatur nach etwa eineinhalb Tagen.

Barbus oligolepis
(Eilandbarbe)

Die Eilandbarbe ist viel hübscher, als es oft den Anschein hat. Diese Aussage mag seltsam erscheinen, trifft aber dennoch zu. Tatsache ist nämlich, dass diese Art ihre volle Farbenpracht nur in weichem und relativ reifem Aquarienwasser ausprägt.

Die erste dieser Forderungen – weiches Wasser – lässt sich im Heim- wie im Ladenaquarium leicht erfüllen. Reife Wasserbedingungen herzustellen und zu erhalten ist jedoch in einem Heimaquarium wesentlich einfacher als im Geschäft, wo das Beckenwasser (obgleich von guter Qualität) ständig aufgefüllt wird, um das Wasser zu ersetzen, das mit jedem verkauften und entnommenen Fisch im Transportbeutel landet.

Daher entfalten männliche Eilandbarben, die farbenprächtiger sind als die Weibchen, ihre Schönheit oft erst, wenn sie sich in einem eingefahrenen Heimaquarium eingewöhnt haben. Dann jedoch verwandeln sie sich in prachtvolle Tiere. Besonders gesunde Männchen zeigen untereinander ständig Imponierverhalten und kämpfen, wobei es allerdings selten, wenn überhaupt, zu gewalttätigen Auseinandersetzungen kommt.

Verbreitung: Zahlreiche Gewässer in Indonesien, wie Sumatra.

Größe: Berichten zufolge bis 15 cm, gewöhnlich aber deutlich kleiner.

Futter: Akzeptiert eine große Auswahl an Futtermitteln, doch sollte eine pflanzliche Komponente enthalten sein.

Becken: Diese Art fühlt sich in weichem, reifem Wasser von hoher Qualität am wohlsten. Es sollte etwas saurer als neutral gehalten werden, bei einem pH-Wert von 6 bis 6,5. Unter diesen Bedingungen zeigen die Männchen ihre ganze Farbenpracht. Wie bei den meisten anderen Barben sollte das Aquarium an den Seiten, in den Ecken und im Hintergrund dicht bewachsen sein und im vorderen Bereich offenen Schwimmraum bieten.

Temperatur: 20–24 °C, zum Laichen etwas höher.

Fortpflanzung: Die Eier werden zwischen feinblättriger Vegetation, überwiegend nahe der Wasseroberfläche, abgesetzt. Obwohl diese Art ein Freilaicher und Laichfresser ist, werden die Eier in zahlreichen kleinen Klumpen abgelaicht (oft nacheinander). Aufgrund der Kampfbereitschaft der Männchen sollte die Art eher in einzelnen Paaren ablaichen als in der Gruppe. Die Brut schlüpft je nach Temperatur nach eineinhalb bis zwei Tagen.

Eilandbarbe.

Barbonymus schwanenfeldii
(Brassenbarbe/Schwanenfelds Barbe)

Brassenbarben, auch bekannt als Schwanefelds Barben, gehören zu den Riesen im Hobbyaquarium. Mit genügend Platz, guter Wasserqualität und einer angemessenen Ernährung erreichen die kleinen Exemplare, die gewöhnlich im Geschäft angeboten werden, innerhalb nur weniger Monate eine Größe von etwa 15 cm. Werden die Aquarienbedingungen einschließlich der Beckengröße dann an die wachsenden Bedürfnisse der Fische angepasst, kann zu gegebener Zeit die volle Größe von etwa 35 cm erreicht werden.

Dazu muss das betreffende Becken jedoch deutlich größer sein, als die meisten Aquarianer normalerweise aufstellen können – besonders wenn man die Bedürfnisse der Art vollständig erfüllen will, darunter ihre klare Vorliebe für das Leben im Schwarm.

Die Brassenbarbe ist eine der wenigen Aquarienarten, die beim Heranwachsen viel von ihrer Attraktivität behalten. Große Exemplare zeigen deshalb eine fast ebenso intensive Färbung, wie man sie in der Regel Jungfischen zuschreibt. Von kommerziellen Züchtern entwickelte Varianten mit goldenem Körper und roten Flossen haben die Nachfrage nach dieser Art zusätzlich erhöht.

Verbreitung: Weit verbreitet in Südostasien.
Größe: Mit rund 35 cm die größte in Aquarien anzutreffende Barbe, wobei die volle Größe jedoch gewöhnlich nicht erreicht wird.
Futter: Frisst eine große Auswahl an Futtermitteln, zeigt aber eine Vorliebe für weiche, saftige Pflanzennahrung.
Becken: Braucht viel offenen Schwimmraum, umgeben von dicht bewachsenen Stellen mit robusten Pflanzen. Die Beckenlänge sollte für diesen aktiven Schwarmfisch mindestens 1 m betragen. Brassenbarben sind gute Springer, also ist eine dicht schließende Abdeckung unbedingt nötig. Die Art scheint weiches Wasser zu bevorzugen, und zu viel Frischwasser sollte vermieden werden. Ansonsten stellt die Brassenbarbe aber keine Ansprüche.
Temperatur: 22–25 °C.
Fortpflanzung: Dieser Freilaicher wurde noch nicht im Heimaquarium gezüchtet; kommerzielle Zuchten sind jedoch häufig.

Zwar schwimmen auch erwachsene Brassenbarben gern im Schwarm, doch sind die meisten Heimaquarien zu klein für die Gruppenhaltung.

Barbus semifasciolatus (Messingbarbe / Hongkongbarbe / Brokatbarbe)

Im Heimaqarium findet man *Barbus semifasciolatus* meist in der so genannten Goldform und wird dann als Brokatbarbe bezeichnet. Die hübschen goldbeschuppten Fische tragen häufig den lateinischen Namen *Barbus schuberti* oder *Barbus ‚schuberti'* (in einfachen Anführungszeichen). Doch sind diese Namen wissenschaftlich gesehen ungültig, da solche Bezeichnungen nur auf echte Arten angewandt werden und nicht auf künstlich oder kommerziell produzierte Varietäten (ein weiteres Beispiel dafür ist die Rubinbarbe).

Über die Herkunft der Messingbarbe herrscht mehr oder weniger Einstimmigkeit, während die der Rubinbarbe noch immer geheimnisumwittert ist. Die Gründe für die größere Sicherheit bei der Messingbarbe basieren auf zwei Hauptkriterien: ihrer großen physischen Ähnlichkeit mit dem Wildtyp *B. semifasciolatus* und der Tatsache, dass sich beide Typen mühelos kreuzen lassen.

Obwohl im Hobbyaquarium meist die Goldform anzutreffen ist, lohnt sich durchaus die Mühe, einige echte Wildformen der Art aufzustöbern, die in den Augen vieler erfahrener Aquarianer sogar noch hübscher sind als ihre gezüchteten Gegenstücke.

Verbreitung: Der Wildtyp ist in Südostchina anzutreffen. Die Goldform gibt es in freier Natur nicht.

Größe: Bis 10 cm.

Futter: Jedes Futter.

Becken: Die Ecken des Beckens sollten dicht bepflanzt sein, und im Vordergrund muss viel offener Schwimmraum zur Verfügung stehen. Anders als viele andere Barben fühlt sich *B. semifasciolatus* in gut beleuchteten Aquarien wohl und kommt dort auch schön zur Geltung. Das Wasser sollte weich und leicht sauer sein. Die Art stellt jedoch keine großen Ansprüche, solange das Wasser nicht zu frisch ist. Gereiftes Wasser von guter Qualität verträgt sie am besten.

Temperatur: Die Art bevorzugt das untere Ende des tropischen Temperaturbereichs von 18–24 °C; zur Laichzeit muss es etwas höher sein.

Fortpflanzung: Produktiver Freilaicher mit großem Appetit auf die eigenen Eier. Gelaicht wird gewöhnlich am Morgen, die Brut schlüpft nach eineinhalb Tagen.

Brokatbarben sind produktive Freilaicher mit einem verhängnisvollen Appetit auf die eigenen Eier.

Barbus tetrazona
(Sumatrabarbe/Viergürtelbarbe)

Die Sumatra- oder Viergürtelbarbe gehört zu den beliebtesten Barben. Im Laufe der Jahre wurden mehrere Farbvarianten gezüchtet, und obwohl einem Großteil die charakteristischen vertikalen schwarzen Bänder des Wildtyps fehlen, zeigen sie die meisten der typischen Verhaltensweisen. Dazu gehört etwa eine Neigung zum Flossenzupfen, vor allem wenn Sumatrabarben entweder einzeln oder in sehr geringer Zahl in einem Gesellschaftsaquarium gehalten werden. Leben die Tiere dagegen in einem größeren Schwarm, scheinen sie sich gegenseitig so mit ihren Spielereien auf Trab zu halten, dass sie das Flossenzupfen mehr oder weniger vergessen. Um ganz sicher zu gehen, sollten Sumatrabarben jedoch am besten entweder in einem eigens für sie eingerichteten Artenbecken gehalten werden – in Gesellschaft einiger robuster, vorzugsweise bodenlebenden Arten – oder in einem Gesellschaftsaquarium mit Arten, die weder lange Schleierflossen haben wie Guppys *(Poecilia reticulata)* noch fadenförmige Flossenanhänge wie Fadenfische.

Von den kommerziell im Laufe der Jahre entwickelten Varianten zählen die Moosbarbe und die Albinoform zu den beliebtesten. Neuere Varietäten wie die so genannte Champagne Tiger Barb holen jedoch schnell auf.

Verbreitung: Indonesien, besonders Sumatra und Borneo. Diese Art wurde auch in Thailand gesichtet, doch wird diese Meldung von Experten bezweifelt.

Größe: Bis zu 7 cm, gewöhnlich jedoch kleiner.

Futter: Alle Arten von Futter.

Becken: Bevorzugt weiches, saures Wasser, besonders zum Laichen. Harte, basische Bedingungen führen gewöhnlich zu geringen Befruchtungsraten. Das Becken sollte dem aktiven Schwarmfisch viel offenen Schwimmraum bieten.

Temperatur: 20–26 °C, zum Laichen etwas höher.

Fortpflanzung: Sumatrabarben sind typische Freilaicher mit einer ausgeprägten Fressvorliebe für die eigenen Eier. Die besten Zuchtergebnisse werden häufig erzielt, indem man Fische auswählt, die sich von selbst innerhalb des Schwarms zu Paaren gefunden haben. Die Brut schlüpft nach eineinhalb Tagen.

Die Wildform der Sumatrabarbe zählt zu den beliebtesten Barbenarten; kleines Bild: grüne Variante, Moosbarbe.

Barbus titteya
(Bitterlingsbarbe)

Anders als die meisten anderen Barben ist die Bitterlingsbarbe kein typischer Schwarmfisch. Wenn eine Gruppe von ihnen im selben Aquarium gehalten wird, neigen die Einzeltiere sogar dazu, eigene Reviere abzustecken. Sie gehen sich dann generell aus dem Weg. Das bedeutet aber nicht, dass die Art einzeln gehalten werden sollte. Vielmehr muss einigen wenigen Exemplaren genügend Platz gegeben werden, damit sie sich innerhalb ihres eigenen „Wohlfühlbereichs" aufhalten können.

Zur Laichzeit nehmen die Männchen eine rote Färbung an und balzen vor den rundlicheren und weniger farbenprächtigen Weibchen besonders aktiv. Die Farben treten brillant hervor, wenn das Licht durch eine Pflanzendecke an der Beckenoberfläche etwas gefiltert wird.

Neben der Wildform wird gelegentlich auch eine Albinoform angeboten.

Verbreitung: Sri Lanka.
Größe: 5 cm.
Futter: Die meisten Futtermittel; das Futter sollte eine Pflanzenkomponente enthalten.
Becken: Diese Art ist oft etwas scheuer als die meisten anderen Barben. Deshalb sollte das Becken zwar offenen Schwimmraum bieten, aber auch Stellen mit dichter Vegetation. Weiches, leicht saures Wasser wird bevorzugt.
Temperatur: 22–24 °C, zum Laichen etwas höher.
Fortpflanzung: Diese Art setzt ihre Eier zwischen feinblättriger Vegetation ab. Die Paare fressen mit Vorliebe ihre eigenen Eier. Die Brut schlüpft nach etwa einem Tag.

Andere gängige Barbenarten

Es werden noch viele andere Barbenarten für die Aquarienhaltung angeboten. Die meisten brauchen ähnliche Bedingungen wie die zuvor beschriebenen. Einige weitere sehr hübsche Arten sind:

B. arulius (Prachtglanzbarbe); *B. callipterus* (Prachtflossenbarbe); *B. everetti* (Clownbarbe); *B. fasciatus* (Glühkohlenbarbe); *B. gelius* (Fleckenbarbe); *B. hulstaerti* (Schmetterlingsbarbe); *B. lineatus* (Bartellose Linienbarbe); *B. pentazona* (Fünfgürtelbarbe); *B. rhomboocellatus* (Rhombenbarbe).

Während der Laichzeit entwickelt das Männchen der Bitterlingsbarbe eine intensive rote Färbung.

Danio albolineatus
(Schillerbärbling)

Schillerbärblinge sind schöne Fische, die im Aquarium leider häufig nicht voll zur Geltung kommen. Um ihre leuchtendsten Farben hervorzubringen, sollten sie im Schwarm und in einem gut bepflanzten Aquarium mit viel offenem Schwimmraum und weichem, saurem Wasser gehalten werden. Unter diesen Bedingungen zeigen sich vor allem die Männchen, die generell farbenfroher und kleiner als die Weibchen sind, in voller Pracht.

Das Herausfischen von Bärblingen stellt aufgrund ihrer Wendigkeit immer wieder eine Herausforderung dar. Trotzdem sollten die Fische beim Einfangen mit dem Netz nie bis zur Erschöpfung gejagt werden. Das bedeutet unnötigen, oft schädlichen Stress für die Tiere. Und der lässt sich mit etwas Geduld, dem Einsatz von zwei Netzen statt einem und dem Ausschalten der Aquarien- und Zimmerbeleuchtung während des Einfangens vermeiden.

Neben der Wildform wird auch eine gelblichere Form angeboten, meist unter dem Namen Gelber Danio (nicht zu verwechseln mit der Goldform des Malabarkärpflings *Devario aequipinnatus*!).

Verbreitung: Myanmar, Thailand, Sumatra, malaysische Halbinsel.

Größe: 6 cm.

Futter: Akzeptiert die meisten Futtermittel.

Becken: Der Schwarmfisch braucht Platz zum Schwimmen, daher sind lange Aquarien mit offenen Räumen besonders geeignet. Ansonsten stellt er keine großen Ansprüche, bevorzugt aber weiches, leicht saures Wasser.

Temperatur: 20–25 °C, zum Laichen jedoch etwas höher. Diese Art springt ausgezeichnet, daher ist eine dicht schließende Aquarienabdeckung wichtig.

Fortpflanzung: Am besten zu erreichen, wenn man ein Weibchen – ein bis zwei Tage vor den Männchen ins Zuchtbecken eingewöhnt – und zwei Männchen hält. Die Eier werden zwischen feinblättriger Vegetation abgesetzt und von den erwachsenen Fischen gern gefressen. Daher sollten sie nach dem Ablaichen bald umgesetzt werden. Die Brut schlüpft nach eineinhalb bis zwei Tagen.

Schillerbärblinge sind sehr lebhafte Fische.

Danio rerio
(Zebrabärbling)

Die langflossige Form des Zebrabärblings ist eine von mehreren kommerziellen Zuchtvarianten.

Der Zebrabärbling erfreut sich unter Aquarianern auch heute noch ebenso großer Beliebtheit wie seit je. Mehrere kommerziell gezüchtete Varianten dieser Art sind überall erhältlich, besonders die langflossige Form mit der Färbung des Wildtyps sowie die goldene und die goldene langflossige Form.

Bei einem weiteren Fisch, den man bislang als eigenständige Art betrachtete, dem Leoparddanio *(B. ‚frankei')*, hat man nun mit großer Wahrscheinlichkeit nachgewiesen, dass es sich um eine genetische Mutante des Zebrabärblings handelt. *B. ‚frankei'* wird ebenfalls in verschiedenen Flossen- und Farbformen angeboten.

Verbreitung: Ostindien.
Größe: 6 cm.
Futter: Die meisten Futtersorten.
Becken: Auch dieser aktive Schwarmfisch braucht geräumige offene Räume und Pflanzendickicht. Er stellt keine großen Ansprüche an die Wasserchemie, doch sind weiche, leicht saure Bedingungen zu empfehlen.
Temperatur: 18–24 °C; zum Laichen ist eine höhere Temperatur erforderlich.
Fortpflanzung: Obwohl *B. rerio* ein Schwarmfisch ist, wird mit Paaren statt in der Gruppe gezüchtet. Die Eier legen die Weibchen meist am Morgen zwischen feinblättriger Vegetation ab. Nun müssen die Eltern sofort entfernt werden, sonst fressen sie ihren eigenen Laich auf. Die Brut schlüpft nach etwa zwei Tagen.

Weitere häufig angebotene Bärblinge

Neben den oben beschriebenen Arten sind noch einige weitere Bärblinge erhältlich, die alle dieselben Grundanforderungen stellen: *Danio kerri* (Inselbärbling); *Danio nigrofasciatus* (Tüpfelbärbling); *Devario aequipinnatus** (Malabarkärpfling – auch als Goldform erhältlich); *Devario devario** (Devario-Bärbling).

*Beide *Devario*-Arten sind größer als ihre *Danio*-Gegenstücke: *D. aequipinnatus* erreicht bis zu 10 cm Länge, *D. devario* bis zu 15 cm.

Epalzeorhynchos bicolor
(Feuerschwanz)

Feuerschwanz-Fransenlipper waren früher unter dem Namen *Labeo bicolor* bekannt und werden in der Fachliteratur häufig noch immer so bezeichnet. In Übereinstimmung mit den neuesten Erkenntnissen wird hier jedoch die neue Nomenklatur verwendet.

Werden Feuerschwänze unter optimalen Bedingungen gehalten, sind sie wahrhaft beeindruckende Tiere. Gibt es jedoch Mängel bei den Wasserbedingungen, der Ernährung oder Beckeneinrichtung, verblasst das samtige Schwarz des Körpers zu Grau, und das leuchtende Rot das Schwanzes verliert viel von seiner Brillanz.

Obwohl er gern im Gesellschaftsaquarium gehalten wird, eignet sich *E. bicolor* nicht sehr gut dafür. Er ist häufig, wenn auch nicht zwangsläufig, streitsüchtig und bisweilen sogar überaggressiv den anderen Beckenbewohnern und besonders seinen Artgenossen gegenüber.

Eine eng verwandte Art, der Grüne Fransenlipper *(E. frenatus)*, ist ebenfalls weit verbreitet, sowohl als Wildform als auch als Albino. Diese Art zeichnet sich durch eine deutlich hellere Körperfärbung aus als *E. bicolor;* alle seine Flossen sind rot, nicht nur die Schwanzflosse.

Feuerschwanz; kleines Bild: Albinoform des Grünen Fransenlippers.

Verbreitung: Thailand.

Größe: Bis 25 cm, im Aquarium meist kleiner.

Futter: Akzeptiert die meisten Futtermittel, besonders Lebendfutter am Boden. Zum Futter sollte eine Pflanzenkomponente gehören.

Becken: Diese territoriale Art etabliert ihr Revier gern in ausgewählten Verstecken und deren Umgebung. Höhlen und/oder Aquarienholzstücke (oder Ähnliches) sollten daher zur Verfügung stehen, ebenso wie reichlich offener Schwimmraum und genügend Vegetation. Reifes weiches bis mittelhartes Wasser wird gut vertragen.

Temperatur: 22–26 °C, zum Laichen höher.

Fortpflanzung: Nur sehr vereinzelt im Heimaquarium. Beim Ablaichen nach Hormongaben wurden die Eier im Wasser abgesetzt, während bei natürlichen Laichvorgängen von Paarungen in einer Mulde am Beckengrund berichtet wurde. Die Brut schlüpft nach etwa zwei Tagen.

Epalzeorhynchos kalopterus
(Schönflossenbarbe/Schönflossige Rüsselbarbe)

Meist ruht die Schönflossenbarbe am Boden oder schwebt über einer breitblättrigen Pflanze oder einem Stück Aquarienholz. Wenn sie sich jedoch bewegt, kann sie blitzschnell sein. In Ruhestellung am Boden streckt sie meist ihre Brustflossen nach unten und stützt damit das Gewicht der vorderen Körperhälfte ab.

Diese Art ist nicht besonders farbenprächtig, aber dennoch bei Aquarianern sehr beliebt, zum einen weil sie fast überall erhältlich ist und zum anderen wegen ihres Rufes als Algenfresser. Zusätzlich ist die Schönflossenbarbe einer der wenigen Aquarienfische, die eine Vorliebe für Plattwürmer (Planarien) haben. Diese Tiere können im Aquarium gelegentlich zur Plage werden.

So beeindruckend ihr Appetit auf Algen auch ist, die Schönflossenbarbe wird in dieser Hinsicht von einer verwandten Art übertroffen, nämlich von der Siamesischen Rüsselbarbe *(Crossocheilus siamensis)*. Dieser Fisch frisst sogar die bei den meisten anderen Algenfressern unbeliebten Fadenalgen.

C. siamensis sieht auf den ersten Blick aus wie *E. kalopterus,* hat jedoch transparente statt pigmentierte Flossen, ein und nicht zwei Paar Oberlippenbarteln sowie eine andersartige Anordnung der Nasenlappen (auch Rhynallappen genannt).

Verbreitung: Nordindien, Indonesien, Thailand.
Größe: Bis 15 cm, gewöhnlich jedoch kleiner.
Futter: Die meisten Futtermittel, besonders jene auf Pflanzenbasis, darunter viele Algenarten; eine Ausnahme bilden nur Fadenalgen.
Becken: Da die Art gerne Algenbeläge abweidet, sollte das Aquarium mit breitblättrigen Pflanzen besetzt sein. Auch Verstecke sind erforderlich. In freier Natur leben Schönflossenbarben in Fließgewässern. Daher profitiert diese Art im Aquarium von häufigen Teilwasserwechseln. Dabei sollte das neue Wasser bei Bedarf mit einem passenden Entchlorungsmittel behandelt werden. Weiches, leicht saures Wasser ist zwar ideal, doch werden geringe Abweichungen problemlos toleriert.
Temperatur: 24–26 °C.
Fortpflanzung: Bisher gibt es noch keine Berichte über erfolgreiche Zuchten in Aquarien.

Die Schönflossenbarbe verbringt die meiste Zeit in Ruhestellung auf einem Stück Holz oder am Boden des Beckens.

Trigonostigma heteromorpha (Keilfleckbärbling)

KEILFLECKBÄRBLINGE sind friedliche Schwarmfische, die man am besten in größerer Zahl hält. Ist das nicht möglich, sollte wenigstens ein kleiner Schwarm von mindestens sechs bis acht Tieren vergesellschaftet werden.

Das Grundbedürfnis, im Schwarm zu leben, wird in einem Heimaquarium häufig nicht erfüllt. Und so ist es kein Wunder, dass der Keilfleckbärbling trotz seiner großen Beliebtheit oft nicht recht zur Geltung kommt. Ein zweiter Faktor besteht darin, dass die meisten Aquarien in der Regel hell beleuchtet sind, der Keilfleckbärbling jedoch gedämpftes Licht bevorzugt. Eine einfache und attraktive Lösung ist eine Auswahl von Pflanzen, darunter einige *Cryptocoryne*-Arten aus seiner Heimat, deren Blätter sich an der Wasseroberfläche ausbreiten können.

Im Handel werden noch zwei andere Arten angeboten, die dem Keilfleckbärbling sehr ähnlich sehen, jedoch jeweils einen schmaleren Keilfleck besitzen: Espes Bärbling *(T. espei)* aus Thailand und der kleinere Hengels Keilfleckbärbling *(T. hengeli)* aus Sumatra.

Es gibt auch eine relativ neue blaue Variante, die sich in den letzten Jahren zwar zunehmender Beliebtheit erfreut, aber im Allgemeinen als nicht so hübsch wie der ursprüngliche Wildtyp gilt.

Keilfleckbärbling.

Verbreitung: Südostasien: Malaysia, Singapur, Sumatra und Thailand.

Größe: 4,5 cm.

Futter: Die meisten Futtermittel; Lebendfutter am Boden wird jedoch in der Regel nur zögerlich genommen.

Becken: Diese Art kommt am besten im Schwarm bei gedämpftem Licht im dicht bepflanzten Aquarium zur Geltung. Das Wasser sollte reif, aber von guter Qualität sein, also weich und leicht sauer. Geringe Abweichungen von diesen Werten werden allerdings toleriert.

Temperatur: 22–27 °C; das obere Ende der Skala eignet sich besser zu Zuchtzwecken.

Fortpflanzung: Keilfleckbärblinge lassen sich nicht leicht vermehren. Die besten Erfolgsaussichten bestehen in gut gereiftem, sehr weichem und flachem Wasser, das nur ungefähr 15 cm tief ist. Dabei sollte das Becken an einem sonnenbeschienenen Platz aufgestellt sein. Die Eier werden an der Unterseite eines großen Blattes abgesetzt, die Brut schlüpft nach einem Tag.

Hengels Keilfleckbärbling.

Rasbora kalochroma
(Schönflossenbärbling/Schönflossenrasbora)

Der Schönflossenbärbling ist eine interessante Aquarienart und bildet insofern eine kleine Ausnahme unter den Mitgliedern ihrer Gattung, als dass sie keine allzu stark ausgeprägte Neigung zur Schwarmbildung zeigt.

Die Einzelfische scheinen jeweils ein eigenes kleines Revier von etwa 25 bis 30 cm Durchmesser um sich herum zu etablieren, das sie dann auch gegen ihre Artgenossen verteidigen. Auch die Angehörigen anderer Arten werden aus dem Revier vertrieben. Dennoch fühlen sich die Schönflossenbärblinge offenbar in einem lockeren Schwarm wohler, als wenn sie einzeln oder in Paaren gehalten werden.

Zu den kennzeichnenden Merkmalen dieser Art zählen die rostrote Körperfärbung sowie die beiden ausgeprägten schwarzen Flecken, die beide Geschlechter an den Körperseiten zeigen. Die Männchen sind insgesamt etwas schlanker und intensiver gefärbt als die Weibchen; außerdem haben sie eine etwas dunklere Schwanzflosse.

Verbreitung: Südostasien: Borneo, Malaysia und Sumatra. Bei dem aus Singapur gemeldeten Vertreter des Schönflossenbärblings handelt es sich nicht um die Art *R. kalochroma,* sondern um *R. elegans.*

Größe: Bis 10 cm, jedoch gewöhnlich kleiner.

Futter: Jedes Futter, besonders gerne Lebendfutter an der Wasseroberfläche.

Becken: Diese Art bevorzugt weiches Wasser von guter Qualität. Da sie sehr aktiv und lebhaft ist, braucht sie viel offenen Schwimmraum, aber auch Pflanzendickichte als Verstecke. Wie *Trigonostigma heteromorpha* kommen auch Schönflossenbärblinge am besten bei gedämpftem Licht zur Geltung. Ein Salzzusatz ist für diese Art schädlich. In weichem, saurem Wasser konnten die Tiere bereits erfolgreich gehalten werden, wenngleich sie sich unter diesen Bedingungen nicht fortgepflanzt haben.

Temperatur: 25–28 °C.

Fortpflanzung: Einzelheiten über eine gelungene Zucht im Aquarium sind bislang nicht bekannt.

Schönflossenbärblinge zeigen keine ausgeprägte Neigung zur Schwarmbildung.

Rasbora pauciperforata (Glühlichtrasbora / Rotstreifenbärbling)

Glühlichtrasboras zählen ebenfalls zu den Arten, deren Farben im Heimaquarium nicht immer voll zur Geltung kommen, da es dort häufig zu hell für ihren Geschmack ist. Bei Schwarmhaltung in humingefärbtem Wasser und gedämpfter Beleuchtung entwickeln sich diese Fische jedoch zu funkelnden Schönheiten.

Trotz ihrer Vorlieben verträgt diese Art die Bedingungen in einem normalen Gesellschaftsaquarium. Da sie sich anderen Fischen gegenüber so friedfertig verhält und überall angeboten wird, ist sie besonders beliebt.

Ein interessanter Aspekt im Verhalten der Tiere besteht darin, dass sie zwar sehr aktiv sind und gern im Schwarm umherschwimmen, aber auch häufig einige Zeit fast bewegungslos im freien Wasser verharren, wo sie nur mit den Brustflossen schlagen, um ihre Position zu halten. Alle anderen Flossen halten sie aufgerichtet.

Bei solchen Gelegenheiten lässt sich der feine Unterschied zwischen den Geschlechtern (außerhalb der Laichzeit) recht einfach erkennen: Die Männchen sind schlanker als die Weibchen. Wenn diese viele Eier im Körper tragen, ist der Unterschied noch deutlicher zu sehen.

Verbreitung: Südostasien, einschließlich der Insel Belitung (Billiton), Westmalaysia und Sumatra.

Größe: Bis 7 cm, gewöhnlich jedoch kleiner.

Futter: Akzeptiert die meisten Futtermittel, bevorzugt jedoch kleine Lebendnahrung.

Becken: Braucht reichlich offenen Schwimmraum und dicht bepflanzte Stellen. Obwohl die Art teilweise recht scheu sein kann, ist sie aktiv und verträgt sich gut mit anderen Arten ähnlicher Größe. Bevorzugt weiches, leicht saures Wasser; geringe Abweichungen werden jedoch toleriert. Glühlichtrasboras kommen wie einige andere *Rasbora*-Arten besonders zur Geltung, wenn das Wasser leicht durch Humin gefärbt ist, beispielsweise durch ein Stück Moorkienholz oder Torf. Häufige Teilwasserwechsel sind zu empfehlen.

Temperatur: 23–26 °C.

Fortpflanzung: Dieser Freilaicher ist teilweise nur schwer zur Fortpflanzung zu bewegen. Die Erfolgschancen steigen, wenn die Paare die Gelegenheit haben, sich selbst im Schwarm zu finden. Die Brut schlüpft nach etwa eineinhalb bis zwei Tagen.

Glühlichtrasboras kommen am besten in gedämpftem Licht zur Geltung.

Rasbora trilineata
(Glasbärbling / Dreilinienbärbling)

Glasbärblinge.

WAS DEM GLASBÄRBLING an Körperfärbung fehlt, macht er durch das auffällige schwarz-gelbe Muster seiner Schwanzflosse mehr als wett. Besonders deutlich tritt es hervor, wenn ein größerer Schwarm dieser aktiven Schwimmer in weichem, leicht saurem Wasser gehalten wird. Unter anderen, etwas weniger günstigen Wasserbedingungen oder bei der Einzel- oder Paarhaltung verliert das Schwanzflossenmuster oft viel von seiner Leuchtkraft.

Im freien Wasser positionieren sich die einzelnen Tiere häufig mit einigen Zentimetern Abstand zueinander und blicken dabei in dieselbe Richtung.

Eine ähnliche Art, der Schwanzbindenrasbora *(Rasbora caudimaculata)*, stammt ebenfalls aus Südostasien und wird auch häufig angeboten. Sie ist nicht wesentlich größer als ein voll ausgewachsener Glasbärbling.

Verbreitung: Borneo, Sumatra, Westmalaysia.
Größe: Berichten zufolge bis 15 cm, gewöhnlich jedoch deutlich kleiner.
Futter: Akzeptiert die meisten Futtermittel, besonders Lebendfutter an der Wasseroberfläche.
Becken: Dieser aktive Schwarmfisch braucht von Pflanzendickicht umgebenen offenen Schwimmraum. Er verträgt unterschiedliche Wasserbedingungen, bevorzugt jedoch weiches, saures Wasser.
Temperatur: 22–25 °C, zum Laichen etwas höher.

Zwergbärbling.

Fortpflanzung: Die schwierig zu züchtende *Rasbora*-Art braucht flaches, weiches und warmes Wasser mit leicht saurem pH-Wert; Stellen mit dichter, feinblättriger Vegetation und dunklem Bodengrund haben sich als günstig erwiesen. Die Brut schlüpft nach einem Tag.

ANDERE HÄUFIG ANGEBOTENE BÄRBLINGE

Auch andere *Rasbora*-Arten eignen sich in der Regel für das Gesellschaftsaquarium, wobei es allerdings auch einige Ausnahmen gibt. Sie werden in der folgenden Liste durch ein Sternchen gekennzeichnet. Eine Überlegung wert sind mindestens die folgenden Arten:

R. borapetensis (Rotschwanz-/Rotflossenrasbora); *R. daniconius* (Schlankbärbling); *R. dorsiocellata* (Augenfleckbärbling); *R. elegans* (Schmuckbärbling) – siehe auch *R. kalochroma; Boraras maculata* (Zwergbärbling*); *B. urophthalmoides* (Schwanzfleckbärbling, Moskitorasbora*); *B. vaterifloris* (Perlmuttbärbling).

Anmerkung: Die mit einem Sternchen gekennzeichneten Arten sind sehr klein – *B. maculata* 2,5 cm, *B. urophthalmoides* 3,5 cm. Sie sollten daher nicht mit großen oder lebhaften Fischen vergesellschaftet werden.

Tanichthys albonubes
(Kardinalfisch / Venusfisch)

Der Kardinalfisch ist ein altbekannter Liebling der Aquarianer, der seit seiner Einführung nichts von seiner Beliebtheit eingebüßt hat. Trotz seiner langen Geschichte in der Aquaristik kommt es im Hinblick auf seine Identität immer wieder zu Verwirrungen.

Der Hauptgrund dafür liegt in der Tatsache, dass die Populationen in seiner Heimatregion um den Baiyun-Berg in der Nähe von Kanton in China weiß geränderte Schwanz- und Afterflossen haben, die um Hongkong beheimateten Populationen dagegen rot geränderte. Die meisten Fischexperten halten die Tiere für zwei Farbvarianten derselben Art. Einige vertreten aber die Meinung, dass die beiden Varietäten als eigenständige Unterarten behandelt werden sollten. Eine langflossige Varietät, die in den 1980er-Jahren an Beliebtheit verloren zu haben schien, wird nun wieder häufiger angeboten.

Der Kardinalfisch stellt gemäßigtere Anforderungen als die meisten anderen Arten im Gesellschaftsaquarium. Man könnte ihn fast als „Kaltwasser-Tropenart" bezeichnen – andere „Kaltwasser-Tropenfische" finden sich unter den Einträgen zu Paradiesfisch *(Macropodus opercularis)*, Koboldkärpfling *(Gambusia holbrooki)* und Japankärpfling *(Oryzias latipes)*.

Verbreitung: In China in der Gegend des Baiyun-Bergs in der Nähe von Kanton. Wildpopulationen sind auch um Hongkong zu finden, diese könnten jedoch aus ehemaligen Aquarienzuchtbeständen entstanden sein.
Größe: Rund 6 cm.
Futter: Jedes Futter, besonders kleines Lebendfutter.
Becken: Dieser friedliche Schwarmfisch fühlt sich wohl in einem Gesellschaftsaquarium ohne große, lebhafte Fische. Kardinalfische brauchen offenen Schwimmraum, halten sich jedoch auch gern zwischen feinblättrigen Pflanzen auf. Sie vertragen verschiedene Wasserbedingungen, solange die Qualität gut ist.
Temperatur: Von unter 15 °C bis um 22 °C. Temperaturen unter und über diesen Grenzwerten werden ebenfalls toleriert, sollten über längere Zeiträume jedoch unbedingt vermieden werden.
Fortpflanzung: Zur Vermehrung sollte man einzelne Paare in ein dicht bepflanztes kleines Aquarium mit einer Wassertemperatur am oberen Ende des Verträglichkeitsbereichs setzen. Die Eier werden zwischen den Pflanzen abgelaicht, die Brut schlüpft nach etwa eineinhalb Tagen. Die Eltern sind Laichfresser und müssen direkt nach dem Ablaichen aus dem Zuchtbecken entfernt werden.

Kardinalfische werden nach wie vor gerne in Aquarien gehalten.

SALMLER

Nematobrycon lacortei *(Regenbogentetra).*

STRENG GENOMMEN DÜRFTE die Bezeichnung „Salmler" nur auf die Arten und Gattungen der Familie Characidae angewendet werden. Im allgemeinen Sprachgebrauch hat sich jedoch durchgesetzt, auch andere Familien salmlerähnlicher Fische so zu bezeichnen. Diese bilden alle gemeinsam die Ordnung Characiformes (Salmlerverwandte).

Dies ist zumindest der Fall, wenn man die Ansicht vieler Fischexperten übernimmt, dass diese Fische – obwohl sie einige wichtige Merkmale teilen – in mehrere Untereinheiten (Familien und Unterfamilien) zusammengefasst werden können. Andere sind der Meinung, dass alle Vertreter der Salmlerartigen in eine einzige Familie eingeordnet werden sollten – Characidae.

In jedem Fall wird deutlich, dass man bei der Klassifizierung der Fische, die wir gewöhnlich als Salmler bezeichnen, unbedingt genau hinsehen muss. Hier in diesem Buch folge ich dem Ansatz des Werkes *Fishes of the World* (3. Auflage). Die detaillierte Quellenangabe finden Sie auf Seite 48.

Nach dieser Klassifizierung umfasst die Ordnung Characiformes zehn Familien, einige davon mit Unterfamilien, 237 Gattungen und rund 1350 Arten. Etwa 208 davon sind in Afrika zu finden, die übrigen verteilen sich vom Südwesten der USA über Mexiko bis Mittel- und Südamerika.

Auf den folgenden Seiten werden Vertreter aus sechs Familien vorgestellt: Anostomidae (Engmaulsalmler), Characidae (Echte Salmler), Citharinidae (Geradsalmler), Gasteropelecidae (Beilbauchfische), Hemiodontidae (Halbzähner) und Lebiasinidae (Schlanksalmler).

Trotz ihrer großen Vielfalt in Form und Verhalten hat die große Mehrheit der Salmler zumindest die folgenden Merkmale gemeinsam: gut entwickelte Zähne, eine Fettflosse als kleine zweite Rückenflosse, einen voll beschuppten Körper, eine oft abwärts gekrümmte Seitenlinie, eine Afterflosse mit weniger als 45 Strahlen und andere Skelettmerkmale. Zu den fehlenden Kennzeichen gehören Maulbarteln und – bei den meisten Arten – ein vorstülpbarer oder verlängerbarer Oberkiefer.

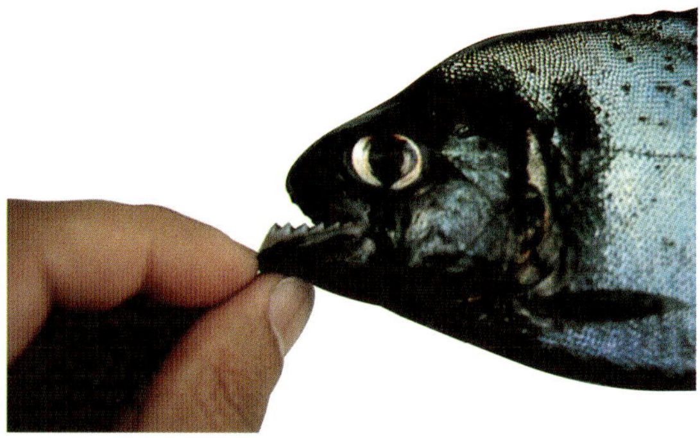

Ein junger Gefleckter Sägesalmler zeigt seine Zähne.

Anostomus anostomus
(Prachtkopfsteher)

PRACHTKOPFSTEHER sind auffällig gezeichnete und häufig im Fachhandel angebotene Fische. Allerdings sollten sie aber besser von Aquarianern gemieden werden, die ihr erstes Gesellschaftsaquarium einrichten.

Als Einzeltier mit anderen, größeren Fischen vergesellschaftet, ist der Prachtkopfsteher in der Regel friedlich. Werden aber zwei bis sechs Tiere dieser Art in ein Aquarium gesetzt, gibt es fast ständig Streit. Interessanterweise nimmt die Aggression gegen Artgenossen ab, je mehr Prachtkopfsteher gehalten werden.

Wenn Sie vorhaben, diese Art zu erwerben, sollten Sie genau prüfen, ob Sie ihren Bedürfnissen gerecht werden können. Prachtkopfsteher brauchen wegen ihrer Größe eine geräumige Behausung mit reichlich Pflanzenwuchs und einer starken Wasserströmung. Außerdem haben sie eine Vorliebe für vertikale Verstecke. Auf jeden Fall empfehle ich Ihnen, sich gleich mehrere Tiere dieser äußerst reizvollen Art anzuschaffen.

Andere nahe verwandte Arten, wie *Laemolyta taeniata* (Gestreifter Kopfsteher), *A. ternetzi* (Goldstreifen-Kopfsteher) und *Pseudanos trimaculatus* (Dreifleck-Anostomus), stellen mehr oder weniger ähnliche Anforderun- gen, sind aber insgesamt friedfertiger gegenüber Mitgliedern der eigenen Art.

Verbreitung: Oberer Teil des Amazonas, Orinoco (Venezuela), Kolumbien, Guyana.
Größe: Berichten zufolge bis 18 cm, gewöhnlich jedoch kleiner (außer bei Haltung in großen Aquarien).
Futter: Nimmt die meisten Futtermittel an, die pflanzliche Komponenten enthalten; auch kleines Lebendfutter wird gern gefressen.
Becken: Der Art sollte ein reichlich bepflanztes, möglichst sehr geräumiges Aquarium zur Verfügung stehen. Weiches, leicht saures Wasser verträgt *A. anostomus* am besten, geringe Abweichungen werden jedoch toleriert. Die Beleuchtung sollte hell sein, die Wasserströmung stark (etwa durch einen Motorfilter). Senkrechte Spalten zwischen Steinen oder künstlichen Elementen dienen als Verstecke, ohne die sich diese Art nicht besonders wohl fühlt.
Temperatur: 22–28 °C, optimal sind 25 °C.
Fortpflanzung: Die Art wurde zwar schon erfolgreich – wenn auch selten – in Aquarien vermehrt. Es sind allerdings keine näheren Details dazu bekannt.

Der Prachtkopfsteher wird groß und braucht ein sehr geräumiges Aquarium.

Aphyocharax anisitsi (Rotflossensalmler)

Als friedfertiger Fisch verleiht der Rotflossensalmler jedem Gesellschaftsaquarium eine ganz besondere Note.

Rotflossensalmler werden in manchen Büchern noch immer als *A. affinis* oder *A. rubripinnis* bezeichnet. Diese Namen sind jedoch späteren Ursprungs; irgendwann fand man heraus, dass sie an dieselbe Art vergeben wurden. Da *A. anisitsi* als erster der drei Namen auftauchte, werden diese neueren Namen inzwischen als ungültige „jüngere" Synonyme betrachtet.

Mit Ausnahme der farblosen Brustflossen zeigen alle anderen Flossen, besonders After- und Schwanzflosse, einen unterschiedlichen Rotanteil. Zusammen mit der typischen silbrig-bläulichen Körperfärbung macht das die Art zu einem kleinen Juwel, das jedem Gesellschaftsaquarium eine ganz besondere Note verleiht.

Der Rotflossensalmler kann sogar in unbeheizten Becken (so genannten Kaltwasseraquarien) gehalten werden: Dort überlebt er, ohne besonders darunter zu leiden, solange die Temperatur nicht für längere Zeit deutlich unter die untere Grenze des empfohlenen Bereichs fällt. Unter solchen Bedingungen verliert er jedoch in den Wintermonaten viel von seiner Leuchtkraft, die die Art auszeichnet.

Andere ähnliche Arten, darunter *A. alburnus* (Laubensalmler), *A. erythrurus* (Venezuela-Laubensalmler) und *A. rathbuni* (Rubinsalmler), sind ebenfalls erhältlich.

Verbreitung: Paraná-Flusssystem, Argentinien.
Größe: 5 cm.
Futter: Die meisten Futtermittel, besonders kleines Lebendfutter.
Becken: Der friedliche Schwarmfisch sollte in einem Becken mit offenem Schwimmraum im Vordergrund sowie Vegetation an den Seiten und im Hintergrund gehalten werden. An die Wasserchemie stellt er hinsichtlich pH-Wert und Härte keine Anforderungen; plötzliche Änderungen der Bedingungen sollten aber vermieden werden.
Temperatur: Die Art stammt aus einer gemäßigteren Region als die meisten anderen Tropenarten und verträgt eine große Temperaturspanne von 18 °C bis 28 °C.
Fortpflanzung: Kann bei Temperaturen am oberen Ende des Verträglichkeitsbereichs leicht zum Ablaichen bewegt werden. Als Freilaicher frisst er gern die eigenen Eier. Die Elterntiere müssen nach der Eiablage entfernt werden.

Astyanax jordani
(Blinder Höhlensalmler)

In Aquarienbüchern ist der Blinde Höhlensalmler unter vielen Namen zu finden: *Anoptichthys jordani, Astyanax fasciatus mexicanus, Astyanax mexicanus* und *Astyanax fasciatus*. Der Grund: Dieser interessante Fisch wurde verschiedentlich als Unterart der mexikanischen Art *A. fasciatus* oder – im Einklang mit der gegenwärtigen Meinung – als eigene Art geführt. In vielen tausend Jahren hat sie sich von der Stammform herausgebildet und im Fall des Höhlensalmlers zu einer augen- und farblosen Form entwickelt. Einige Experten halten *A. jordani* auch für ein jüngeres Synonym von *A. fasciatus*.

Dieses Buch folgt dem am weitesten verbreiteten Trend, den Blinden Höhlensalmler mit dem wissenschaftlichen Namen *A. jordani* zu betiteln. Doch halten Sie in dieser Hinsicht ruhig die Augen offen für weitere Entwicklungen, wenn neue Forschungen uns die wahre Identität dieses robusten, aktiven, faszinierenden Fisches noch näher bringen.

Verbreitung: Die voll ausgefärbte, Augen tragende Form der Art ist weit verbreitet in ganz Texas, Mexiko und Mittelamerika bis Panama. Die rosafarbene blinde Morphe beschränkt sich auf einige Kalksteinhöhlen in San Luis Potosi, Mexiko.

Größe: Rund 9 cm.

Futter: Jedes Futter.

Becken: Der Blinde Höhlensalmler benötigt keine Beleuchtung, fühlt sich jedoch anscheinend unter den normalen Bedingungen eines Gesellschaftsaquariums wohl. Eine etwas natürlichere Umgebung lässt sich in einem Aquarium mit schwacher Beleuchtung durch eine „Mondlicht"-Leuchtstoffröhre, wie sie manchmal in tropischen Meerwasseraquarien zum Simulieren von Nachtbedingungen in einem Riff verwendet wird, und eine Dekoration mit Kalksteinen oder Höhlenfelsen einrichten. Im Schwarm kommen diese Fische dann wunderbar zur Geltung. An die Wasserchemie werden keine besonderen Anforderungen gestellt, solange die Qualität gut ist; mittelhartes, alkalisches Wasser wird bevorzugt.

Temperatur: Der Fisch toleriert einen großen Temperaturbereich von 15 °C bis 25 °C.

Fortpflanzung: Die Art ist ein typischer Freilaicher und Laichfresser; sie lässt sich leicht mit den voll ausgefärbten, Augen tragenden Mitgliedern der Art kreuzen. Die Brut schlüpft je nach Temperatur nach ein bis drei Tagen.

In freier Natur ist der Blinde Höhlensalmler in Kalksteinhöhlen in San Luis Potosi, Mexiko, zu finden.

Copella arnoldi
(Spritzsalmler)

SPRITZSALMLER verdanken ihren Trivialnamen den ungewöhnlichen Laichgewohnheiten. Statt die Eier unter Wasser abzusetzen wie andere Fische, springen sie tatsächlich aus dem Wasser, hängen sich für einige Minuten an die Unterseite eines breiten Blattes über der Wasseroberfläche (mithilfe der Adhäsion durch die Oberflächenspannung des Wassers), setzen einige Eier ab und fallen zurück ins Wasser. Dieser Vorgang wird viele Male wiederholt, bis etwa 200 Eier abgelaicht sind.

Nach dem Ablaichen spielt das Weibchen keine weitere Rolle, das Männchen jedoch verbringt die nächsten zwei bis drei Tage damit, die Eier mit den Brustflossen ständig mit Wasser zu bespritzen und so vor dem Austrocknen zu bewahren, bevor die Brut schlüpft. Interessanterweise zeigen andere Arten der Gattung dieses Verhalten nicht und laichen stattdessen in herkömmlicher Weise, indem sie die Eier an die Unterseite breiter Blätter unter Wasser heften.

Der bemerkenswerte Spritzsalmler.

Verbreitung: Unteres Amazonasbecken.

Größe: Männchen bis 8 cm, Weibchen bis 6 cm.

Futter: Die meisten Futtermittel, besonders die Sorten, die an der Wasseroberfläche schwimmen.

Becken: Aufgrund der Sprungneigung dieser Art sollte das Becken gut abgedeckt werden. Die Fische lieben Oberflächenvegetation mit offenem Schwimmraum darunter. Sie sind gut zu vergesellschaften und fühlen sich in Paaren oder im Schwarm wohl. Weiches, leicht saures Wasser ist ratsam, vorzugsweise humingefärbt durch eine Torfschicht im Motorfilter, ein Stück Moorkienholz oder einen Schwarzwasserzusatz.

Temperatur: 25–29 °C; oberer Bereich zur Zucht geeignet.

Fortpflanzung: Die Eier werden an der Unterseite breiter Blätter einige Zentimeter über der Wasseroberfläche abgesetzt. Das Zuchtbecken muss daher einen ausreichend hohen Luftraum zwischen Wasseroberfläche und der Unterseite der (unverzichtbaren!) Abdeckung aufweisen. Die Eier werden zwei bis drei Tage lang vom Männchen feucht gehalten, bis die Brut schlüpft.

Distichodus lusosso
(Spitzkopf-Zebrageradsalmler)

Dieser Fisch ist sehr attraktiv, besonders in den Jugendstadien. Mit zunehmendem Alter verlieren die Tiere jedoch ihre leuchtende Färbung. Aus diesem Grund und wegen der Größe, die manche Individuen erreichen können, ist diese Art keine gute Wahl für viele Aquarien.

Der Hauptgrund, warum *D. lusosso* dennoch hier aufgeführt wird, liegt darin, dass dieser Fisch die in vielen Ländern am häufigsten anzutreffende *Distichodus*-Art ist, obwohl ein enger Verwandter mit ähnlichem Aussehen, aber kürzerer Schnauze – der Zebra-Geradsalmler *(D. sexfasciatus)* – ebenfalls recht verbreitet ist. *D. sexfasciatus* erreicht eine geringere Größe von rund 25 cm und verliert beim Heranwachsen den Großteil seiner farbenprächtigen Jugendzeichnung. Schließlich nimmt er ein stumpfes Graugelb an.

Bessere Alternativen (von der Größe her) sind unter einigen anderen *Distichodus*-Arten zu finden, die auch im Handel angeboten werden. Dazu zählen *D. decemmaculatus* (Zwergdistichodus, Zehnfleck-Geradsalmler), der nur etwa 6 cm lang wird, sowie *D. affinis* (Rotflossen-Distichodus) und *D. noboli* (Nobols Geradsalmler), die beide eine Größe von 10 bis 12 cm erreichen. Alle haben ähnliche Bedürfnisse wie *D. lusosso,* und keiner hat sich anscheinend bisher in einem Heimaquarium vermehrt.

Verbreitung: Angola, Kamerun, Südkongo (Katanga), Kongobecken.

Größe: Bis 40 cm.

Futter: Obwohl diese Art eine Reihe von Futtermitteln akzeptiert, sollte die Ernährung zu einem großen Teil aus Pflanzen bestehen.

Becken: Die friedliche Art benötigt ein geräumiges Becken, obwohl Jungtiere auch in kleineren Gesellschaftsaquarien gehalten werden können. Wegen seiner Vorliebe für weiche, saftige Pflanzen sollte man den Fisch nicht in einem Aquarium mit lebenden Pflanzen halten, außer diese sind zäh oder ungenießbar wie Zwergspeerblatt *(Anubias barteri* var. *nana),* Kongo-Wasserfarn *(Bolbitis heudelotii),* Sumatrafarn *(Ceratopteris thalictroides),* Javafarn *(Microsorium pteropus)* oder Javamoos *(Vesicularia dubyana).* Der pH-Wert sollte um den neutralen Wert liegen und das Wasser von mittlerer Härte sein.

Temperatur: 22–26 °C.

Fortpflanzung: Keine Details bekannt.

Der attraktive Spitzkopf-Zebrageradsalmler kann bis zu 40 cm lang werden.

Gasteropelecus sternicla (Gemeiner Silberbeilbauchfisch)

Gemeine Silberbeilbauchfische zählen zu den Beilbauchfisch-Arten, die häufig angeboten werden. Beilbauchfische – so genannt wegen ihres beilförmigen Körpers – sind die einzigen Fische, die als echte „Flieger" angesehen werden. Während andere „fliegende Fische", wie die im Meer lebenden Arten der Gattungen *Cypsilurus, Danichthys* und *Exocoetus,* eigentlich Gleiter sind, die während des Fluges nicht mit ihren Brustflossen schlagen, zeigen die im Süßwasser lebenden Beilbauchfische genau dieses Verhalten: Sie schlagen die Flossen mithilfe ihrer kräftigen Brustmuskeln – daher die tiefe Brust.

Die Flüge können den Fisch bis zu 15 Meter weit tragen und dienen ihm dazu, Feinden zu entkommen. Natürlich lässt sich dieses Verhalten in Aquarien von durchschnittlicher Größe nicht beobachten. Doch es kommt gelegentlich vor, dass die Tiere aus dem Wasser springen, vor allem wenn sie erschreckt werden.

Neben *G. sternicla* sind auch einige der anderen verwandten Arten attraktive Aquarienbewohner. Dazu zählen Silberbeilbauchfisch *(G. levis),* Gefleckter Beilbauchfisch *(G. maculatus),* Platinbeilbauchfisch *(Thoracocharax securis),* Schwarzschwingen-Beilbauchfisch *(Carnegiella marthae)* und Marmorierter Beilbauchfisch *(C. strigata).* Alle stellen ähnliche Ansprüche.

Verbreitung: Brasilien, Guyana, Surinam.

Größe: Rund 6 cm.

Futter: Akzeptiert die meisten Futtermittel, besonders Lebendfutter an der Wasseroberfläche. Als überwiegend an der Oberfläche und im freien Wasser lebende Art ignorieren Beilbauchfische meist Futter, das am Boden des Aquariums liegt.

Becken: Dieser Art sollten Bereiche an der Wasseroberfläche ohne Vegetation zur Verfügung stehen. Da die Fische sich aber auch gern unter der Oberfläche verstecken, sollten außerdem einige Schwimmpflanzen einen Teil der Oberfläche bedecken. Demselben Zweck dienen Unterwasserpflanzen, deren Blätter sich an der Oberfläche ausbreiten. Eine gute Aquarienabdeckung darf für diesen ausgezeichneten Springer nicht fehlen. Empfehlenswert ist ein eher weiches, leicht saures Wasser.

Temperatur: 23–28 °C.

Fortpflanzung: Offenbar gelang bislang noch keine Zucht in der Aquarienhaltung.

Der Gemeine Silberbeilbauchfisch ist ein ausgezeichneter Springer und „fliegt", um Feinden zu entkommen.

Gymnocorymbus ternetzi
(Trauermantelsalmler)

Die Anzahl der Trivialnamen, die man *Gymnocorymbus ternetzi* zumindest im englischen Sprachraum gibt, nimmt mit den neuen Varianten dieser beliebten Art stetig zu, die weltweit auf den Fischzuchtfarmen produziert werden. So elegant und beliebt einige dieser neueren Varietäten zweifelsohne sind – die kurzflossige Wildform des Trauermantelsalmlers hat dennoch ihren festen Platz unter den Favoriten der Aquarianer, besonders bei fortgeschrittenen Freunden der Aquaristik.

Dieser friedfertige Fisch kommt am schönsten im Schwarm zur Geltung und gedeiht so auch langfristig am besten. Der kurzflossige Typ lässt sich bedenkenlos mit allen anderen Gesellschaftsfischen zusammen halten, die langflossigen Varianten jedoch leiden meist unter der Vergesellschaftung mit Flossenzupfern wie der Sumatrabarbe *(Barbus tetrazona)*.

Eines der Hauptzentren für die Produktion und die Zucht der ausgefalleneren Varianten ist Florida; einige der dort gezüchteten langflossigen Varietäten haben im Vergleich zur Wildform auch einen recht großen Körper. Alle Typen stellen ähnliche Anforderungen an Ernährung und Haltungsbedingungen, die größeren Varianten sollten jedoch nicht in kleinen Aquarien gehalten werden. Wegen seiner anspruchslosen Art wird der Trauermantelsalmler in all seinen verschiedenen Formen oft als geeignete Art für Anfänger empfohlen.

Verbreitung: Paraguay-Fluss, bolivianischer Teil des Guaporé-Flusses und Mato Grosso in Brasilien.
Größe: Rund 5,5 cm; einige gezüchtete Varietäten können auch größer werden.
Futter: Die meisten Futtermittel.
Becken: Diese Art fühlt sich in Aquarien mit offenen Räumen, bepflanzten Bereichen und humingefärbtem Wasser wohl. Weiches, saures Wasser wird bevorzugt, jedoch toleriert der robuste Trauermantelsalmler eine ganze Reihe von Bedingungen, solange unbehandeltes Leitungswasser vermieden wird und die allgemeine Wasserqualität gut ist.
Temperatur: 20–25 °C, der obere Wert (oder sogar etwas höher) eignet sich zur Zucht.
Fortpflanzung: Typischer Freilaicher und Laichfresser, der die Eier zwischen feinblättriger Vegetation absetzt. Die Brut schlüpft nach etwa einem Tag.

Der friedliche Trauermantelsalmler – hier in der Wildform – ist bei Aquarianern äußerst beliebt.

Hasemania nana
(Kupfersalmler)

Im Schwarm fühlt sich der friedfertige Kupfersalmler im Gesellschaftsaquarium wohl.

Der Kupfersalmler scheint in der Literatur unter verschiedenen Namen aufzutauchen: *Hasemania marginata, Hemigrammus nanus* und, wie in diesem Buch und dem Großteil der modernen Literatur, *Hasemania nana*. Alle Namen bezeichnen aber dieselbe Art.

Der deutsche Trivialname „Kupfersalmler" bezieht sich auf die Farbe, die die Männchen während der Laichperiode annehmen. In dieser Zeit zeigen sie ein ausgeprägtes Territorialverhalten, und ihre normalerweise helle Kupferfärbung nimmt einen sehr intensiven Ton an.

Wie auf dem Foto oben gut zu erkennen ist, haben die Rücken-, After- und Schwanzflosse jeweils auffällige weiße Spitzen. Bei den Männchen ist die Spitze der Afterflosse weißer als bei den Weibchen. Deren Flossenspitzen weisen eher einen zarten Gelbton auf. Unabhängig davon, ob sich die Tiere in Laichstimmung befinden oder nicht, kann die Färbung der Flossenspitzen zur Unterscheidung der Geschlechter herangezogen werden.

Dieser friedliche Schwarmfisch fühlt sich im Gesellschaftsaquarium wohl. Seine Farben kommen besonders gut zur Geltung, wenn die Beleuchtung gedämpft wird. Im Gegensatz zur großen Mehrheit der Salmler fehlt dem Kupfersalmler die Fettflosse.

Verbreitung: Ostbrasilien (Rio-São-Francisco-Becken) und Westbrasilien (Nebenflüsse des Rio Purus).
Größe: Bis 5 cm, häufig jedoch etwas kleiner.
Futter: Die meisten Futtermittel.
Becken: Diese Art ist in Fließgewässern beheimatet und daher ein aktiver Schwimmer, der offene Bereiche, aber auch Verstecke in Form von Pflanzengruppen braucht. Weiches, leicht saures Wasser, vorzugsweise humingefärbt und mit Sauerstoff angereichert, ist zu empfehlen. Geringe Abweichungen werden toleriert.
Temperatur: 22–28 °C.
Fortpflanzung: Sehr weiches, saures, humingefärbtes Wasser am oberen Ende des Temperaturbereichs plus Dickichte aus feinblättriger Vegetation sollten diesem Freilaicher zur Fortpflanzung zur Verfügung stehen. Die Brut schlüpft nach etwa einem Tag.

Hemigrammus caudovittatus
(Rautenflecksalmler)

Der Rautenflecksalmler ist in voller Farbenpracht sehr hübsch anzusehen.

Schon seit den 1920er-Jahren hat der Rautenflecksalmler seinen festen Platz in Heimaquarien und wird oft als für Anfänger geeignete Fischart empfohlen.

In mehrerer Hinsicht, beispielsweise auf seine unbestrittene Robustheit im Hinblick auf Wasserchemie und Temperatur sowie aufgrund seines weit gefächerten Speiseplans, ist dieser Rat vollkommen gerechtfertigt. Rautenflecksalmler und empfindliche Pflanzen sind jedoch keine kompatiblen Beckengenossen. Dieses Merkmal, zusammen mit der Aggressivität, die größere Einzeltiere teilweise kleineren, weniger robusten oder scheueren Arten gegenüber an den Tag legen, hat zur Folge, dass die Empfehlung „gut geeignet für das Gesellschaftsaquarium" nicht in jedem Fall zutrifft.

In voller Farbenpracht sind Rautenflecksalmler sehr hübsche Fische, vor allem die Männchen dank ihrer kräftigeren Färbung. Dennoch machen sich beide Geschlechter hübsch in einem größeren Schwarm. Eine Farbvariante, bei der die Schwanzflosse überwiegend gelb ist statt normalerweise rot, trifft man ebenfalls gelegentlich an.

Bei kranken oder gestressten Fischen verblasst die rote Färbung. Sie ähneln dann dem Höhlensalmler *Astyanax jordani,* mit dem sie unter solchen Umständen leicht verwechselt werden können.

Verbreitung: Argentinien (hauptsächlich um La Plata), Südbrasilien und Paraguay.

Größe: Berichten zufolge bis 12 cm, gewöhnlich jedoch eher 7 bis 8 cm.

Futter: Alle Futtermittel.

Becken: Als aktiver Schwarmfisch – und weil er etwas größer ist als viele andere Salmler – profitiert *H. caudovittatus* von einem überdurchschnittlich großen Becken mit viel Schwimmraum und Pflanzendickichten. Bei den Pflanzen sollte es sich um robuste oder ungenießbare Arten handeln (einige Vorschläge im Eintrag zu *Distichodus lusosso),* da die Art eine ausgeprägte Vorliebe für zarte, saftige Vegetation hat. An die Wasserchemie werden keine Ansprüche gestellt, doch sollte das Wasser mit Sauerstoff angereichert und von guter Qualität sein.

Temperatur: Toleriert einen großen Bereich, von etwa 18–28 °C.

Fortpflanzung: Fruchtbare Art, die gern die eigenen Eier frisst. Die Brut schlüpft nach etwa einem Tag.

Hemigrammus erythrozonus
(Glühlichtsalmler)

DER GLÜHLICHTSALMLER wird häufig als einer der schönsten Salmler bezeichnet. Die Behauptung trifft tatsächlich zu, aber nur für gesunde Fische, die unter den für diese Art empfohlenen Wasser- und Beckenbedingungen gehalten werden. Unter anderen Umständen kann das glühende Rot, das sich vom Auge bis zum Schwanzstiel zieht, etwas verblasst und fahl wirken.

Wie oft zu sehen bei kleinen Salmlern, bilden Glühlichtsalmler mit anderen Arten von ähnlicher Größe Schwärme, besonders wenn sie mit nur wenigen Artgenossen gehalten werden. Der friedliche Fisch toleriert alle anderen Arten, leidet mitunter aber unter den Zudringlichkeiten robusterer, lebhafterer Beckengenossen.

Obwohl es einige Unklarheiten in Bezug auf die wahre Identität des Glühlichtsalmlers gibt – mindestens eine Quelle behauptet, dass er zur Gattung *Cheirodon* statt *Hemigrammus* gehören könnte –, wird in diesem Buch die herkömmliche Bezeichnung *Hemigrammus* für die Art beibehalten. Natürlich müsste dies unter Umständen in späteren Auflagen revidiert werden, falls die neuesten Forschungen zu anderen Ergebnissen kommen.

Verbreitung: Guyana (Essequibo-Becken).

Größe: 4 cm.

Futter: Die meisten kommerziellen Futtermittel und kleines Lebendfutter.

Becken: Dieser Schwarmfisch braucht offenen Schwimmraum und dicht bewachsene Stellen. Er bevorzugt weiches, leicht saures Wasser, toleriert aber geringe Abweichungen mit Ausnahme beim Laichen. Veränderungen der Wasserchemie sollten jedoch allmählich vorgenommen werden. Moorkienholz, ein Torfeinsatz im Motorfilter oder der Zusatz eines handelsüblichen Schwarzwasser-Produkts erzeugt humingefärbtes Wasser, in dem das „Glühlicht" dieser Art wunderbar zur Geltung kommt.

Temperatur: 22–28 °C; der obere Wert eignet sich besonders für die Fortpflanzung.

Fortpflanzung: Weiches, saures, humingefärbtes Wasser ist für diesen Freilaicher ratsam. Die Zuchtpaare können entweder im Schwarm oder paarweise eingesetzt werden. Die Brut schlüpft nach etwa einem Tag.

Glühlichtsalmler.

Hemigrammus rhodostomus
(Rotmaulsalmler)

Neben dem „echten" Rotmaulsalmler werden noch zwei andere Arten von ähnlichem Aussehen angeboten: *H. bleheri* und *Petitella georgiae*. Alle erfordern ähnliche Bedingungen und sind wegen ihren friedfertigen Wesens, der geringen Größe und der attraktiven Färbung geeignete Gesellschaftsfische.

Da diese Arten überwiegend als Weichwasserfische saure Bedingungen bevorzugen, können sie auch in Diskus-Aquarien eingesetzt werden. Ebenso eignen sie sich für eine typische „Schwarzwasser-Auswahl" mit Roten Neon *(Paracheidoron axelrodi)*, kleinen Buntbarschen wie Gabelschwanz-Schachbrettcichliden *(Dicrossus filamentosus)* oder *Apistogramma*-Arten aus dem Rio Negro und Bleistiftfischen, wie *Nannostomus eques* und verwandten Arten.

Verbreitung: Unterer Amazonas.
Größe: 4,5 cm.
Futter: Die meisten Futtermittel.
Becken: Als Schwarmfische brauchen die Tiere offenen Schwimmraum und Pflanzendickichte. Sie schätzen außerdem humingefärbtes Wasser, das entweder durch einen Torfeinsatz im Filter oder ein Stück natürliches Moorkienholz als Beckendekoration erzeugt wird. Es gibt im Handel auch verschiedene Schwarzwasser-Zusätze, die sich ebenfalls gut eignen. Weiches, saures Wasser verträgt die Art gut, obwohl sie auch geringfügige Abweichungen toleriert.
Temperatur: 22–26 °C.
Fortpflanzung: Sehr weiches, saures Wasser erhöht die Erfolgsaussichten. Die Eier werden entweder zwischen Pflanzen oder über dem Bodengrund abgesetzt. Die Brut schlüpft nach etwa eineinhalb Tagen.

Andere beliebte *Hemigrammus*-Arten

Es ist immer schwierig, *Hemigrammus*-Arten auszusuchen, die in einem Buch vorgestellt werden sollen. Egal welche Arten man wählt, immer gibt es andere, die eine ebenso gute Wahl darstellen können. Zu den beliebtesten *Hemigrammus*-Arten gehören folgende Spezies, die alle klein sind und ähnliche Grundanforderungen stellen wie die drei bereits vorgestellten Arten:

H. luelingi (nur selten im Handel angeboten), *H. ocellifer* (Schlusslichtsalmler), *H. pulcher* (Karfunkelsalmler), *H. rodwayi* (Goldtetra), *H. ulreyi* (Flaggensalmler) und *H. unilineatus* (Schwanzstrichsalmler).

Ein Schwarm Rotmaulsalmler braucht viel Platz zum Schwimmen.

Hemiodus gracilis
(Federsalmler)

Der Federsalmler wird in der Fachliteratur häufig auch mit dem wissenschaftlichen Namen *Hemiodopsis gracilis* bezeichnet. Diese Art ist vielleicht das attraktivste Mitglied der Gattung und neben *H. semitaeniatus* eine von zwei häufig angebotenen Arten.

Federsalmler werden gewöhnlich als Jungtiere oder halb ausgewachsene Fische angeboten, die im Schwarm tatsächlich sehr verlockend aussehen. Sie werden jedoch relativ groß, und obwohl aufgrund ihres trägen Temperaments keine Schwierigkeiten zu erwarten sind, werden sie wegen ihrer Größe irgendwann ungeeignet für kleine Gesellschaftsaquarien.

Ein zusätzlicher Faktor, der gegen die ansonsten reizvollen Fische sprechen könnte, ist ihre Neigung, Pflanzen anzuknabbern – besonders zarte Gewächse mit feinen Blättern. Dies stellt jedoch keine allzu große Hürde dar, weil robustere oder ungenießbare Pflanzenarten, wie einige Wasserfarne, ihnen buchstäblich gut gewachsen sind. Es ist deshalb durchaus möglich, das Becken attraktiv und passend mit solchen Pflanzen zu gestalten und diese weiterhin mit einigen der modernen künstlichen Pflanzen zu ergänzen.

Der Aufwand lohnt sich, denn Federsalmler sind interessante, aktive und hübsche Fische, die jeder Aquarianer wenigstens einmal in seiner Laufbahn gehalten haben sollte.

Verbreitung: Amazonas und Guyana.
Größe: Rund 15 cm.
Futter: Die meisten Futtermittel.
Becken: Wegen ihrer Größe brauchen alle Federsalmler ein geräumiges Aquarium. Sie eignen sich daher nicht sehr gut für viele Gesellschaftsaquarien, besonders da sie als Schwarmfische nicht einzeln oder paarweise gehalten werden sollten. Ein reichlich großer offener Bereich zum Schwimmen sollte vorhanden sein. Da alle *Hemiodus*-Arten sehr aktiv sind und über hohe Stoffwechselraten verfügen, sollte das Wasser stets gut mit Sauerstoff angereichert sein. An die Wasserchemie werden zwar keine speziellen Anforderungen gestellt, doch sollte möglichst für weiche, saure Bedingungen gesorgt werden.
Temperatur: 23–27 °C.
Fortpflanzung: Einzelheiten über erfolgreich verlaufene Zuchten in Aquarien sind nicht bekannt.

Federsalmler können relativ groß werden.

Hyphessobrycon bentosi
(Schmucksalmler)

Schmucksalmler.

Der Schmucksalmler ist einer von mehreren Arten mit sehr ähnlicher Färbung und Form, über die bereits viel diskutiert wurde und immer noch wird. Es ist dabei nicht besonders hilfreich, dass die betreffenden Arten (oder Unterarten, je nach Interpretation) von unterschiedlicher Intensität in ihrer Färbung sein und sich einige untereinander paaren können. Die meisten werden seit Jahren kommerziell gezüchtet, was zu einer intensiveren Farbgebung und zu verlängerten Flossen führte. Zusammen mit einer stetig wachsenden Anzahl von Synonymen ergibt sich daraus eine verwirrende Situation.

Bei all diesen Tieren handelt es sich um rosarote Fische mit unterschiedlich starker Pigmentierung auf Körper und Flossen. Das Rot kann auf den meisten Flossen durch Schwarz und Weiß ergänzt sein; die Brustflossen sind gewöhnlich am wenigsten gefärbt. Zusätzlich können die Fische ein oder zwei schwarze Flecken hinter dem Kopf aufweisen, die ebenfalls in Intensität und Größe variieren.

Es überrascht kaum, dass diese „rosa Salmler" unter einer Vielzahl von Trivial- und wissenschaftlichen Namen verzeichnet sind, darunter Schmucksalmler, Blutsalmler, Rosensalmler *(H. bentosi, callistus, ornatus, rosaceus).* Dabei wird *H. callistus,* genauso wie *H. serpa,* als Synonym zu *H. eques* gerechnet, aber trotzdem als Serpasalmler bezeichnet. *H. ornatus* gilt dabei als Synonym des Rosensalmlers, *H. rosaceus,* während *H. robertsi* heute als Synonym zu *H. bentosi* angesehen wird.

Daneben werden auch regelmäßig Fische von ähnlichem Aussehen angeboten, darunter der Rote von Rio *(H. flammeus)* und der Rote Goldfleck- oder Ziegelsalmler *(H. griemi).*

Verbreitung: Unterer Amazonas und Guyana.
Größe: Rund 4 cm.
Futter: Jedes Futter.
Becken: Diese Art und alle ihre nahen Verwandten sind Schwarmfische, die am besten in leicht humingefärbtem, weichem, saurem Wasser zur Geltung kommen. Das Aquarium sollte offenen Schwimmraum und Schutz in Form von Pflanzendickichten bieten.
Temperatur: 24–28 °C.
Fortpflanzung: Alle rosa Salmler sind Freilaicher und fressen ihren Laich, den sie zwischen feinblättrigen Pflanzen absetzen. Die Brut schlüpft nach einem Tag.

Serpasalmler.

Hyphessobrycon erythrostigma
(Kirschflecksalmler / Perez-Salmler)

KIRSCHFLECKSALMLER – bekannt für ihren kirschroten Fleck – werden auch oft als *Hyphessobrycon rubrostigma* bezeichnet, sowohl in Aquarienbüchern als auch in Geschäften. Beide Artnamen beziehen sich auf den Fleck, wobei *erythro* und *rubro* „rot" bedeuten und *stigma* „Fleck". Von diesen beiden Namen wird *H. erythrostigma* gegenwärtig als der gültige angesehen.

Kirschflecksalmler können bei guter Ernährung und unter angemessenen Aquarienbedingungen relativ groß werden. Sie sind friedfertige Fische und vertragen sich gut mit den anderen Beckenbewohnern. Auf den ersten Blick scheinen die Männchen Geschlechtsgenossen in ihrem Schwarm etwas weniger zu tolerieren, doch kommt es nur selten zu tätlichen Angriffen und Schäden an Körper oder Flossen.

Da diese Art auch in freier Natur im Schwarm lebt, schließen wir daraus, dass ein solches Verhalten unter Männchen völlig normal ist. Tatsächlich könnte es sogar einer von mehreren Faktoren sein, die die Tiere auf natürliche Weise fit für die Fortpflanzung halten. Offensichtlich zählen noch andere Faktoren dazu, von denen wir – nach den erfolglosen Zuchtbemühungen zu schließen – einen oder mehrere im Aquarium derzeit nicht simulieren können.

Verbreitung: Oberes Amazonasbecken.

Größe: Berichten zufolge bis 12 cm, gewöhnlich jedoch um 7 cm oder etwas kleiner.

Futter: Jedes Futter.

Becken: Das Aquarium sollte offenen Schwimmraum und umgebendes Pflanzendickicht bieten, das gerade diese Schwarmfische besonders lieben, denn sie verstecken sich gern. Wenn Sie besonders große Exemplare kaufen, sollten Sie ihnen von Anfang an ein geräumiges Becken zur Verfügung stellen. Torf im Motorfilter, ein Stück natürliches Moorkienholz als Teil der Dekoration oder der Zusatz eines handelsüblichen Schwarzwasser-Produkts erzeugt das braun gefärbte Wasser, in dem die Art besonders strahlend zur Geltung kommt.

Temperatur: 23–28 °C.

Fortpflanzung: Dieser schwierige Freilaicher vermehrt sich höchst selten im Aquarium.

Kirschflecksalmler sind friedfertige Fische.

Hyphessobrycon herbertaxelrodi
(Schwarzer Neon/Schwarzer Flaggensalmler)

Der Schwarze Neon zählt zu den beliebtesten Aquarienarten und eignet sich auch für Anfänger.

Obwohl sie auch als „Neon" bezeichnet wird, unterscheidet sich diese Art in der Färbung doch sehr stark vom Neonfisch *(Paracheirodon innesi)*. Sie ist jedoch nicht minder hübsch anzusehen als dieser, vor allem wenn die Tiere unter den empfohlenen Bedingungen im Schwarm gehalten werden.

Das attraktive Äußere der Art hat zusammen mit der einfachen Vermehrung im Aquarium zu einem unbegrenzten Nachschub an kommerziell gezüchteten, preisgünstigen Tieren geführt. Hinzu kommt die friedfertige Natur der Fische und ihre Anpassungsfähigkeit an eine Reihe von wasserchemischen Bedingungen, solange sämtliche Veränderungen im Aquarium allmählich durchgeführt werden und die allgemeine Wasserqualität gut ist. Diese Faktoren machen den Schwarzen Neon zu einem der beliebtesten Fische für ein Gesellschaftsbecken.

Zwar sind die Tiere anpassungsfähig und daher geeignete Anfängerfische, doch sollten sie nicht mit großen oder ungestümen Arten vergesellschaftet werden, die sie entweder angreifen oder unnötig unter Stress setzen. Dies gilt besonders, wenn Sie sie als junge Fische halten.

Trotz intensiver Zucht gibt es bisher noch keine Varianten mit fantasievollen Flossenformen oder Farben.

Verbreitung: Auf den Rio Taquari in der Mato-Grosso-Region in Brasilien beschränkt.

Größe: Bis 5 cm, oft aber etwas kleiner.

Futter: Verschiedene Futtersorten inklusive Lebendfutter.

Becken: Diese Art neigt stark zur Schwarmbildung und sollte daher im Becken offene Schwimmbereiche, aber auch Pflanzen an den Seiten zur Verfügung haben. An die Wasserchemie stellen die Fische keine großen Ansprüche. Sie bevorzugen aber eher weiches, humingefärbtes Wasser, entweder durch einen Torfeinsatz im Motorfilter, ein Stück Moorkienholz oder den Zusatz eines handelsüblichen Schwarzwasser-Produkts. Zusammen mit gedämpfter Beleuchtung und einem dunklen Bodengrund trägt dies dazu bei, dass die Farben der Fische besonders leuchtend zur Geltung kommen.

Temperatur: 23–28 °C.

Fortpflanzung: Dieser Freilaicher braucht weiches, saures Wasser. Die Brut schlüpft nach etwa eineinhalb Tagen.

Hyphessobrycon pulchripinnis
(Zitronensalmler / Schönflossensalmler)

Der Zitronensalmler präsentiert sich – wie viele andere Fischarten auch – von zwei Seiten: Er kann entweder ein sehr hübscher, farbenfroher oder aber ein blasser Fisch sein, je nachdem, ob er unter idealen oder weniger geeigneten Bedingungen gehalten wird.

Erfahrungsgemäß leben die prächtigsten und langlebigsten Zitronensalmler in einem großen Schwarm in einem Aquarium, das an den Seiten und hinten dicht bepflanzt ist. Eine Begrünung mit *Cryptocoryne* ist zum Beispiel sehr geeignet, da sich die Blätter dieser Pflanze an der Wasseroberfläche ausbreiten und den Fischen tiefen Schatten, also gute Versteckmöglichkeiten, bieten. Um den bewegungsfreudigen Tieren genügend Raum zum Schwimmen zu gewähren, bietet ein unbepflanzter Bereich ebenfalls ideale Bedingungen. Er sollte etwa 60 cm lang sein und vom Vorder- zum Hintergrund 30 cm messen. Humingefärbtes Wasser, eine Wasserhärte von etwa 17 °dGH und die Filterung mit einem luftbetriebenen Kastenfilter bekommen den Tieren ebenfalls gut.

Ganz anders verhält es sich mit Zitronensalmlern, die in hell beleuchteten Aquarien mit kristallklarem Wasser und starker, effizienter Motorfilterung leben. Sie zeigen sich meist nicht von ihrer besten Seite: Ihre Farben sind in der Regel sehr blass, und die Tiere werden nicht so alt.

Verbreitung: Zentralbrasilien.

Größe: Bis 5 cm.

Futter: Die meisten kommerziellen Futtersorten sowie Lebendfutter.

Becken: Dieser aktive Schwarmfisch braucht ein geräumiges Aquarium mit offenem Schwimmraum und dichtem Pflanzenbewuchs an den Seiten. Humingefärbtes Wasser und gedämpftes Licht bringen die leuchtenden Farben der Tiere am besten zur Geltung. An die Wasserchemie stellen Zitronensalmler keine allzu großen Anforderungen, sie vertragen verschiedene pH-Werte und Wasserhärten. Sämtliche Veränderungen, die man im Becken vornimmt, müssen jedoch allmählich und in kleinen Schritten passieren. Ebenso muss die allgemeine Wasserqualität stets gut sein.

Temperatur: 23–28 °C.

Fortpflanzung: Dieser Freilaicher vermehrt sich nur gelegentlich im Aquarium. Wenn es tatsächlich einmal dazu kommt, sollte man die Elterntiere baldigst von den Eiern trennen, denn sie fressen ihren eigenen Laich.

Zitronensalmler.

Hyphessobrycon megalopterus
(Schwarzer Phantomsalmler)

SCHWARZE PHANTOMSALMLER sind reizende Fische, nicht nur wegen ihres attraktiven Musters, sondern auch weil sie Rücken- und Afterflossen aufrecht halten – besonders die Männchen in einer größeren Gruppe.

Der ähnliche Rote Phantomsalmler *(H. sweglesi)* lebt im Orinocobecken und Teilen von Kolumbien. Ihn kennzeichnet eine rote Färbung und ein schwarzer Fleck. Auch die Rückenflosse ziert ein schwarzer Fleck. Die Art bevorzugt weiches, saures Wasser und niedrigere Temperaturen (20–23 °C).

Langflossige Varianten beider Arten sind überall erhältlich. Einige werden größer als die Wildform.

Verbreitung: In der Umgebung von Guaporé an der bolivianisch-brasilianischen Grenze.
Größe: Rund 4 cm, einige gezüchtete Varianten größer.
Futter: Die meisten Futtersorten und Lebendfutter.
Becken: Die robuste Art stellt keine großen Ansprüche an die Wasserchemie, solange die Qualität gut ist. Sie fühlt sich im Schwarm in einem Aquarium mit offenem Schwimmraum und Versteckmöglichkeiten am wohlsten. In gedämpftem Licht leuchten die Farben des Fisches am schönsten.
Temperatur: 22–28 °C.
Fortpflanzung: Dieser Salmler lässt sich in Heimaquarien nicht einfach vermehren, obwohl er kommerziell in großer Zahl gezüchtet wird. Weiches, saures Wasser und gedämpfte Beleuchtung sind zu empfehlen.

ANDERE *HYPHESSOBRYCON*-ARTEN

Hyphessobrycon-Salmler sind fast ein „Muss" für jedes Aquarium. Jedoch werden so viele reizvolle Arten angeboten, dass die Wahl schwer fällt. Neben den oben aufgeführten Arten sind auch die Folgenden erhältlich:

H. amandae (Feuersalmler), *H. bifasciatus* (Gelber von Rio), *H. heterorhabdus* (Dreibandsalmler), *H. loretoensis* (Loretosalmler), *H. metae* (Purpurtetra), *H. peruvianus* (Perusalmler), *H. reticulatus* (Netzsalmler), *H. socolofi* (Socolofs Kirschsalmler) und *H. vilmae* (Goldstaubsalmler).

Großes Bild: Schwarzer Phantomsalmler; kleines Bild: Roter Phantomsalmler.

Metynnis hypsauchen
(Dickkopf-Scheibensalmler / Schreitmüllers Scheibensalmler)

Obwohl der Dickkopf-Scheibensalmler einem Piranha gleicht, ist er ein friedlicher Pflanzenfresser, der im Schwarm gehalten werden sollte. Die Gattung *Metynnis* lässt sich leicht von ähnlich aussehenden Fischen unterscheiden, da bei ihr die Fettflosse im Vergleich zu ihren nächsten Verwandten sehr groß ist.

Als verwirrend erweist sich die Nomenklatur der Arten innerhalb der Gattung. Einige Synonyme, darunter *M. schreitmülleri*, behandeln einige Fachbücher als eigenständige Arten, und mehrere Arten werden als „Silberdollar" bezeichnet, wie etwa *M. hypsauchen*, *M. argenteus* und *M. lippincottianus*. Letzterer ist sonst als Gefleckter Scheibensalmler oder Roosevelts Scheibensalmler bekannt und sollte nicht mit *M. maculatus*, dem Gepunkteten Scheibensalmler, verwechselt werden.

Verbreitung: Westliches Amazonas-Becken, Rio-Paraguay-Becken, Orinoco und Guyana.

Größe: Rund 15 cm.

Futter: Das Futter sollte überwiegend pflanzlich sein (frischer Salat wird gern genommen). Frisst auch eine Reihe anderer Futtermittel wie Flocken, Pellets, Lebendfutter sowie gefriergetrocknetes und Frostfutter.

Becken: Wegen der Größe und Neigung zur Schwarmbildung sollte die Art in einem sehr geräumigen Aquarium mit offenen Schwimmbereichen gehalten werden. Wird eine permanente Begrünung gewünscht, muss man ungenießbare oder künstliche Pflanzen verwenden. Alternativ können auch mit anderen Dekorationen wie Steinen, Treibholz oder Aquarienholz schöne Effekte erzielt werden. An die Wasserchemie stellt die Art keine Ansprüche; sie bevorzugt weiche, leicht saure Bedingungen.

Temperatur: 24–28 °C.

Fortpflanzung: Gezüchtet werden kann in großen Aquarien mit weichem, saurem Wasser, vorzugsweise humingefärbt. Es wird empfohlen, das Becken anfangs abzudunkeln, und die Beleuchtung dann schrittweise zu erhöhen. Die Eier (bis zu 2000) werden zwischen Gruppen feinblättriger Pflanzen oder auf die fadenförmigen Wurzeln von Schwimmpflanzen abgelegt, sinken dann jedoch zu Boden und werden von den Eltern ignoriert. Das Schlüpfen der Brut kann bis zu drei Tage dauern.

Dickkopf-Scheibensalmler brauchen ein geräumiges Aquarium mit ausgedehnten offenen Schwimmbereichen.

Phenacogrammus interruptus
(Blauer Kongosalmler)

Der Blaue Kongosalmler wird in der Fachliteratur auch häufig als *Micralestes interruptus* bezeichnet. In Übereinstimmung mit neueren Entwicklungen wird hier der Gattung *Phenacogrammus* der Vorzug gegeben.

Der Blaue Kongosalmler zählt zu den schönsten der afrikanischen Salmler, die sich für die Aquarienhaltung eignen. Vor allem die Männchen gelten dank der verlängerten Schleierflossen als attraktive Zierfische. Ihre irisierenden Farben kommen besonders gut zur Geltung, wenn die Tiere unter idealen Bedingungen gehalten werden. Die Weibchen sind zwar farbloser und kleiner als die Männchen, auch fehlen ihnen die Flossenverlängerungen, doch sind sie auf ihre Weise ebenfalls attraktiv.

Obwohl dieser Fisch, verglichen mit anderen Salmlern, relativ groß ist, verträgt er sich gut mit anderen Arten und eignet sich damit für ein Gesellschaftsaquarium. Allerdings muss dieses so groß sein, damit die Tiere zumindest in einem kleinen Schwarm darin leben können.

Verbreitung: Demokratische Republik Kongo (Zaire).
Größe: Große Männchen bis 9 cm, Weibchen etwas kleiner, bis 6 cm.
Futter: Die meisten Futtermittel. Die Fische können zaghafte Fresser sein. Teilweise knabbern sie auch an feinblättrigen oder anderen saftigen Pflanzen.
Becken: Diese aktiven Schwarmfische sollten in Gruppen von mindestens sechs Tieren gehalten werden. Zusammen mit der Größe, die ausgewachsene Männchen erreichen, erfordert diese Art ein geräumiges Aquarium mit einem weitläufigen Schwimmraum im Vordergrund. Da Kongosalmler teilweise scheu und schreckhaft sind, sollten an den Seiten und im Hintergrund des Beckens Pflanzen in dichten Gruppen gesetzt werden, die im Bedarfsfall Schutz bieten. Weiches, leicht saures, „schwarzes“ Wasser wird bevorzugt, dazu eine gedämpfte Beleuchtung und ein dunkler Bodengrund.
Temperatur: 24–27 °C.
Fortpflanzung: Möglich, aber nicht üblich im Heimaquarium. Gut gepflegte Paare oder Schwärme können in den Morgenstunden ablaichen. Sie setzen ihre Eier dabei über dem Bodengrund ab. Die Jungfische schlüpfen nach etwa sechs Tagen.

Ein besonders hübscher Blauer Kongosalmler.

Moenkhausia pittieri
(Brillantsalmler)

Der Brillantsalmler ist zwar ein anspruchsloser Fisch, doch er mag kein hartes, alkalisches Wasser. An derartige Bedingungen kann er sich daher nicht so einfach anpassen wie einige andere Salmlerarten.

Die Männchen sind wegen ihrer üppigeren Rücken- und Afterflossen sowie der größeren Anzahl glitzernder („Brillant-")Schuppen eindrucksvoller als die Weibchen. Jungtieren fehlt noch viel von diesem Glanz, und sie sind daher weniger attraktiv. Daher werden sie von potenziellen Käufern in Aquarienläden oft übersehen. Auch haben die Jungfische eine silbergraue Grundfärbung, die ihnen ein eher trübes Erscheinungsbild verleiht.

Kundige Aquarianer wissen aber, zu welchen Schönheiten sich diese auf den ersten Blick vielleicht etwas langweilig wirkenden Fische im Laufe der Zeit und unter den entsprechenden Bedingungen entwickeln. So ergreifen sie gern die Gelegenheit beim Schopf, gleich einen ganzen Schwarm der deutlich preisgünstigeren Jungtiere zu kaufen – und werden dann bald mit einem herrlichen Schauspiel und wunderbaren Blickfang belohnt.

Trotz ihrer großen Aktivität verhalten sich Brillantsalmler anderen Fischen gegenüber friedlich und eignen sich daher sehr gut für ein Gesellschaftsaquarium. Meist besetzen sie im Schwarm die mittleren und unteren Wasserschichten im Becken.

Verbreitung: Gegend um den Valenciasee in Venezuela.
Größe: 6 cm.
Futter: Die meisten kommerziellen Futtermittel sowie Lebendfutter.
Becken: Diese aktiven Schwarmfische beanspruchen einen geräumigen offenen Schwimmraum, doch brauchen sie nicht unbedingt eine dichte Bepflanzung an den Seiten und im Hintergrund wie viele andere Salmler. Eine geschmackvolle Unterwasserlandschaft bringt die glänzenden Schuppen dieser Art gut zur Geltung. Das Wasser sollte weich und sauer sein, vorzugsweise humingefärbt; die Aquarienbeleuchtung dämpft man am besten ab.
Temperatur: 24–28 °C.
Fortpflanzung: Damit sich dieser Freilaicher vermehrt, sollte das Wasser weich und sauer sein. Es empfiehlt sich, das Becken erst abzudunkeln und dann allmählich mehr zu beleuchten. Achtung: Die Elterntiere fressen die Eier! Die Brut schlüpft nach zwei bis drei Tagen.

Brillantsalmler sind lebhafte Fische, die – im Schwarm gehalten – einen echten Blickfang bieten.

Moenkhausia sanctaefilomenae
(Rotaugen-Moenkhausia)

Der deutsche Name Rotaugen-Moenkhausia ist zweifelsohne sehr treffend für diese Art, wie das Foto unten belegt. Obwohl die Tiere auf den ersten Blick dem auf der vorigen Seite vorgestellten Brillantsalmler *(M. pittieri)* nicht sehr ähnlich sieht, gehören beide wegen ihrer Schädel-, Zahn- und Seitenlinienmerkmale zur Gattung *Moenkhausia*. Gemeinsam sind beiden Arten auch die Schuppen auf der Schwanzflosse.

M. sanctaefilomenae zeigt zwar keine spektakuläre Färbung, kommt in einem großen Schwarm aber dennoch hübsch zur Geltung. Unter idealen Haltungsbedingungen präsentiert sich der Fisch mit dunkel geränderten Schuppen auf der oberen Körperhälfte, leuchtend rot gefärbter oberer Irishälfte, tiefschwarzem Fleck auf der Vorderhälfte der Schwanzflosse und glänzendem gelbem Band auf dem Schwanzstiel. Diese hübsche Erscheinungsform verschaffte der Art einen festen Platz in unzähligen Heimaquarien. Darüber hinaus sind die Fische aktive Schwimmer, die sich den anderen Beckengenossen gegenüber friedlich gebärden und sich damit ideal in ein Gesellschaftsaquarium einfügen.

Verbreitung: Ostbolivien, Westbrasilien, Paraguay und Ostperu.

Größe: Bis 7 cm, häufig etwas kleiner.

Futter: Jedes Futter.

Becken: Diese robuste Art stellt keine hohen Ansprüche an die Wasserqualität, weder an den pH-Wert noch an die Wasserhärte. Als sehr lebhafte Schwarmfische brauchen die Tiere ausreichend große offene Bereiche zum Schwimmen. Diese sollten von Pflanzendickichten umgeben sein, in die sich die Fische zurückziehen können.

Temperatur: 23–26 °C empfohlen, geringfügig niedrigere und höhere Temperaturen werden toleriert.

Fortpflanzung: Paare oder Schwärme laichen zwischen feinblättriger Vegetation oder den fadenförmigen Wurzeln von Schwimmpflanzen ab. Weiches, saures Wasser bringt die besten Ergebnisse bei diesem Freilaicher. Die Eltern sollten dann unverzüglich aus dem Becken entfernt werden, da sie den Laich auffressen. Die Brut schlüpft nach ein bis zwei Tagen.

Rotaugen-Moenkhausia.

Nannostomus beckfordi
(Längsbandziersalmler/Roter Ziersalmler)

Bei der Klassifizierung der Ziersalmler herrscht einige Verwirrung, nicht nur hinsichtlich der Anzahl der Gattungen in der Familie Lebiasinidae, sondern auch hinsichtlich der Anzahl der Arten oder Unterarten in den einzelnen Gattungen.

Drei Gattungen werden in der Fachliteratur häufig genannt: *Nannobrycon, Nannostomus* und *Poecilobrycon.* Jedoch ist man sich nicht einig, was die trennenden Merkmale betrifft. Angesichts dieser Tatsache – und in der Erwartung sicherer wissenschaftlicher Beweise – werden hier alle in Aquarien gehaltenen Arten der Ziersalmler in der Gattung *Nannostomus* zusammengefasst. Aus demselben Grund werden die folgenden Arten (oder Unterarten, je nach konsultierter Literatur) unter *Nannostomus beckfordi* eingeordnet: *N. anomalus (N. beckfordi anomalus)* und *N. aripirangensis (N. beckfordi aripirangensis).*

Alle Ziersalmler sind scheue Fische, die nicht mit aggressiven oder ungestümen Arten vergesellschaftet werden sollten. Von den angebotenen Arten ist der Längsbandziersalmler *(N. beckfordi)* am anpassungsfähigsten und daher auch am einfachsten zu halten, solange man bei der Auswahl seiner Beckengenossen die empfohlenen Bedingungen beachtet.

Zu den anspruchsvolleren Arten, die im Fachhandel zu erwerben sind, gehören *N. bifasciatus* (Zweibinden-Ziersalmler), *N. eques* (Spitzmaul-Ziersalmler), *N. espei* (Espes Ziersalmler, Gebänderter Ziersalmler), *N. harrisoni* (Goldbinden-Ziersalmler), *N. marginatus* (Zwergziersalmler) und *N. unifasciatus* (Einbinden-Ziersalmler).

Einbindenziersalmler.

Längsbandziersalmler.

Goldbindenziersalmler.

Verbreitung: Zentralamazonas, Unterlauf des Rio Negro und Guyana.
Größe: Berichten zufolge bis 6,5 cm, meist nur bis 5 cm.
Futter: Die meisten kleinteiligen Futtermittel, besonders kleines schwimmendes Lebendfutter.
Becken: *Nannostomus beckfordi* bildet eine Ausnahme unter den Ziersalmlern, da er weniger scheu ist als die anderen und daher ohne dichte Bepflanzung auskommt, die seine nahen Verwandten für ihr Wohlergehen brauchen. Doch auch er bevorzugt weiches, saures Wasser – am besten humingefärbt – und gedämpfte Beleuchtung.
Temperatur: 24–28 °C.
Fortpflanzung: Ziersalmler sind im Heimaquarium nicht leicht zum Ablaichen zu bewegen. Gedämpftes Licht, weiches, saures Wasser, feinblättrige Pflanzengruppen oder „Büsche" von Pflanzen wie Javamoos *(Vesicularia dubyana)* und erhöhte Temperaturen um 30 °C werden für diesen Freilaicher empfohlen.Vorsicht: Er frisst die eigenen Eier. Die Brut schlüpft nach ein bis drei Tagen.

Nematobrycon palmeri
(Kaisersalmler / Kaisertetra)

Kaisertetra.

Der Kaisertetra ist ein friedlicher, manchmal etwas scheuer Fisch, der sich gut für ein Gesellschaftsaquarium eignet. Er belästigt seine Beckengenossen nicht, allerdings kämpfen die älteren Männchen teilweise untereinander, was jedoch weder bei ihnen noch bei den kleineren Weibchen zu Verletzungen führt. Kaisertetras lassen sich jedoch von aggressiveren, lebhafteren Fischen provozieren; das sollten Sie bedenken, wenn Sie eine Fischgesellschaft mit dieser Art zusammenstellen.

Die Tiere gehören zu den langlebigsten Salmlern und können bei guter Ernährung und in einem gepflegten, stressfreien Aquarium mit den geeigneten Wasserbedingungen über fünf Jahre alt werden.

Eine eng verwandte Art – ebenfalls aus Westkolumbien – wird gelegentlich angeboten: der Regenbogentetra oder Rotaugen-Kaisersalmler *(N. lacortei)*. Die Ansprüche dieses rotäugigen, glitzernden Fisches ähneln denen von *N. palmeri*. Eine dritte „Art“ – allgemein als *N. ‚amphiloxus‘* bezeichnet – wird als eine rauchfarbene, dunklere Variante von *N. palmeri* angesehen und ist genauso einfach zu halten.

Verbreitung: Westkolumbien.

Größe: Bis 6 cm, gewöhnlich etwas kleiner.

Futter: Die meisten Futtermittel.

Becken: Zwar muss man den Kaisertetra nicht unbedingt im Schwarm halten, doch empfiehlt es sich, mindestens ein oder zwei Paare zu vergesellschaften. Ein offener Schwimmraum, umgeben von großzügigen Pflanzengruppen, sollte für sie zur Verfügung stehen. Tanningefärbtes, weiches, saures Wasser wird bevorzugt, ist jedoch nicht explizit notwendig, da auch leicht alkalische, mittelharte Bedingungen vertragen werden. Alle Veränderungen müssen aber schrittweise durchgeführt werden.

Temperatur: 23–27 °C.

Fortpflanzung: Diese Art lässt sich nicht leicht vermehren. Gute Ergebnisse werden teilweise in weichem, saurem Wasser am oberen Ende des empfohlenen Temperaturbereichs oder sogar etwas darüber erzielt. Es sollte ein kleines, abgedunkeltes Aquarium mit feinblättriger Vegetation bereitstehen. Die Eier werden einzeln abgesetzt und von den Eltern gefressen, wenn sich die Gelegenheit bietet. Die Brut schlüpft nach ein bis zwei Tagen.

Paracheirodon axelrodi und *Paracheirodon innesi*
(Roter Neon und Neonfisch/Neonsalmler/Neontetra)

Diese beiden herrlichen Salmlerarten gehören zu den beliebtesten Aquarienfischen. Sie werden hier zusammen aufgeführt, weil vor allem die Anfänger unter den Aquarianern Schwierigkeiten bei der Unterscheidung haben. Ein eindeutiges Artenmerkmal ist der rote Längsstreifen, den beide Arten besitzen. Beim Roten Neon erstreckt er sich vom Kopf bis zum Schwanz, beim Neontetra nur vom Hinterkörper bis zum Schwanz.

Beide Arten eignen sich hervorragend für Gesellschaftsaquarien, solange sie nicht mit großen Fischen vergesellschaftet werden, die in ihnen einen Leckerbissen sehen könnten. Eine goldene Form des Neonfisches wird gelegentlich angeboten und stellt dieselben Ansprüche wie die Wildform.

Neontetra.

Verbreitung: Roter Neon: Vom Orinoco (Venezuela) über die nördlichen Nebenflüsse des Rio Negro (Brasilien) bis nach Westkolumbien. Neonfisch: Ostperu.

Größe: Roter Neon: 5 cm; Neonfisch: 4 cm.

Futter: Alle kleinen kommerziellen Futtermittel sowie Lebendfutter.

Becken: Beide Arten sind Schwarmfische und dürfen weder einzeln noch paarweise gehalten werden. Während der Neonfisch als höchst anpassungsfähig gilt, sowohl im Hinblick auf den pH-Wert als auch auf die Wasserhärte, trifft dies für den Roten Neon nicht zu. Dennoch kann es gelingen, Rote Neon gut fünf Jahre lang in hartem Wasser (17 °dGH) bei gedämpfter Beleuchtung, leichter Filterung und tanninhaltigem Wasser zu halten. Zur Vermehrung kommt es unter diesen Bedingungen vermutlich nicht, doch sind die Tiere ohne Zweifel gesund. Sowohl Neonfische als auch Rote Neon brauchen offene Bereiche zum Schwimmen und dichte Pflanzengruppen.

Temperatur: 22–25 °C; Neonfische vertragen etwas niedrigere Temperaturen, Rote Neon etwas höhere.

Fortpflanzung: Keine der Arten lässt sich im Heimaquarium leicht vermehren. Am besten stellt man ihnen sehr weiches, saures, humingefärbtes Wasser am oberen Ende des Temperaturbereichs sowie eine gedämpfte Beleuchtung bereit. Beide Arten sind Freilaicher und fressen ihren Laich. Die Brut schlüpft nach einem Tag.

Rote Neon im Schwarm.

Pristella maxillaris
(Sternflecksalmler / Wasserstieglitz / Stieglitzsalmler)

STERNFLECKSALMLER sind altbekannte und beliebte Aquarienfische, die in der Fachliteratur noch immer unter ihrem früheren Namen *Pristella riddlei* auftauchen. Obwohl er wie der Stieglitz, ein bekannter Singvogel, am Körper weiß, schwarz, gelb und rot gezeichnet ist, erscheint der Name „Wasserstieglitz" etwas wunderlich. Er ist vermutlich ein Überbleibsel aus jener Zeit, als der Stieglitz unter Vogelhaltern viel beliebter war als heute.

Damit er in seiner ganzen Pracht zur Geltung kommen kann, muss der Sternflecksalmler im Schwarm gehalten werden. Zwar verträgt er alkalisches, hartes Wasser und eine helle Aquarienbeleuchtung, doch seine Schönheit tritt erst unter den nebenstehend empfohlenen Aquarienbedingungen zutage.

In freier Natur ist diese Art manchmal in Brackwassergebieten zu finden. Solange aber die Beckengenossen dieses friedlichen Gesellschaftsfisches sich unter denselben Bedingungen nicht ebenfalls wohl fühlen, ist es sinnvoller und einfacher, bei Süßwasser zu bleiben.

Der durchscheinende Sternflecksalmler.

Verbreitung: Unterer Amazonas (Brasilien), Guyana, Venezuela.

Größe: 4,5 cm.

Futter: Eine Vielfalt an kommerziellen Futtermitteln und Lebendfutter.

Becken: Sternflecksalmler sind kleine, anspruchslose Schwarmfische, die verschiedene Wasserbedingungen tolerieren, sofern die allgemeine Wasserqualität gut ist. Sie bevorzugen jedoch weiches, leicht saures Wasser. Gedämpfte Beleuchtung und ein dunkler Bodengrund bringen diese zart gefärbte Art am besten zur Geltung. Wie andere Schwarmfische braucht die Art geräumige offene Bereiche zum Schwimmen und eine Bepflanzung an den Seiten sowie im Hintergrund.

Temperatur: 21–28 °C; der höhere Temperaturbereich wird zur Zucht empfohlen, der untere Bereich sollte über längere Zeiträume vermieden werden.

Fortpflanzung: Haben sich verträgliche Paare gefunden, ist die Vermehrung nicht schwierig; sonst bleibt der Erfolg oft aus. Diese Art ist ein Freilaicher. Ihre Brut schlüpft nach etwa einem Tag.

Pyrrhulina vittata
(Kopfbindensalmler)

Der Kopfbindensalmler gleicht in seinem Äußeren einem Verwandten aus derselben Familie, dem Spritzsalmler *(Copella arnoldi;* siehe Seite 73). Anders als dieser setzt der Kopfbindensalmler seine Eier jedoch auf einem Blatt oder Stein unter Wasser ab und nicht auf Pflanzen oberhalb der Wasseroberfläche.

Die schlanken, hübsch gezeichneten Fische verhalten sich anderen Arten gegenüber sehr friedlich. Aus diesem Grund können sie sehr gut mit ähnlich großen Beckengenossen in einem Gesellschaftsaquarium gehalten werden.

Im Handel findet man mehrere *Pyrrhulina*-Arten mit roten Körperflecken angeboten, darunter *P. rachoviana* (Augenstrichsalmler), *P. laeta* (Halbstrichsalmler) und *P. eleanorae.* Die Arten lassen sich teilweise nur schwer voneinander unterscheiden, sind alle etwa so groß wie *P. vittata* und haben dieselben Ansprüche.

Obwohl *Pyrrhulina* sich anhand von Zahnmerkmalen deutlich von seinen nächsten Verwandten unterscheidet, herrscht noch immer beträchtliche Verwirrung über die verschiedenen Gattungen und teilweise auch über die einzelnen Arten.

Verbreitung: Amazonasbecken.

Größe: Berichten zufolge bis 7 cm, gewöhnlich kleiner.

Futter: Deutliche Vorliebe für Lebendfutter, nimmt aber auch Frost- und gefriergetrocknetes Futter. Flocken und anderes Trockenfutter werden nur zögerlich gefressen.

Becken: Obwohl sich die Männchen ihren Geschlechtsgenossen gegenüber aggressiv zeigen, sollten die Tiere weder einzeln noch paarweise gehalten werden. Besser ist es, einem kleinen Schwarm ein ausreichend großes Becken mit offenen und geschützten Bereichen zur Verfügung zu stellen, in dem sich die Fische notfalls verstecken können. Gleichzeitig genießen sie dann genug Freiraum, um nicht ständig unter Stress zu stehen. Gedämpftes Licht und ein dunkler Bodengrund sind für die Art ebenfalls ratsam, zusammen mit einem kräftigen Sprührohr oder Auslass am Filter, um eine Strömung zu erzeugen.

Temperatur: 24–27 °C.

Fortpflanzung: Die Vermehrung ist nicht einfach. Die Eier werden auf breiten Blättern oder Steinen abgelegt und vom Männchen bewacht, bis die Brut nach etwa zwei Tagen schlüpft.

Der Kopfbindensalmler ist ein schlanker Fisch, der sich anderen Arten gegenüber als nicht aggressiv erweist.

Pygocentrus nattereri (Roter Piranha / Natterers Sägesalmler)

DEM ROTEN PIRANHA HEFTET ein schrecklicher Ruf als brutaler „Killer" an, der unerbittlich alle Lebewesen angreift, die ihm in die Quere kommen. Allerdings ist diese Meinung stark übertrieben.

Selbstverständlich müssen sämtliche Pflegearbeiten in einem Piranhabecken mit äußerster Vorsicht durchgeführt werden, so wie man sich auch in Piranha-Gewässern in der Natur vorsichtig und vernünftig bewegen sollte. So ist es beispielsweise äußerst unklug, seine Hand in ein Piranha-Aquarium zu tauchen, wenn man daran eine offene Wunde hat.

Überraschenderweise können Piranhas scheu und sehr schreckhaft sein, wenn sie in sehr offenen, hell erleuchteten Aquarien gehalten werden.

Mittlerweile ist der Export von Piranhas aus bestimmten Ländern entweder stark eingeschränkt oder verboten. Ebenso erlegen manche Länder oder Regionen Beschränkungen für die Haltung von Piranhas auf.

Verbreitung: Amazonas- und Orinocobecken.
Größe: Bis 35 cm.
Futter: Auf Fleischbasis, darunter großes Lebendfutter, Fische und Fleischstücke. Piranhas fressen lebende Fische, die die Hauptnahrung in freier Natur bildet. Ob der Piranha-Halter jedoch ein lebendes Wirbeltier verfüttern möchte, muss er für sich selbst entscheiden.
Becken: Große, gut gefilterte Aquarien sind unabdingbar für diesen kräftigen Karnivoren, der wegen seiner fleischreichen Ernährung auch kräftig das Wasser verschmutzt. Weiches, leicht saures Wasser wird bevorzugt, ist aber nicht unbedingt notwendig. Nur sehr robuste Pflanzen werden im Becken länger überleben; meist erweisen sich künstliche Pflanzen als die bessere Wahl.
Temperatur: 24–27 °C.
Fortpflanzung: In großen Aquarien können sich die Tiere mitunter fortpflanzen. Es wurden schon Paare beobachtet, die zwischen den fadenförmigen Wurzeln großer Schwimmpflanzen ablaichten. Häufiger jedoch werden die Eier in eine Vertiefung im Bodengrund abgesetzt und von beiden Eltern verteidigt. Das Weibchen wird meist nach einem Tag vom Männchen verjagt. Die Jungfische schlüpfen nach zwei bis drei Tagen.

Großes Lebendfutter ist die Lieblingsspeise des beeindruckenden Roten Piranhas.

Thayeria obliqua
(Pinguinsalmler)

Seit fast 50 Jahren hält man den Pinguinsalmler als Aquarienfisch; sein naher Verwandter, der Schrägschwimmer *(T. boehlkei)* aus Peru und Westbrasilien, ist sogar noch länger bei uns bekannt.

Obwohl die beiden Arten auf den ersten Blick scheinbar leicht zu verwechseln sind, lassen sie sich dennoch ganz einfach unterscheiden, und zwar anhand der Länge ihres schwarzen Streifens. Bei *Thayeria obliqua* beginnt dieser Streifen an der Spitze des unteren Lappens der Schwanzflosse und erstreckt sich bis zur hinteren Körperhälfte. Bei *T. boehlkei* dagegen reicht der Streifen sogar bis zum Kiemendeckel.

Ein weiterer Unterschied zwischen den beiden Arten besteht darin, dass es bislang offenbar noch nicht gelungen ist, den Pinguinsalmler im Heimaquarium zu züchten. Schrägschwimmer dagegen erweisen sich sowohl in Heimaquarien als auch in Fischzuchtanstalten als äußerst fruchtbare Zierfische.

Beide Arten sind friedlich und anspruchslos; sie eignen sich daher gut für das Gesellschaftsaquarium.

Verbreitung: Mehrere Flusssysteme in Brasilien.

Größe: Berichten zufolge bis 8 cm, gewöhnlich etwas kleiner.

Futter: Die meisten Futtermittel.

Becken: Pinguinsalmler benötigen ein dicht bepflanztes Aquarium. Sie schwimmen auch im offenen Wasser im Vordergrund des Beckens, besonders wenn sie in einem kleinen Schwarm gehalten werden, wo sich die Tiere sicherer fühlen, als wenn sie einzeln oder in Paaren ein Becken bewohnen. Eher weiches, leicht saures Wasser wird bevorzugt, geringfügige Abweichungen werden jedoch toleriert. Voraussetzung dafür ist aber, dass sämtliche Veränderungen schrittweise durchgeführt werden, die allgemeine Wasserqualität gut und die Sauerstoffversorgung angemessen ist.

Temperatur: 22–28 °C.

Fortpflanzung: Es liegen keine Berichte über Laicherfolge in Heimaquarien vor.

Schrägschwimmer.

WELSE

ALLE WELSE BESITZEN Barteln, die an die Schnurrhaare von Raubtieren erinnern. Dennoch zählen nicht alle Fische mit Barteln zu den Welsen; das beweisen etwa die Barben und viele ihrer Verwandten aus der Familie Cyprinidae (Karpfenfische). Es sind andere, oft in Kombination auftretende Merkmale, die die Welse (Ordnung Siluriformes) eindeutig charakterisieren, auch wenn die Merkmale nicht zwangsläufig bei jeder Art auftreten.

Außer den stets vorhandenen Barteln, die auch der flüchtige Beobachter sieht, kennzeichnet die Welse eine bestimmte Anordnung der Schädelknochen, die man jedoch nur beim gründlichen Sezieren erkennt. Daher nützt dieses eindeutige Bestimmungsmerkmal natürlich nichts, wenn man vor einem Aquarium steht und sich fragt, ob der darin schwimmende Fisch ein Wels ist oder nicht.

Einige „versteckte" Schädelmerkmale erweisen sich als entscheidend für die Klassifikation der Welse, so etwa die Entwicklung der Urohyalknochen im Branchiocranium (dem unteren Teil des Schädels, der die Kiemen stützt): Bei anderen Fischen treten diese Knochen als unpaare Verknöcherung einer Sehne auf, beim Wels dagegen als paarige Anlagen, die dann verschmelzen.

Leichter erkennbar sind Merkmale wie das Vorhandensein einer Fettflosse (zweiten Rückenflosse) und von Stacheln, die vorn an Rückenflosse und Brustflossen sitzen. Diese bilden Abwehrmechanismen, die den Welsen Schutz vor Feinden bieten. Zudem tragen die Fische kein normales Schuppenkleid; ihre Körper sind vielmehr nur mit Haut bedeckt oder mit Knochenplatten bewehrt.

Gelbbinden-Fiederbartwels mit typischen Barteln.

Der kleine Zwergpanzerwels (Corydoras pygmaeus).

Die Klassifikation der Welse ist – wie bei einigen anderen Fischgruppen auch – noch nicht vollständig abgeschlossen. Man schätzt aber, dass es ungefähr 34 Familien gibt, die rund 412 Gattungen und deutlich mehr als 2400 Arten umfassen. Auf den folgenden Seiten werden Arten aus folgenden Familien vorgestellt: Aspredinidae (Banjo- und Bratpfannenwelse), Callichthyidae (Panzerwelse), Loricariidae (Harnischwelse), Mochokidae (Fiederbartwelse), Pimelodidae (Antennenwelse) und Siluridae (Echte Welse).

Männlicher Marmorierter Panzerwels (Corydoras paleatus).

Ancistrus hoplogenys
(Tüpfelantennenwels)

Der Tüpfelantennenwels gilt als besonders attraktiver Vertreter der Gattung *Ancistrus*, die heute in weit größerem Umfang importiert wird als früher. Eine zweite Art, der Blaue Antennenwels *(Ancistrus* spec.*)*, ist ebenfalls oft erhältlich und hat ähnliche Bedürfnisse. Viele andere Arten sind dafür weniger bekannt und werden manchmal falsch bestimmt. Sie erweisen sich aber meist als ebenso anspruchslos wie die beiden bekanntesten Vertreter der Gattung.

Besonders ungewöhnlich wirken beim Tüpfelantennenwels die mehr wie fleischige Tentakel aussehenden „Borsten", die bei den Männchen an Maul und Oberkopf sitzen. Den Weibchen fehlt dieser Schmuck vollständig, oder er ist sehr viel kleiner ausgeprägt.

Alle Antennenwelsarten sind nachtaktiv und ziehen sich daher während des größten Teils des Tages in ihre Verstecke zurück; erst gegen Abend werden sie munter.

Verbreitung: Amazonasbecken.
Größe: Den Angaben zufolge zwischen 8 und 17 cm; die meisten Exemplare werden in kleinerer Größe angeboten und erreichen etwa 10 cm.
Futter: Diese Pflanzen fressende Art liebt Algen und sollte Tabletten, Pellets und Flocken auf Pflanzenbasis erhalten, aber auch frisches Pflanzenmaterial wie Salat oder rohe Kartoffelscheiben. Ebenso akzeptiert sie nicht rein pflanzliches Futter wie Frostfutter.
Becken: Der nachtaktive Tüpfelantennenwels braucht Versteckmöglichkeiten, die bevorzugt aus Aquarienholz oder Treibholz gebaut werden sollten. Mit einer „Mondlicht"-Leuchtstoffröhre können Sie diese interessante Art abends gut beobachten, während sie ihren „Allnachtsgeschäften" nachgeht. Zarte Wasserpflanzen werden oft beschädigt oder verspeist, sodass sich breitblättrige, robuste Pflanzen als Begrünung empfehlen. Die Art bevorzugt weiches, leicht saures Wasser, akzeptiert aber auch andere Bedingungen, sofern sämtliche Veränderungen langsam und in kleinen Schritten eingeführt werden.
Temperatur: 21–26 °C.
Fortpflanzung: Der Laich wird in hohlen Hölzern, halbierten Kokosnussschalen oder Ähnlichem abgelegt und vom größeren, Borsten tragenden Männchen bewacht. Dieses beschützt seine Jungen auch noch zwei bis drei Wochen nach dem Schlüpfen sehr aufmerksam.

Ein männlicher Tüpfelantennenwels mit stattlichen Borsten um Maul und Oberkopf.

Brochis britskii
(Hoher Panzerwels)

Hohe Panzerwelse sollen angeblich zu beachtlicher Größe heranwachsen, die allerdings in der Aquarienhaltung so gut wie nie erreicht wird. Von den drei als Zierfische angebotenen Arten der Gattung *Brochis* ist der Hohe Panzerwels bislang am wenigsten lang bekannt. Dennoch hat er aufgrund seiner guten Verträglichkeit mit anderen Arten und seiner schillernden Färbung schnell viele Freunde gefunden.

Welse der Gattung *Brochis* sehen ihren Verwandten der Gattung *Corydoras* ähnlich, lassen sich aber anhand der längeren Maulpartie, des höheren Körpers und vor allem der größeren Zahl von Rückenflossenstrahlen eindeutig unterscheiden. Insgesamt verleiht die Rückenflosse den Tieren fast ein schwertfischähnliches Aussehen, wenn sie aufgestellt wird. *Brochis* besitzt über elf, manchmal sogar bis zu 18 dieser Rückenflossenstrahlen, *Corydoras* nur sieben oder acht.

Der Hohe Panzerwels zeichnet sich durch eine knöcherne Platte an der Unterseite des Kopfs aus. Die Männchen sind etwas schlanker als die Weibchen, und ihr Kopfprofil ist etwas konkaver geformt.

Verbreitung: Mato Grosso in Brasilien.
Größe: Angeblich bis zu 13 cm, meist aber nur etwa 8 bis 9 cm.
Futter: Frisst eine große Vielfalt an Futter, besonders Tabletten und am Grund heimisches Lebendfutter.
Becken: Da sich diese Art und alle verwandten Arten ihre Nahrung in freier Natur am Grund und oft im Bodensubstrat suchen, sollten Aquarien mit *Brochis*- und *Corydoras*-Besatz keinen scharfkantigen Kies oder anderweitig gefährliches Bodenmaterial enthalten. Ratsam ist es, runde Kiesel und groben Sand zu verwenden. Der friedfertige Hohe Panzerwels schätzt offene, von Pflanzen gesäumte „Weideflächen" und die Gesellschaft von Artgenossen. Die chemische Wasserbeschaffenheit ist zweitrangig, solange die Qualität stimmt; empfohlen wird leicht saures, weiches bis mittelhartes Wasser.
Temperatur: 22–26 °C.
Fortpflanzung: Wahrscheinlich identisch mit *Brochis splendens* (siehe folgende Seite).

Der Hohe Panzerwels ist ein friedlicher Beckenbewohner.

Brochis splendens
(Smaragdpanzerwels/Grüner Panzerwels)

Der Smaragdpanzerwels wurde erstmals Ende der 1930er-Jahre nach Europa importiert und gilt unter Aquarianern als sehr beliebter Fisch.

Der deutsche Name „Smaragdpanzerwels" beschreibt die schillernde Färbung des Körpers sehr schön, wenn dieser das Licht reflektiert. Die Jungtiere stechen besonders hervor durch ihre große, rot gefärbte Rückenflosse. Die Art ähnelt auf den ersten Blick dem Metallpanzerwels *(Corydoras aeneus)*. Zur Unterscheidung der beiden Gattungen *Brochis* und *Corydoras* siehe die Erläuterungen auf der vorangehenden Seite.

Der Smaragdpanzerwels ist, was die Verfügbarkeit für Hobbyaquarianer angeht, die „älteste" Art dieser Gattung. Er wurde bereits Ende der 1930er-Jahre erstmals importiert. Dass er sich immer noch so großer Beliebtheit erfreut, liegt zweifellos an seinen zahlreichen positiven Eigenschaften, wie dem toleranten Wesen, dem lebhaften Temperament und der hohen Anpassungsfähigkeit.

Die dritte bekannte Art dieser Gattung, der Spitzmaulpanzerwels *(B. multiradiatus)*, ist seltener erhältlich. Sie hat ein längeres Maul als die beiden anderen Arten und stellt höhere Ansprüche an die Wasserqualität.

Verbreitung: Oberer Amazonas, Peru, Ecuador.

Größe: Etwa 8 cm.

Futter: Fast alles, besonders Futtertabletten und Lebendfutter am Grund.

Becken: Ausgesprochener Schwarmfisch, der nicht einzeln oder als Paar, sondern immer nur in der Gruppe gehalten werden sollte. Die Art schätzt offene Schwimm- und Weideflächen, die von Vegetation umgeben sind. Keine scharfkantigen Dekorationen oder Substrate ins Becken geben, um Verletzungen dieser dicht am Boden nach Futter suchenden Art zu vermeiden. Das Wasser sollte leicht sauer und weich bis mittelhart sein; leichte Abweichungen werden aber toleriert.

Temperatur: 21–28 °C.

Fortpflanzung: Die Eier werden meist an der Blattunterseite breitblättriger Pflanzen abgelegt, Berichten zufolge aber auch zwischen Schwimmpflanzen. Schutzverhalten gegenüber Laich oder Jungfischen ist nicht belegt. Die Brut schlüpft nach etwa vier Tagen.

Bunocephalus coracoideus
(Zweifarbiger Bratpfannenwels)

Diese Art verdankt ihren deutschen Namen der bratpfannenähnlichen Körperform. Die Tiere zählen vermutlich zu den in Heimaquarien am häufigsten gehaltenen Welsen.

Ganz sicher kann man sich in diesem Punkt jedoch nicht sein, weil sich die meisten der 20 Arten dieser Gattung so sehr ähneln, dass man sie leicht verwechselt. Drei weitere bekannte Arten dieser ungewöhnlichen Gattung sind *B. amaurus*, *B. bicolor* (ein Synonym zu *B. coracoideus*) und *B. knerii* (Laubwels).

Wie auch immer ihr korrekter Name sein mag, Bratpfannenwelse gelten als interessante Aquarienbewohner, vor allem, wenn man sie mithilfe einer „Mondlicht"-Leuchtstoffröhre in ihrer aktivsten Phase während der Nacht beobachten kann.

Verbreitung: Amazonasregion.
Größe: Bis zu 15 cm.
Futter: Nimmt alle absinkenden Futtermittel, vor allem Lebendfutter am Grund.
Becken: Zweifarbige Bratpfannenwelse ruhen tagsüber meist und verstecken sich am Boden, beispielsweise unter Blättern, in Hohlräumen oder teilweise eingegraben im Bodensubstrat. Das Aquarium sollte den Tieren daher mindestens eine dieser Möglichkeiten zum Unterschlupf bieten. Da die Exporteure den Behältern mit Bratpfannenwelsen oder anderen Sekrete absondernden Fischen oft große Pflanzenblätter beigeben, hat Ihr Händler vielleicht einige davon für Sie übrig. Ansonsten saugen sich braune, trockene Eichenblätter schnell mit Wasser voll und sinken zu Boden, wo sie eine sichere (ungiftige) und authentische Bedeckung bilden. Aquarienholz oder dergleichen bietet Schlupflöcher, und feinkörnigen, möglichst dunklen Sand schätzen die Tiere zum Eingraben. Die chemische Beschaffenheit des Wassers ist zweitrangig, solange die Qualität stimmt.
Temperatur: 20–26 °C werden empfohlen.
Fortpflanzung: *B. coracoideus* ist offensichtlich der einzige Bratpfannenwels, dessen Zucht bislang in der Aquarienhaltung gelungen ist. Dabei beobachtete man, dass das Weibchen bei zweimaligem Ablaichen seine Eier in eine Mulde legte, die das Männchen zuvor ausgehoben hatte. Das Männchen bewachte das Gelege, aus dem etwa 4000 bis 5000 Jungfische schlüpften.

Zweifarbiger Bratpfannenwels.

Corydoras aeneus
(Metallpanzerwels)

Oben: Metallpanzerwels.
Rechts: Albinoform des Metallpanzerwelses.

DER METALLPANZERWELS ist bei Aquarianern heute noch genauso beliebt wie schon vor 30 Jahren. Diese anspruchslose, friedliche Art kommt besonders gut zur Geltung, wenn man mehrere Tiere im Schwarm in einem Gemeinschaftsaquarium hält.

Neben seinen zahlreichen sympathischen Eigenschaften soll der Metallpanzerwels, so wird manchmal berichtet, dem Betrachter „zuzwinkern". Da er aber als Fisch – und damit wie alle seine Verwandten der Gattung *Corydoras* – keine Augenlider besitzt, ist ein Zwinkern biologisch unmöglich. Die Tiere rollen oft mit den Augen, um sie zu reinigen, sodass der Eindruck eines fast menschlichen „Zwinkerns" entstehen kann.

Es sind mehrere natürliche Farbtypen bekannt, darunter eine sehr attraktive Form mit ausgedehnter messing-, ja fast orangefarbener Pigmentierung. Erhältlich ist auch eine vielfach gezüchtete Albinoform.

Verbreitung: Trinidad, Venezuela und südliche Regionen bis zum Rio de la Plata in Argentinien.
Größe: Bis zu 7 cm.
Futter: Vielerlei Futter, vor allem Tabletten und am Boden lebendes (aber auch frei schwimmendes) Lebendfutter.

Becken: Diese Art schätzt ein feinkörniges Substrat, da sie bei der Futtersuche mit Maul und Barteln im Boden wühlt. Auch ein offener Bereich zum Schwimmen und Schutz bietende Pflanzen sollten nicht fehlen. Die chemische Wasserbeschaffenheit ist zweitrangig, solange das Wasser nicht zu sauer ist.
Temperatur: 18–26 °C; die Art kann auch in ungeheizten Aquarien gehalten werden, allerdings nicht auf Dauer.
Fortpflanzung: 1995 entdeckte man, dass die Weibchen Sperma „trinken" können, während sie im rechten Winkel zu den Männchen stehen und deren Genitalpore mit dem Maul berühren („T-Position"). Das Sperma passiert den Verdauungskanal unbeschadet und gelangt über den After in eine von den Bauchflossen gebildete Tasche. In diese entlässt das Weibchen einige Eier, die dort befruchtet werden. Dann werden die Eier an Steine oder Pflanzen geheftet. Je nach Temperatur schlüpfen die Jungen nach fünf bis sechs Tagen.

Scleromystax barbatus
(Schabrackenpanzerwels)

Der Schabrackenpanzerwels ist nahe verwandt mit der Gattung *Corydoras*. Die Männchen sind schlanker als die Weibchen (sonst ist es umgekehrt) und unterscheiden sich auch morphologisch von ihnen. Besonders auffällig sind die Borsten am Präoperculum, dem Knochen vor dem Kiemendeckel (Operculum), bei ausgewachsenen Männchen. Diesem „Bart" verdankt die Art ihren lateinischen Namen, der so viel bedeutet wie „der Bärtige".

Bei Weibchen sind die Borsten weit schwächer ausgebildet oder fehlen ganz. Die Männchen besitzen zudem eine höhere Rückenflosse und längere Brustflossenstrahlen. Beide Geschlechter zeigen je nach Verbreitungsgebiet unterschiedliche Farbmuster.

Schabrackenpanzerwelse gehören zu den größten Arten der Panzerwelse und sind besonders stromlinienförmig gebaut. Diese und andere Merkmale, etwa die Borsten, ließen den Vorschlag aufkommen, die Art einer eigenen Gattung zuzuordnen – *Scleromystax.*

Verbreitung: Von Rio de Janeiro bis São Paulo (Brasilien).

Größe: Bis zu 12 cm.

Futter: Fast jedes Futter, besonders aber Tabletten und Lebendfutter am Grund.

Becken: *S. barbatus* mag offene Schwimm- und Futterplätze mit feinkörnigem Kies oder grobem, rundem Sand, umgeben von Kieseln und Wasserpflanzen. Da die Tiere natürlicherweise auch in schnell fließenden Gewässern leben (so wies man etwa im Rio Aguinaldo, 60 Kilometer von Rio de Janeiro entfernt, eine Oberflächenströmung von einem Meter pro Sekunde nach!), profitieren sie von der durch einen Filter erzeugten Strömung. Die chemische Wasserbeschaffenheit ist zweitrangig, allerdings sollte ein zu hoher, also alkalischer, pH-Wert durchweg vermieden werden.

Temperatur: 18–24 °C, doch werden sogar noch niedrigere Temperaturen toleriert.

Fortpflanzung: Generell wie *C. aeneus,* laicht aber immer paarweise; bis zum Schlupf dauert es drei bis vier Tage. Sehr hartes oder alkalisches Wasser kann das Schlüpfen der Brut verhindern.

Schabrackenpanzerwels.

Corydoras pygmaeus
(Zwergpanzerwels)

DIESER FISCH GEHÖRT ZU den kleinsten Panzerwelsen. Die ähnlich kleine Art *C. cochui* stammt aus dem Rio Araguina in Brasilien. Sie wird viel seltener eingeführt als der Koboldpanzerwels *(C. habrosus)*, der gelegentlich erhältlich ist und ähnliche Grundbedürfnisse aufweist wie der Zwergpanzerwels.

Eine vierte, noch kleinere Art, der Sichelfleckpanzerwels *(C. hastatus)*, hat die entzückende Angewohnheit, im Schwarm in mittlerer Wasserhöhe zu schweben.

Alle vier Arten bilden schöne Ergänzungen im Gesellschaftsaquarium, solange die Mitbewohner sorgfältig ausgewählt und mögliche Angreifer oder Fressfeinde ausgeschlossen werden.

Zwergpanzerwelse besitzen wie alle ihre Gattungsgenossen kräftige, der Abwehr dienende Stacheln an den Flossen. Allerdings sollten die Tiere sie möglichst nicht zur Verteidigung benutzen müssen, da dies ihnen selbst und dem Angreifer Schaden zufügen kann – vom unnötigen Stress ganz zu schweigen.

Verbreitung: Becken des Madeira-Flusses, Brasilien.

Größe: Bis zu 3,5 cm.

Futter: Die meisten Futtermittel, vor allem kleine Tabletten und kleines Lebendfutter am Grund.

Sichelfleckpanzerwels.

Becken: Der kleine Schwarmfisch schätzt Flächen mit feinem Kies oder grobem Sand, die von Pflanzen und Aquarienholz oder ähnlichem Material umgeben sind. Wegen seiner Kleinheit sollte er nicht mit großen, zu lebhaften Arten gehalten werden, vor allem solchen, die – wie etwa einige Buntbarsche – gern am Grund des Aquariums nach Futter stöbern. Die chemische Wasserbeschaffenheit ist zweitrangig; extreme pH-Werte und hartes Wasser sind jedoch vor allem dann zu vermeiden, wenn die Fortpflanzung der Tiere angestrebt wird.

Temperatur: 22–26 °C sind günstig, niedrigere Temperaturen werden jedoch kurzfristig toleriert.

Fortpflanzung: Das Ablaichen erfolgt in typischer *Corydoras*-Manier (siehe Angaben bei *C. aeneus*).

Zwergpanzerwels.

Corydoras julii
(Julipanzerwels)

Der Julipanzerwels ist eine von drei sehr ähnlich gemusterten Arten, die sich nur schwer auseinander halten lassen, wenn man nicht exakt die Merkmale kennt, auf die man achten muss.

Bei allen drei Arten – *C. julii, C. leopardus* (Leopardpanzerwels) und *C. trilineatus* (Dreilinienpanzerwels) – handelt es sich um silbrig glänzende Fische mit schwarzen Punkten, Flecken oder Streifen auf Kopf, Körper und Schwanzflosse sowie einem großen schwarzen Fleck auf der Rückenflosse. *C. leopardus* besitzt das längste Maul und oft auch die stärkere Fleckung als *C. julii;* ebenso ist bei ihm die horizontale schwarze Körperlinie meist kräftiger ausgeprägt. Beide Arten lassen sich anhand ihres schwarz gepunkteten Kopfes von *C. trilineatus* unterscheiden, der bei *C. trilineatus* schwarze Streifen oder ein Netzmuster aufweist.

Auch die Herkunft der Tiere hilft bei der Identifizierung: *C. trilineatus* stammt aus Peru, Kolumbien und Ecuador, jedoch nie aus Brasilien. *C. leopardus* kommt in freier Natur in Brasilien und Peru vor, während *C. julii* ausschließlich in Brasilien lebt.

Die große äußerliche Ähnlichkeit der drei Arten hat bei Hobbyaquarianern natürlich einige Verwirrung gestiftet. So sind jahrelang der Art *C. julii* zugerechnete Fische in Wirklichkeit Vertreter der Art *C. trilineatus.* Nur bei *C. leopardus* gelingt wegen seiner deutlich längeren Maulpartie meist eine genauere Identifizierung.

Verbreitung: Brasilianischer Teil des Amazonasgebiets.
Größe: Etwa 6 cm.
Futter: Die meisten Futterarten, vor allem Futtertabletten und Lebendfutter am Grund; nimmt gelegentlich auch schwimmendes Lebendfutter.
Becken: Wie bei anderen *Corydoras*-Arten. Das Substrat sollte aus Feinkies oder grobem Sand bestehen. Die chemische Beschaffenheit des Wassers ist nicht so wichtig; zu vermeiden sind allerdings extreme pH-Werte und allzu hartes Wasser, vor allem wenn man die Tiere zur Fortpflanzung anregen will.
Temperatur: 22–26 °C.
Fortpflanzung: Das Ablaichen erfolgt in typischer *Corydoras*-Manier (siehe Angaben bei *C. aeneus*). Eine Nachzucht im Aquarium gelingt jedoch nur selten.

Julipanzerwels.

Corydoras metae
(Schwarzrückenpanzerwels)

Es gibt mehrere „sandfarbene" *Corydoras*-Arten mit einer schwarzen Maske, die sich über die gesamte Augen- und Wangenpartie erstreckt. Zudem kennzeichnen viele dieser Arten ein schwarzer, über den Körper verlaufender Streifen, der am Ansatz der Schwanzflosse endet, und ein schwarzer Punkt oder Fleck auf der Rückenflosse. Manche Arten besitzen anstatt des Streifens nur einen schwarzen Fleck am Schwanzflossenansatz, anderen wiederum fehlt dieser schwarze Fleck dort ganz.

Der Schwarzrückenpanzerwels ist wohl die am häufigsten anzutreffende dieser Arten, zu denen auch *C. adolfoi* (Adolfos Panzerwels), *C. arcuatus* (Stromlinien-Panzerwels), *C. burgessi, C. melini* (Kopfbinden-Panzerwels), *C. narcissus* (Narziss-Panzerwels), *C. panda* (Pandapanzerwels) und *C. rabauti* (Rostpanzerwels) zählen. *C. myersi* gilt heute als Synonym für *C. rabauti.*

All diese Arten haben ganz ähnliche Bedürfnisse und sollten in einer Gruppe von mindestens einem Dutzend Exemplaren gehalten werden. Je größer der Schwarm dieser schön gezeichneten Fische, desto spektakulärer ist der Anblick, den sie bieten.

Verbreitung: Verschiedene Flüsse in Kolumbien, darunter der Rio Meta, dem die Art ihren wissenschaftlichen Namen verdankt.

Größe: Bis zu 6 cm, meist aber kleiner.

Futter: Die meisten Futtersorten, besonders Futtertabletten, die zum Boden sinken, sowie Lebendfutter am Grund.

Becken: Wie andere *Corydoras*-Arten schätzt auch der Schwarzrückenpanzerwels offene Flächen mit feinem Kies oder grobem Sand, die von Pflanzen gesäumt sind. Zur Aquariengestaltung eignen sich auch Kies, Steine und andere Dekorationsmittel, die aber keine scharfen Kanten aufweisen dürfen, damit sich die Fische bei ihrer Nahrungssuche am Grund nicht verletzen. Die chemische Beschaffenheit des Wassers ist nicht so wichtig, allerdings sollten extreme pH-Werte und zu hartes Wasser vermieden werden.

Temperatur: 22–26 °C.

Fortpflanzung: Das Ablaichen erfolgt in typischer *Corydoras*-Manier (siehe dazu Angaben bei *C. aeneus*). Die Brut schlüpft nach etwa vier Tagen.

Der Schwarzrückenpanzerwels bietet, im großen Schwarm gehalten, einen beeindruckenden Anblick.

Corydoras paleatus
(Marmorierter Panzerwels)

Marmorierte Panzerwelse finden sich besonders häufig in Gesellschaftsaquarien. Sie sind widerstandsfähig, friedfertig, gesellig und hübsch anzusehen – und damit eine ideale Wahl für Einsteiger. Häufig kann man die Tiere auch in der Albinoform erwerben.

Die meisten heute im Handel befindlichen Marmorierten Panzerwelse stammen aus Zuchtfarmen. Interessanterweise haben die meisten dieser Fische noch fast alle Merkmale ihrer wilden Artgenossen, und auch die große Anpassungsfähigkeit ist ihnen noch nicht verloren gegangen.

Verbreitung: Argentinien, südliches Brasilien und das Gebiet von Montevideo/Uruguay.
Größe: Etwa 7,5 cm.
Futter: Alle Futtersorten, besonders Futtertabletten und Lebendfutter am Grund.
Becken: Die Art ist anspruchslos, hat aber gern ein weiches Bodensubstrat, in dem sie wühlen kann, sowie ein abwechslungreich gestaltetes Becken mit offenen und Schutz bietenden Flächen. Die chemische Wasserbeschaffenheit ist zweitrangig, solange die Qualität stimmt.
Temperatur: 16–26 °C; höhere Temperaturen aus diesem Bereich werden vorübergehend toleriert.
Fortpflanzung: Diese vielfach gezüchtete Art laicht in typischer *Corydoras*-Manier ab (siehe *C. aeneas).*

Weitere gängige *Corydoras*-Arten

Mit mehr als 180 bisher beschriebenen Arten bieten die Fische der Gattung *Corydoras* dem Aquarianer eine große Auswahl an Größen und Farben. Alle grundlegenden Ansprüche an die Haltung beliebter im Schwarm lebender Welse, wie sie auf den vorangegangenen Seiten beschrieben wurden, gelten auch für die anderen Mitglieder der Gattung. Dazu zählen die mehr oder weniger häufig im Fachhandel erhältlichen Arten *C. acutus, C. axelrodi* (Axelrods Panzerwels), *C. caudimaculatus* (Schwanzfleckpanzerwels), *C. delphax* (Iniridapanzerwels), *C. elegans* (Schraffierter Panzerwels), *C. haraldschultzi* (Prachtpanzerwels), *C. latus* (Hellgrüner Panzerwels), *C. leucomelas, C. melanistius* (Schwarzbindenpanzerwels), *C. reticulatus* (Netzpanzerwels), *C. robineae* (Flaggenschwanzpanzerwels) und *C. sterbai* (Orangeflossenpanzerwels).

Marmorierter Panzerwels; kleines Bild: Albinoform.

Dianema urostriata
(Schwanzstreifenschwielenwels/Torpedowels)

Der nachtaktive Schwanzstreifenschwielenwels verbringt den Tag meist ruhend.

Der Schwanzstreifenschwielenwels zählt mit seinen nächsten Verwandten zur kleinen Gruppe der Schwielenwelse (Callichthyinae) aus der Familie Callichthyidae. Dieser gehören auch die entfernteren Verwandten der auf den vorangegangenen Seiten vorgestellten Gattung *Corydoras* und *Scleromystax* an.

Schwanzstreifenschwielenwels und Langbärtiger Schwielenwels *(Dianema longibarbis)* sind im Vergleich zu anderen Mitgliedern dieser Unterfamilie leicht an ihren langen, spitz zulaufenden Mäulern und der leichteren Panzerung zu erkennen. Gleichwohl können beide Arten mühelos voneinander unterschieden werden. Erstere besitzt als artbestimmendes Merkmal eine schön gestreifte Schwanzflosse. Der Langbärtige Schwielenwels dagegen zeigt ganz unterschiedliche Flossenfärbungen von transparent bis stark gefleckt, aber niemals die typische Streifung von *D. urostriata*.

Beide *Dianema*-Arten sind in erster Linie dämmerungs- und nachtaktiv, verbringen den Tag also meist ruhend oder in ihren Verstecken. Dennoch werden sie auch bei Tageslicht aktiv, etwa bei der Fütterung der anderen, tagaktiven Arten. Trotzdem sollte man diese und andere Fische mit ähnlichen Gewohnheiten erst kurz vor dem Abschalten der Hauptbeleuchtung des Aquariums am Abend füttern. Mithilfe einer „Mondlicht“-Leuchtstoffröhre lassen sie sich auch abends und nachts während ihrer Aktivitätsphasen beobachten.

Verbreitung: Unterer Rio Negro, Brasilien.
Größe: Etwa 10 cm.
Futter: Alle möglichen Fertig- und Lebendfuttersorten.
Becken: Dieser Schwarmfisch steht gern in den mittleren Wasserschichten oder ruht auf Holzstücken oder Steinen. Das Aquarium sollte ihm also mit freien Flächen, Ruheplätzen und Pflanzengruppen diese Möglichkeiten bieten. Wegen seiner relativen Größe braucht *D. urostriata* viel Platz. Die chemische Beschaffenheit des Wassers ist zweitrangig, empfohlen wird jedoch leicht saures, weiches bis mittelhartes Wasser.
Temperatur: 22–26 °C.
Fortpflanzung: Im Aquarium ist die Zucht nur selten erfolgreich. In Ausnahmefällen werden die Eier bei warmen Wassertemperaturen um die 28 °C in ein schwimmendes Schaumnest gelegt.

Farlowella acus
(Gemeiner Nadelwels)

Der Pflanzen fressende Gemeine Nadelwels ist für Neueinsteiger auf den ersten Blick wenig ansprechend.

Der Gemeine Nadelwels erinnert in Form und Farbe an einen toten Zweig oder dünnen Ast und ist in den Becken erfahrener Aquarianer wesentlich häufiger anzutreffen als in denen von Neueinsteigern.

Unerfahrene Aquarienfreunde halten diesen Vertreter der Familie Harnischwelse (Loricariidae) wegen seiner schlichten Färbung und seines trägen Verhaltens oft für langweilig – aber natürlich gibt es so etwas wie einen „langweiligen" Fisch überhaupt nicht! Ob wir die eine oder andere Art mögen oder nicht, hängt vor allem von unseren Erwartungen ab.

Wer Freude an einem Fisch hat, der als Überlebensstrategie eine äußere Ähnlichkeit mit einem nicht lebenden Objekt entwickelt hat, wird kaum eine bessere Wahl treffen können als *F. acus* oder einen seiner Verwandten, den Kleinen Nadelwels *(F. gracilis)*. Außerdem gewähren nur wenige Fische einen so direkten Einblick in ihr Fortpflanzungsverhalten wie die *Farlowella*-Arten: Sie wählen manchmal als Brutunterlage für ihre Eier die Scheibe des Aquariums. Dort bewachen sie auch ihr Gelege – also direkt vor den Augen des Beobachters.

Verbreitung: Südliche Amazonasregionen.

Größe: Bis zu 17 cm, meist jedoch etwas kleiner.

Futter: Diese herbivore Art weidet bevorzugt Algen, akzeptiert aber auch pflanzliches Fertigfutter, das zu Boden sinkt, wie Flocken, Granulat und Tabletten. Ebenso gern wird Frischfutter genommen, darunter Salat- und Spinatblätter, grüne Erbsen und Gurkenstücke.

Becken: *Farlowella* braucht zahlreiche Ruheplätze und Versteckmöglichkeiten. Die Art verbringt den größten Teil des Tages ruhend auf einem passenden Untergrund. Als solchen nutzt der Fisch breitblättrige Pflanzen, Holzstücke, Steine oder auch die Scheiben des Aquariums. Diesen Untergrund weidet er auch ab. Das Wasser sollte weich und eher sauer sein.

Temperatur: 21–26 °C.

Fortpflanzung: Unter günstigen Bedingungen pflanzen sich die Paare im Aquarium fort; dabei heften sie ihre Eier an passende Unterlagen, mitunter sogar an die Scheiben des Beckens. Die Eier werden sieben bis zehn Tage lang von einem oder sogar von beiden Elterntieren beschützt.

Pterygoplichthys gibbiceps
(Wabenschilderwels / Pracht-Riesenschilderwels / Segelschilderwels)

VIELE FACHBÜCHER FÜHREN diese Art noch unter dem wissenschaftlichen Namen *Glyptoperichthys gibbiceps*. Neuere Forschungen führten aber dazu, dass man mittlerweile die Arten der alten Gattungen *Pterygoplichthys*, *Glyptoperichthys* und *Liposarchus* wieder in der Gattung *Pterygoplichthys* zusammenführt und diese Arten so ihren alten Namen behalten.

Andere Saugmaulwels-Arten, wie der Punktierte Schilderwels *(Hypostomus punctatus)* und der Saugmaulwels *(H. plecostomus)*, sind mit dieser Gattung verwandt. Sie unterscheiden sich von *Pterygoplichthys* aber durch die geringere Zahl von Rückenflossenstacheln und -strahlen: ein Stachel und sieben Strahlen bei *Hypostomus*, ein Stachel und über zehn Strahlen bei *Pterygoplichthys*.

Alle Vertreter sind als kleine Exemplare (10 cm und kleiner) erhältlich und wachsen bei guten Bedingungen zu beachtlicher Größe heran. Daher sollte man sich diese Arten erst dann zulegen, wenn man sie auch ausgewachsen ihren Bedürfnissen entsprechend unterbringen kann.

Verbreitung: Peru.

Größe: Bis zu 50 oder 60 cm.

Futter: Absinkendes pflanzliches Futter, darunter besonders Granulat und Tabletten, eignet sich am besten für diese Algen weidende Art. Fütterung spätabends oder kurz vor Abschalten der Beleuchtung.

Becken: Wegen der Größe ausgewachsener Tiere kommen für die langfristige Unterbringung dieser Art und anderer Saugmaulwelse nur sehr geräumige Aquarien mit angemessenen offenen und Schutz bietenden Flächen in Frage. *P. gibbiceps* und seine Verwandten sind nachtaktiv und erwachen erst bei Dunkelheit zum Leben. Um die Tiere beobachten zu können, empfiehlt sich daher eine „Mondlicht"-Leuchtstoffröhre als Teil des Beleuchtungssystems. Die chemische Beschaffenheit des Wassers ist zweitrangig, wenn die Qualität stimmt.

Temperatur: 22–27 °C, wobei die Temperaturen nur vorübergehend im unteren Bereich liegen sollten.

Fortpflanzung: Bislang sind keine Zuchterfolge bei in Aquarien gehaltenen Tieren bekannt, vor allem weil die Art natürlicherweise in langen Röhren ablaicht, die sie unterhalb des Wasserspiegels ins Ufer gräbt.

Wabenschilderwels.

Lepthoplosternum pectorale
(Magdalenenschwielenwels / Pfeffer-und-Salz-Schwielenwels)

Der Magdalenenschwielenwels ist ein zäher und anspruchsloser Aquarienbewohner.

Dieser Schwielenwels wird bis heute in praktisch jedem Fachbuch über Zierfische als *Hoplosternum pectorale* geführt. Im Jahr 1997 führte Roberto Reis an der Universität von Rio Grande do Sul in Brasilien jedoch eine Revision der Gattung durch und teilte diese anhand der Skelettstruktur, der Form der Schwanzflosse und anderer Kriterien auf.

Heute werden drei der früheren *Hoplosternum*-Arten, die viele Jahre lang schon beliebte Aquarienfische sind, separaten Gattungen zugeschrieben: *Hoplosternum littorale* (Lehmpanzerwels) behält seinen Namen, *Hoplosternum pectorale* wird zu *Lepthoplosternum pectorale,* und *Hoplosternum thoracatum* (Gemalter Panzerwels) heißt fortan *Megalechis thoracata.* Die eng verwandte Art *Callichthys callichthys* (Schwielenwels) behält ebenfalls ihren Namen.

Alle Arten treten in der freien Natur stets in großen Schwärmen auf und werden in manchen Ländern massenhaft als Speisefische gefangen. Im Aquarium sollten diese Tiere am besten paarweise gehalten werden. Eine Gruppenhaltung empfiehlt sich nur, wenn ausreichend große Rückzugsorte für bedrängte Tiere vorhanden sind. Besonders Männchen können während der Fortpflanzungssaison sehr aggressiv sein und sind daher keine idealen Gesellschaftsfische.

Verbreitung: Paraguay-Flusssystem.
Größe: Bis zu 12 cm, meist aber deutlich kleiner.
Futter: Nimmt alle Fertig- und Lebendfuttersorten an.
Becken: Dass diese Art anspruchslos ist und selbst schlechte Wasserverhältnisse toleriert, darf nicht als Entschuldigung für eine nachlässige Pflege dienen. Toleriert werden unterschiedlichste pH-Werte und Wasserhärten, sodass die Art zur Haltung im Gesellschaftsaquarium geeignet erscheint. Obwohl die Tiere meist friedfertig sind, sollte man sie nicht mit kleinen Fischen halten, die unter Umständen als „Lebendfutter" angesehen werden könnten. Geschätzt wird ein dunkles Aquarium mit vielen Verstecken.
Temperatur: 20–28 °C.
Fortpflanzung: Die Vermehrung im Aquarium gelingt nur selten. Das Weibchen legt die Eier in ein schwimmendes Schaumnest, und das Männchen bewacht sie.

Kryptopterus minor
(Indischer Glaswels)

Hat man den Indischen Glaswels erst einmal in einem Aquarium gesehen, vergisst man ihn so schnell nicht wieder. Sein Körper ist praktisch durchsichtig, sodass man sein Rückgrat durch die transparente Muskulatur gut erkennen kann. Darüber liegt ein Schimmer, dessen Farbe von Art und Einfallswinkel des Lichtes abhängt. Die inneren Organe liegen dicht gedrängt in einer kleinen, runden Körperhöhle direkt hinter den großen Augen. Zudem besitzt der Fisch lange, dünne Barteln, mit denen er permanent seine Umgebung abtastet.

Berücksichtigt man all diese Merkmale und stellt sich nun vor, gleich einen ganzen Schwarm dieser Tiere vor sich zu haben, versteht man schnell, warum die Art inzwischen so viele Freunde gefunden hat.

Allerdings ist der Indische Glaswels nicht gerade ein einfacher Pflegling im Hinblick auf die Fütterung. Er sollte zumindest in einem kleinen Schwarm gehalten werden, da er sich dann viel wohler fühlt; Einzeltiere gehen unweigerlich früher oder später ein.

Verbreitung: Ostindien und weite Teile Südostasiens.
Größe: Bis zu 15 cm, meist jedoch deutlich kleiner.
Futter: Bevorzugt schwimmendes Lebendfutter, nimmt aber auch tiefgefrorenes, gefriergetrocknetes und sogar Trockenfutter, wenn es durch die Strömung, die zum Beispiel ein Filter erzeugt, im Aquarium verteilt wird.
Becken: *K. minor* schwebt – und das ist höchst ungewöhnlich für die üblicherweise bodenlebenden Welse – in den mittleren Wasserschichten. Dabei weist sein Kopf leicht nach oben. Damit sich dieser Fisch wohl fühlt, sollte man ihn in einem kleinen Schwarm halten. Dieser kommt am besten zur Geltung, wenn man in der Mitte des Beckens einen größeren freien Bereich einrichtet. Pflanzen an der Seite und im hinteren Teil dürfen nicht fehlen. Die chemische Beschaffenheit des Wassers ist zweitrangig, ratsam ist weiches, leicht saures Wasser.
Temperatur: 21–26 °C.
Fortpflanzung: Eine Nachzucht im Aquarium gelingt so gut wie nie.

Der hübsche Indische Glaswels ist durchsichtig und bietet einen spektakulären Blickfang in jedem Aquarium.

Otocinclus hoppei
(Gestreifter Ohrgitterharnischwels)

DIESER OHRGITTERHARNISCHWELS gilt als der kleinste Vertreter seiner Gattung, die sich aus rund 16 Arten zusammensetzt. Früher war er unter dem Namen *O. affinis* bekannt, doch kürzlich stellte sich heraus, dass es sich bei diesem um eine andere Art handelt. Häufig wird auch *O. macrospilos* importiert, der früher den Namen *O. vittatus* trug.

Tagsüber hält sich der Gestreifte Ohrgitterharnischwels in seinen Verstecken auf und ruht. Abends und nachts dagegen ist diese Art genauso aktiv wie die meisten ihrer Verwandten aus der Familie Loricariidae (Harnischwelse). Alle Vertreter dieser Gruppe kennzeichnet ein Saugmaul.

Einzeltiere können zwar ein ausgeprägtes Territorialverhalten zeigen, doch kommt es dabei nicht zu Verletzungen von Artgenossen. Da die Fische in freier Natur stets in Gruppen leben, sollte dies auch im Aquarium der Fall sein. Allerdings müssen für jedes Tier genügend Verstecke und Ruheplätze vorhanden sein.

Gestreifte Ohrgitterharnischwelse verbringen den Tag meist damit, auf einem Untergrund zu ruhen.

Verbreitung: Südöstliches Brasilien.

Größe: Bis zu 4 cm, aber fast immer kleiner.

Futter: Weidet bevorzugt Algen ab; als Alternative eignet sich auch absinkendes pflanzliches Futter wie Granulat, Sticks und Tabletten.

Becken: Diese Art ist wegen ihrer Friedfertigkeit und geringen Größe gut für ein Gesellschaftsaquarium geeignet. Allerdings stellt sie zumindest anfangs gewisse Ansprüche an die Wasserqualität. Ratsam ist es daher, während der ersten Wochen für weiches Wasser mit saurem pH-Wert (bis zu 5) zu sorgen, der langsam auf einen neutralen oder leicht alkalischen Wert steigen kann (7–7,5). Auch die Wasserhärte darf zunehmen. Nach der Eingewöhnung stellt die Art kaum mehr größere Ansprüche an die chemische Beschaffenheit, sofern die Wasserqualität stimmt. Eine dichte Bepflanzung sowie viele Verstecke und Ruheplätze müssen stets vorhanden sein.

Temperatur: 20–26 °C.

Fortpflanzung: Die klebrigen Eier werden auf Blättern abgelegt. Die Brut schlüpft nach etwa drei Tagen. Die Jungfische brauchen anfangs Kleinstfutter, wie Rädertierchen oder Infusorien.

Panaque nigrolineatus
(Schwarzlinienharnischwels / Royal-Plecostomus)

SCHWARZLINIENHARNISCHWELSE sind wahrlich beeindruckende Fische, vor allem wenn man ein großes und dann besonders imposantes Exemplar in einem gut gepflegten, schön eingerichteten Aquarium hält.

Obwohl die Jungfische mit ihrer ansprechenden Körperstreifung auf den ersten Blick ideale Schwarmfische für das Gemeinschaftsaquarium zu sein scheinen, sollte man der Versuchung widerstehen, für kleinere Aquarien mehr als ein Tier zu kaufen. *Panaque*-Arten, darunter *P. nigrolineatus* und der nur noch selten anzutreffende Blauaugenharnischwels *(P. suttonorum)*, sind nämlich territoriale Fische und dulden kaum Artgenossen. Ihre Kämpfe können nicht nur die Bepflanzung zerstören, sondern – und das ist viel bedeutsamer – zu ernsthaften Verletzungen der Kontrahenten führen. Immerhin besitzen diese Fische kräftige Kiemen- und Rückenflossenstacheln, mit denen sie sich äußerst wirksam zur Wehr setzen können.

Das Streifenmuster, dem die Art ihren Namen verdankt, variiert von Tier zu Tier und kann auf seinen Herkunftsort verweisen. Allerdings sind die Unterschiede nicht so groß, als dass man derzeit eine Trennung der Typen in verschiedene Arten für nötig hält.

Verbreitung: Südliches Kolumbien.

Größe: Bis zu 45 cm, aber meist kleiner.

Futter: Weidet vor allem Algen ab. Geeignete Fertigfuttersorten sind absinkende pflanzliche Granulate und Tabletten sowie Pflanzenflocken und einige nicht pflanzliche Zubereitungen.

Becken: Schwarzlinienharnischwelse schätzen – wie viele andere Harnischwelsarten auch – fließendes, gut gefiltertes Wasser. Sie brauchen Versteckmöglichkeiten und unbedingt eine Aquarienholzwurzel oder dergleichen, die sie abraspeln können. Trotz ihrer beträchtlichen Größe verhalten sich die Tiere gegenüber anderen großen Fischen friedlich, nicht aber gegen Artgenossen. Aufgrund des ausgeprägten Territorialverhaltens und der zu erwartenden Kämpfe empfiehlt sich daher die Einzelhaltung der Harnischwelse – außer in ausreichend großen Becken, die ihren Bedürfnissen entsprechen. Die Art bevorzugt weiches, leicht saures Wasser, toleriert aber auch etwas abweichende Verhältnisse.

Temperatur: 22–26 °C.

Fortpflanzung: Bislang ist noch keine Nachzucht im Aquarium gelungen.

Der Schwarzlinienharnischwels zeigt ein ausgesprochenes Revierverhalten und duldet keine Artgenossen.

Pimelodus pictus
(Engelantennenwels/Engelwels)

Engelantennenwelse sind optisch sehr ansprechend, besonders wenn sie sich noch im Jugendstadium befinden, denn dann zeigt sich ihre Fleckung am kräftigsten ausgeprägt.

Unter dem Namen „Engelwels" werden im Fachhandel mehrere Arten verkauft, was nicht so versierte Aquarianer etwas verwirren mag. Das einzig Tröstliche daran ist, dass sie damit nicht allein dastehen – immerhin ist die ganze Klassifikation der Gattung *Pimelodus* und der nahe verwandten Gattung *Pimelodella* derzeit noch mehr als unsicher.

Bis also die Taxonomie dieser Gattungen und ihrer Arten feststeht, werden im Fachhandel mehrere eng verwandte Fische unter verschiedenen Namen angeboten. Neben *Pimelodus pictus* sind daher auch häufig die Arten *Pimelodella gracilis* und *Pimelodus albofasciatus* erhältlich und – trotz ihres räuberischen Verhaltens – durchaus interessante Aquarienfische.

Der Engelantennenwels ist ein Raubfisch.

Verbreitung: Kolumbien und Peru.

Größe: Etwa 12 cm.

Futter: Die Art akzeptiert zwar auch Fertigfutter, ist aber in erster Linie ein Fleisch- bzw. Insektenfresser und zieht Lebendfutter allem anderen vor.

Becken: Engelantennenwelse zählen zu den weniger aggressiven Arten dieser Gattung, sind dennoch aber echte Raubfische und sollten daher nicht mit zu kleinen Arten in einem Becken vergesellschaftet werden, da sie diese unweigerlich als Beute ansehen. Die Welse treten in freier Natur im Schwarm auf und bleiben, wenn sie einzeln gehalten werden, anfangs oft scheu – zumindest bis sie Vertrauen gefasst haben. In der Gruppe sind die eigentlich dämmerungs- und nachtaktiven Fische auch tagsüber aktiver, als es sonst für sie typisch ist. Das Aquarium sollte geräumig sein und offene Bereiche zum Schwimmen, aber auch Versteckmöglichkeiten bieten. Weiches, leicht saures und gut gefiltertes Wasser wird empfohlen.

Temperatur: 22–25 °C.

Fortpflanzung: Über eine Nachzucht in Aquarienhaltung liegen derzeit keine Angaben vor.

Rineloricaria fallax
(Zwergharnischwels/Hexenwels)

Das Verhalten des Zwergharnischwelses macht die Art zu einem besonders interessanten Zierfisch.

WIE ALLE KNAPP 50 Arten dieser Gattung lebt der Zwergharnischwels in freier Natur in schnell fließenden Gewässern. Als typischer Vertreter der Familie Harnischwelse (Loricariidae) ist er mit einem kräftigen Saugmaul ausgestattet und damit an einen solchen Lebensraum optimal angepasst. Gerade diese Anpassungen aber, dank deren er sich an den Untergrund heften kann, machen ihn als Aquarienfisch so interessant.

Da sein Kopf unten breiter ist als oben, wo die Augen sitzen, kann der Fisch nie sehen, was direkt unterhalb seines Körpers passiert. Und so stört es ihn auch nicht weiter, wenn man ihn aus nächster Nähe beobachtet, solange er sich zum Beispiel an der Frontscheibe des Beckens festgesaugt hat und sein Saugmaul und den Bauch präsentiert. Dabei ist es sogar möglich, den Fisch in aller Ruhe mit der Lupe zu betrachten. Sollte er sich doch einmal gestört fühlen, sucht er wahrscheinlich blitzschnell eine geschützte Stelle auf.

Rineloricaria fallax wird im Handel häufig unter dem Namen *R. parva* oder *Loricaria parva* angeboten, doch handelt es sich dabei um eine andere Art.

Verbreitung: Schnell fließende Gewässer im Bereich des oberen Rupununi (Guyana) und des Rio-Branco-Systems (Brasilien).

Größe: Etwa 12 cm.

Futter: Nimmt verschiedene Sorten an Fertig- und Lebendfutter, braucht aber auch pflanzliche Nahrung.

Becken: Diese Art verlangt hochwertiges, sauerstoffreiches Wasser, möglichst mit Strömung durch einen Filter. *R. fallax* weidet Algen ab, beschädigt aber andere Pflanzen nicht, vor allem keine breitblättrigen. Die dämmerungs- und nachtaktiven Tiere brauchen angemessene Tagesverstecke. Mithilfe einer „Mondlicht"-Leuchtstoffröhre kann man die abendliche Aktivität dieses interessanten Fisches aus nächster Nähe beobachten. Das Wasser sollte weich und leicht sauer sein.

Temperatur: 15–28 °C, Temperaturen an der Obergrenze werden jedoch nur vorübergehend toleriert.

Fortpflanzung: Als Ausstattung empfehlen sich Laichröhren oder -höhlen sowie weiches, saures Wasser. Die klebrigen Eier werden vom Männchen bewacht. Die Brut schlüpft je nach Temperatur nach bis zu zwölf Tagen.

Sturisoma festivum
(Störwels)

Trotz seiner Länge ist der Störwels kein massiger Fisch, sondern sehr schlank gebaut, wenn auch nicht ganz so schmal wie der Gemeine Nadelwels (siehe Seite 110).

Die Gattung *Sturisoma* umfasst etwa 15 Arten, von denen nur wenige in nennenswerter Menge importiert werden. Am häufigsten begegnet man neben dem Störwels noch dem Goldbartwels *(Sturisoma aureum),* der bis zu 30 cm lang werden kann.

Der Störwels ist ein vornehmlich dämmerungs- und nachtaktives Tier und verbringt die meiste Zeit ruhend auf einem Blatt oder Stein bzw. an einem anderen Platz mit gutem Überblick. Oft hält er sich dabei nahe der Wasseroberfläche auf.

Aufgrund ihres friedfertigen Wesens sind Störwelse und ihre nahen Verwandten gut für die Haltung in einem Gesellschaftsaquarium geeignet. Angesichts der Größe, die die Tiere erreichen können, sollte das Becken aber genügend Platz bieten.

Verbreitung: Venezuela, Maracaibo-Becken.
Größe: Bis zu 20 cm, meist aber deutlich kleiner.
Futter: Der Störwels akzeptiert zwar unterschiedlichstes Futter, ist aber wie die meisten Harnischwelse aus der Familie Loricariidae vor allem ein Pflanzenfresser, der Algen und darin lebende Mikroorganismen weidet. Dieses Gemisch aus Algen, Bakterien, Kleinkrebsen und Einzellern bezeichnet man als „Aufwuchs"; das Wort wird vor allem für die natürliche Nahrung der Buntbarsche (siehe dort) benutzt, die in den afrikanischen Grabenbruchseen leben.
Becken: Störwelse schätzen sauberes, gut gefiltertes, fließendes Wasser und ein nicht zu helles Becken mit vielen Ruheplätzen und Verstecken aus Steinen, Aquarienholz und dergleichen. Die Tiere sind friedfertig, werden aber recht groß und brauchen daher viel Platz. Da sie dämmerungs- und nachtaktiv sind, empfiehlt sich eine „Mondlicht"-Leuchtstoffröhre. Das Wasser sollte neutral oder leicht sauer sowie weich bis mäßig hart sein.
Temperatur: 22–27 °C.
Fortpflanzung: Die Männchen, erkennbar an Wangenborsten, bewachen die klebrigen Eier, die manchmal an den Seitenwänden des Aquariums abgelegt werden. Die Brut schlüpft je nach Temperatur nach acht bis zehn Tagen.

Störwelse ruhen tagsüber meist auf einem Blatt oder Stein.

Synodontis angelicus
(Perlhuhnwels)

Der Perlhuhnwels ist vielleicht der schönste Vertreter seiner Gattung. Vom Typ „helle Punkte auf dunklem Grund" gibt es mehrere typische Varianten. Diese reichen von einem Schwarzviolett mit weißgelblichen Punkten über ein Schokoladenbraun mit hell orangefarbenen Punkten bis hin zu einer dunklen Grundfarbe mit hellem Punkt- und Streifenmuster. Diese letzte Variante wird manchmal als Unterart *Synodontis angelicus zonatus* bezeichnet.

Wie bei allen *Synodontis*-Arten ist der Kopf des Perlhuhnwelses gepanzert. Der Fisch besitzt überdies einen kräftigen Stachel an der Rückenflosse und weitere Stacheln an den Brustflossen. Damit schützt er sich vor Angreifern, die in *S. angelicus* keinen leicht zu erhaschenden Leckerbissen finden.

Perlhuhnwelse können zwar auf dem Rücken schwimmen, wie viele andere Welse aus der Familie Mochokidae (Fiederbartwelse) auch. Allerdings zeigen sie dieses Verhalten nur sehr selten.

Der hübsch gepunktete Perlhuhnwels.

Verbreitung: Region um Stanley Pool in der Demokratischen Republik Kongo (früher Zaire) und Kamerun.

Größe: Berichten zufolge bis 55 cm, bleibt aber in Aquarien deutlich kleiner.

Futter: Frisst vor allem Lebendfutter, nimmt aber auch Fertigfutter.

Becken: Diese nachtaktive Art braucht Verstecke für den Tag; ihre nächtliche Aktivität beobachtet man am besten im gedämpften Licht einer „Mondlicht"-Leuchtstoffröhre. Der Perlhuhnwels ist zwar auch tagsüber aktiv, aber in deutlich geringerem Maß. Da er gern nach Futter gräbt, sollte der Untergrund feinkörnig sein, damit die empfindlichen Barteln nicht verletzt werden. *Synodontis*-Arten leben in freier Natur in größeren Verbänden; wenn das Aquarium aber nicht genug Platz für eine Gruppe bietet, sollte man die Tiere einzeln halten, um Kämpfe zu vermeiden (nicht alle Arten sind aggressiv). Das Wasser sollte weich bis mäßig hart und leicht sein, bei leicht saurem bis leicht alkalischem pH-Wert.

Temperatur: 22–28 °C.

Fortpflanzung: Über eine gelungene Nachzucht in Heimaquarien gibt es bislang keine Angaben.

Synodontis nigriventris (Rückenschwimmender Kongowels)

Der Rückenschwimmende Kongowels trägt seinen deutschen Namen zu Recht, denn er schwimmt und ruht meist in Rückenlage. Allerdings kann er durchaus auch in „normaler" Position schwimmen und macht dies gelegentlich auch, vor allem wenn er am Grund nach kleinen Beutetieren stöbert.

Interessanterweise ist das Rückenschwimmen bei den Jungfischen in den ersten zwei Lebensmonaten nicht zu beobachten. Erst nach rund acht Wochen schwimmen sie zunächst gelegentlich, dann immer öfter auf dem Rücken. Nach mehreren Wochen nehmen sie die für ausgewachsene Tiere typische umgekehrte Position ein.

Verbreitung: Kongobecken.
Größe: Verlässlichen Berichten zufolge werden die Weibchen bis zu 10 cm groß, obwohl sie meist kleiner bleiben; die Männchen können etwa 8 cm erreichen.
Futter: In freier Natur frisst diese Art meist treibende Insekten, die sie, auf dem Rücken schwimmend, von der Wasseroberfläche aufnimmt. Im Aquarium sind daher nicht absinkendes Lebendfutter oder gefriergetrocknetes Futter ideal. Andere Nahrung wird – wenn auch nur zögerlich – ebenfalls angenommen.
Becken: Die Art ist dämmerungs- und nachtaktiv. Tagsüber braucht sie daher passende Verstecke und Ruheplätze, die ihrer typischen Rückenposition gerecht werden. Sie fühlt sich in einem nicht zu hell beleuchteten Becken am wohlsten. Um die nächtlichen Aktivitäten zu beobachten, empfiehlt sich eine „Mondlicht"-Leuchtstoffröhre, nachdem die Hauptbeleuchtung ausgeschaltet wurde. Das Wasser sollte leicht sauer bis leicht alkalisch und weich bis mäßig hart sein.
Temperatur: 22–26 °C.
Fortpflanzung: Bisweilen gelingt die Nachzucht im Aquarium; dabei werden die Eier in einer Höhle abgelaicht. Die Brut schlüpft nach sieben Tagen.

Rückenschwimmender Kongowels.

Schmuckfiederbartwels.

Einige weitere *Synodontis*-Arten

Heute sind durchaus einige der etwa 120 Arten umfassenden Familie Mochokidae (Fiederbartwelse) erhältlich, die teilweise ebenfalls auf dem Rücken schwimmen. Dazu zählen zum Beispiel *S. decorus* (Schmuckfiederbartwels), *S. eupterus* (Schmuckflossenfiederbartwels), *S. flavitaeniatus* (Gelbbindenfiederbartwels), *S. multipunctatus* (Kuckucksfiederbartwels), *S. nigrita* (Schwarzer Fiederbartwels), *S. notatus* (Einpunktfiederbartwels), *S. petricolor* (Kleiner Leopardfiederbartwels) und *S. pleurops* (Gabelschwanzfiederbartwels).

Alle Arten haben dieselben Ansprüche an ihre Haltung und werden 15 bis 30 cm lang; nur *S. petricolor* erreicht lediglich eine Länge von rund 10 cm.

BUNTBARSCHE

Kakaduzwergbuntbarsch (Apistogramma cacatuoides), *oben: Variante mit orangefarbenen Flossen, rechts: noch nicht ausgefärbtes Jungtier.*

DIE BUNTBARSCHE (CICHLIDAE) sind nach den Grundeln (Gobiidae) mit ihren über 1800 Arten die zweitgrößte Familie in der Ordnung Perciformes (Barschartige). Es gibt etwa 1500 Cichlidenarten in rund 100 Gattungen, von denen viele in Aquarien zu finden sind.

Cichliden leben vor allem im Süßwasser, einige Arten aber auch im Brackwasser, wie etwa die Buntbarsche der Gattung *Etroplus*. Ihre Verbreitung reicht von Mittel- und Südamerika über die Westindischen Inseln, Afrika, Madagaskar und Syrien bis hin zu den Küsten des südlichen Indiens und nach Sri Lanka. Als nördlichste Art gilt der Perlcichlide *(Herichthys cyanoguttatus)* aus Texas.

Da sie so zahlreich und weit verbreitet sind, finden sich bei den Buntbarschen die unterschiedlichsten Formen, Farben, Verhaltensweisen und Größen. Die größte Art, *Boulengerochromis microlepis,* lebt im Tanganjikasee. Mit seinen bis zu 90 cm Länge wird dieser imposante Fisch nur sehr selten in Aquarien gehalten. Am anderen Ende der Messlatte stehen die Zwergbuntbarsche der Gattung *Apistogramma,* die teils nur 3,5 cm erreichen.

Trotz dieser Unterschiede haben alle Buntbarsche mindestens ein Merkmal gemeinsam, nämlich nur eine Nasenöffnung an jeder Kopfseite statt der üblichen zwei. Außerdem besitzen sie eine geteilte Seitenlinie; der längere und vordere Teil befindet sich etwas höher am Körper. Bei den meisten Arten haben die Zähne zudem braune Spitzen. Die Rückenflosse besteht aus einem vorderen Teil mit harten Stachelstrahlen und einem verzweigten hinteren Teil mit Weichstrahlen.

Das Laichverhalten unterscheidet sich je nach Art, charakteristisch ist aber die Brutpflege. Typische Kennzeichen sind das Ablaichen auf Substrat, zum Beispiel auf Steinen, Blättern und dergleichen wie beim Segelflosser *(Pterophyllum* spp.) und das Maulbrüten bei vielen afrikanischen Arten wie dem Türkisgoldbarsch *(Melanochromis auratus)*. Einige Arten, darunter Diskusfische *(Symphysodon* spp.) und Keilfleckbuntbarsch *(Uaru amphiacanthoides)*, sondern ein Sekret ab, von dem sich die Jungfische in den ersten Wochen ernähren, bis sie die gleiche Nahrung wie die Altfische fressen.

Aequidens pulcher
(Blaupunktbuntbarsch)

Der stattliche Blaupunktbuntbarsch braucht ein großes Aquarium und ist im Allgemeinen ein friedlicher Fisch.

BLAUPUNKTBUNTBARSCHE werden seit fast 100 Jahren in Aquarien gehalten, und trotzdem ist man sich bis heute über ihre Identität uneinig. Einige Fachleute etwa glauben, dass die aus Kolumbien stammenden Tiere nicht der Art *A. pulcher* gehören, sondern der nahe verwandten Spezies *A. latifrons*. Andere meinen, dass beide Arten zusammen mit *A. coeruleopunctatus* nur geografische Varianten derselben Spezies seien.

Ganz gleich, wer am Ende schließlich Recht behalten wird, alle so genannten Blaupunktbuntbarsche sind wundervolle Fische – egal aus welchem Land sie auch stammen mögen und ob sie Wildfänge oder Zuchtfische sind.

Da sie recht groß werden und nicht gerade scheu sind, passen Blaupunktbuntbarsche nicht gut in ein Gesellschaftsaquarium mit kleineren oder empfindlichen Fischen. In Gemeinschaft mit größeren, robusteren Arten aber lassen sie sich gut halten, solange das Becken groß genug ist und den Tieren genügend Rückzugsmöglichkeiten bietet.

Blaupunktbuntbarsche verhalten sich meist friedlich, selbst Artgenossen gegenüber. Ältere Tiere aber können sich als weniger tolerant erweisen, ebenso Paare, besonders wenn sie Eier und Jungfische bewachen. Manche gut harmonierenden Paare laichen innerhalb einer Saison durchaus mehrmals.

Verbreitung: Kolumbien, Panama, Trinidad und nördliches Venezuela.
Größe: Bis zu 20 cm, meist aber deutlich kleiner.
Futter: Nimmt alle Sorten von Fertig- und Lebendfutter.
Becken: Diese Art ist sehr robust. Sie lässt den Pflanzenbestand weitgehend in Ruhe, wenngleich die Begrünung mit sehr empfindlichen Pflanzen nicht ratsam ist. Kräftige und/oder Kunstpflanzen sind daher vorzuziehen. Die Tiere brauchen Verstecke und offene Flächen. Die chemische Beschaffenheit des Wassers ist zweitrangig; bei guter Qualität werden die verschiedensten pH- und Härtewerte toleriert.
Temperatur: 18–25 °C.
Fortpflanzung: Das Weibchen heftet die Eier an einen zuvor gereinigten Stein, beide Eltern bewachen das Gelege und später die Jungfische.

Apistogramma agassizii
(Agassiz' Zwergbuntbarsch)

Agassiz' Zwergbuntbarsch.

Agassiz' Zwergbuntbarsch und seine Gattungsgenossen sind trotz ihrer geringen Größe besonders spektakuläre Fische. Sie können scheu sein, wenn das Becken nicht genügend dichte Bepflanzung und andere Verstecke bietet. Fühlen sie sich aber wohl, erweisen sich vor allem die Männchen als eindrucksvolle Tiere, wenn sie in prächtigen Farben und mit aufgestellten Flossen in ihrem Revier umherschwimmen.

Apistogramma-Buntbarsche sollte jeder Aquarianer irgendwann einmal halten, nicht nur wegen ihrer Farbenpracht, sondern auch wegen ihres interessanten Paarungs- und Laichverhaltens. Allerdings darf man sie nicht zusammen mit aggressiven Arten vergesellschaften.

Verbreitung: Weit verbreitet in den südlichen Nebenarmen des Amazonas.

Größe: Bis zu 8 cm, aber oft kleiner. Die Männchen sind größer, bunter und haben längere Flossen.

Futter: Fast alle Sorten von Fertigfutter, bevorzugt jedoch Lebendfutter.

Becken: Diese Art schätzt eine hohe Wasserqualität (mit häufigem Teilwechsel des Wassers). Das Becken sollte dicht bepflanzt sein und zahlreiche Verstecke sowie leicht zu verteidigende Reviere bieten. Mehrere Weibchen mit einem Männchen bieten gute Gelegenheiten, das Revier- und Paarungsverhalten der Zwergbuntbarsche eingehend zu beobachten. Das Wasser sollte weich und sauer, das Substrat möglichst dunkel sein.

Temperatur: 22–25 °C, toleriert aber auch etwas höhere Temperaturen.

Fortpflanzung: Ein Männchen pflanzt sich oft mit mehreren Weibchen fort, die jeweils eigene Reviere um eine Höhle herum besitzen. Die Weibchen bewachen jeweils ihre Gelege, während das Männchen das gesamte Revier verteidigt.

Einige weitere *Apistogramma*-Arten

Außer *A. agassizii* kann man noch einige weitere Arten dieser Gattung erwerben. Sie alle sind klein und haben in etwa dieselben Ansprüche. Als besonders interessant erweisen sich *A. bitaeniata* (Zweistreifenzwergbuntbarsch), *A. borellii* (Borellis Zwergbuntbarsch), *A. cacatuoides* (Kakaduzwergbuntbarsch, siehe Foto Seite 121), *A. macmasteri* (Villavicenciozwergbuntbarsch), *A. steindachneri* (Steindachners Zwergbuntbarsch), *A. trifasciata* (Dreistreifenzwergbuntbarsch) und *A. viejita* (Schwarzkehlzwergbuntbarsch).

Borellis Zwergbuntbarsch.

Archocentrus nigrofasciatus
(Zebrabuntbarsch)

Der Zebrabuntbarsch, oft auch als *Cichlasoma nigrofasciata* bezeichnet, ist bereits seit den 1930er-Jahren ein beliebter Zierfisch. Dies ist umso bemerkenswerter, als sich der Buntbarsch gegenüber gleich großen und während der Laichzeit sogar größeren Mitbewohnern oder aber gegenüber neu ins Aquarium eingesetzten Fischen äußerst kampflustig gebärden kann.

Da aber nur jene Fischarten kommerziell gezüchtet werden, nach denen eine Nachfrage besteht, und da die meisten erhältlichen Zebrabuntbarsche aus Zuchten stammen, steht die anhaltende Popularität dieser Art außer Frage. Das mag angesichts der oben genannten aggressiven und territorialen Verhaltensweisen erstaunen, doch ein harmonierendes Paar von *A. nigrofasciatus* sorgt so hingebungsvoll für seine Eier und Jungfische, dass die Haltung der Tiere eine reine Freude ist – sofern man ihre Bedürfnisse erfüllen kann.

Verbreitung: Fast ganz Mittelamerika.
Größe: Bis zu 15 cm, aber meist kleiner. Männchen sind beträchtlich größer als Weibchen.
Futter: Nimmt alle Sorten von Fertig- und Lebendfutter. Pflanzliches Futter sollte aber als Ergänzung ebenfalls angeboten werden.
Becken: Das Aquarium sollte sehr geräumig sein, nicht nur wegen der Größe, die die Männchen erreichen können, sondern auch wegen des ausgeprägten Revierverhaltens der meisten Einzeltiere und besonders der Paare. Der Zebrabuntbarsch ist kein „normaler" Gesellschaftsfisch und sollte in einem Artenaquarium oder in Gesellschaft mit ähnlich robusten Arten gehalten werden. Er schätzt offene Flächen, Verstecke und flache oder runde Steine. Zarte Pflanzen werden oft verspeist, daher empfiehlt sich eine Begrünung mit kräftigen, ungenießbaren oder künstlichen Pflanzen. Die chemische Wasserbeschaffenheit ist zweitrangig, wenn die Qualität stimmt.
Temperatur: 20–25 °C.
Fortpflanzung: Die Eier werden an eine zuvor gereinigte Stelle geheftet, etwa auf einen glatten Stein. Beide Eltern bewachen Eier und Jungfische.

Zebrabuntbarsch.

Astronotus ocellatus
(Pfauenaugenbuntbarsch/„Oscar“)

Der Pfauenaugenbuntbarsch ist ein großer, robuster, sehr schöner Fisch und im Fachhandel weit verbreitet. Unter Buntbarschfreunden hat er viele Fans.

Erhältlich sind oft hübsch gezeichnete Jungfische vom Wildtyp oder weniger auffällig gezeichnete Jungtiere einer der vielen Zuchtformen. Dieser Fisch wird schnell zu groß für ein durchschnittliches Aquarium und kann unter seinen Mitbewohnern Schaden anrichten, wenn diese nicht sorgfältig ausgewählt werden. Sobald sie an Größe und Gewicht zulegen, sollten Jungtiere daher in ein geräumiges Artbecken umgesetzt werden. Letztlich kann es sein, dass darin nur ein einziges Paar lebt, das sich möglichst zuvor in einer Gruppe der schnell wachsenden Jungfische zusammengefunden haben sollte.

Der Pfauenaugenbuntbarsch eignet sich nicht für Anfänger. Dennoch sollte man seine Haltung in Erwägung ziehen, wenn man mit den Grundlagen der Aquaristik bereits vertraut ist.

Verbreitung: Amazonasregion.

Größe: Rund 45 cm, meist aber kleiner.

Futter: Dieser Fisch ist ein passionierter Fleisch- und Fischfresser, der Futter auf Fleischbasis braucht. Er nimmt auch Sticks und Futtertabletten.

Becken: Die großen, ungestümen Fische zerstören zarte Pflanzen und Dekorationen mutwillig. Entscheidet man sich für kräftige Pflanzen, sollten sie im Topf gepflanzt und dieser mit Kieseln bedeckt werden, um die Wurzeln zu schützen. Steine und Aquarienholz sollten vorherrschen und so arrangiert sein, dass die Fische sie nicht umstoßen können. Pfauenaugenbuntbarsche sind gierige Fresser und verschmutzen das Wasser stark; ein guter Filter ist also vonnöten. Die chemische Wasserbeschaffenheit ist nebensächlich, solange extreme pH- und Härtewerte vermieden werden.

Temperatur: 20–25 °C.

Fortpflanzung: Hat sich ein Paar gefunden, was oft eine raue und langwierige Prozedur sein kann, werden 1000 bis 2000 Eier an einem gesäuberten Platz abgelegt. Beide Elterntiere verteidigen Eier und Jungfische heftig.

Pfauenaugenbuntbarsche erreichen eine stattliche Größe.

Aulonocara nyassae
(Kaiserbuntbarsch)

Der herrlich gefärbte Kaiserbuntbarsch schätzt große, offene Flächen.

Der Kaiserbuntbarsch wird hier zwar unter der wissenschaftlichen Bezeichnung *Aulonocara nyassae* vorgestellt, tatsächlich aber glauben viele Experten, dass die meisten für die Aquarienhaltung erhältlichen Tiere einer anderen, wenn auch nahe verwandten und ähnlichen Art angehören. Angeblich soll die richtige Art *A. nyassae* bis vor kurzem sogar nie vom Malawisee exportiert worden sein.

Drei der am häufigsten im Handel befindlichen „Kaiserbuntbarsch"-Arten sind *A. baenschi* (Baenschs Malawibuntbarsch), *A. hansbaenschi* (Kaiserbuntbarsch) sowie *A. jacobfreibergi* (Feenbuntbarsch) mit ihren jeweiligen Farbvarianten. Außerdem gibt es zahlreiche weitere aus dem Malawisee stammende Kaiserbuntbarsche. Von diesen sind viele noch nicht einmal wissenschaftlich beschrieben, werden aber dennoch bereits unter verschiedenen Namen gehandelt.

Verbreitung: Malawisee, Südostafrika.

Größe: Um 12 cm.

Futter: Kaiserbuntbarsche sind in freier Natur vor allem Fleischfresser, akzeptieren im Aquarium aber auch die meisten gängigen Sorten an Fertigfutter.

Becken: Als typische Bewohner der ostafrikanischen Grabenseen brauchen Kaiserbuntbarsche ein geräumiges, gut gefiltertes Aquarium mit vielen Felsverstecken, die in Form eines felsigen „Ufers" an der Rückseite des Beckens arrangiert sein sollten. Dabei ist unbedingt auf Sicherheit zu achten: Das Gestein sollte unten breiter als oben sein, damit es nicht umstürzen und den Fisch verletzen kann. Einzelne Steine sind möglichst mit Silikonmasse zu verkleben, die vor dem Einsetzen der ersten Fische vollständig getrocknet und ausgedünstet sein muss. Im Handel gibt es aber auch hervorragende künstliche Felsen speziell für afrikanische Biotopaquarien. Im vorderen Bereich des Beckens sollte eine freie Fläche nicht fehlen; das Substrat sollte hell und feinkörnig, das Wasser mäßig hart und alkalisch sein. Weiches und saures Wasser ist dagegen zu vermeiden.

Temperatur: 24–26 °C, zur Fortpflanzung etwas höher.

Fortpflanzung: Bei allen Kaiserbuntbarschen tragen ausschließlich die Weibchen die bis zu 60 Eier im Maul, bis die Brut schlüpft. Auch danach nehmen sie die Jungfische eine gewisse Zeit lang ins Maul auf, wenn Gefahren drohen. Der Familientyp entspricht in diesem Fall der Mutterfamilie.

Cichlasoma portalegrense
(Streifenbuntbarsch)

STREIFENBUNTBARSCHE sind seit Jahren im Handel erhältlich. Dennoch nimmt man weithin an, dass viele der Tiere eigentlich nicht der Art *C. portalegrense* angehörten, sondern ähnlichen Arten, wie *C. bimaculatum* (Zweifleckbuntbarsch), *C. boliviense* und *C. dimerus*.

Gemäß Sven Kullander, einem führenden Cichliden-Experten, findet man den echten *C. portalegrense* nur im Gebiet von Lagoa dos Patos und Torres in Rio Grande do Sul im südlichen Brasilien. Wenn das stimmt, müssen die für andere Gebiete beschriebenen *C.-portalegrense*-Exemplare verschiedenen nah verwandten Arten angehören.

Selbst die Schreibweise der wissenschaftlichen Namen ist umstritten – nach den Regeln der lateinischen Grammatik müsste *C. dimerus* eigentlich *C. dimerum* heißen und *C. portalegrense* wäre *C. portalegrensis*.

Alle vier Arten sind friedliche Tiere und können bedenkenlos im Gesellschaftsaquarium gehalten werden. Die Fischgemeinschaft sollte sich aber entsprechend der zunehmenden Größe der heranwachsenden *C.-portalegrense*-Exemplare verändern.

Verbreitung: Bolivien, Brasilien, Guyana, Paraguay und Venezuela.

Größe: Bis zu 15 cm, aber oft kleiner.

Futter: Nimmt alle Sorten von Fertig- und Lebendfutter.

Becken: Als junge und heranwachsende Fische können die Tiere in einem mit unterschiedlichen Pflanzen dekorierten Becken gehalten werden. Sobald die Fische ausgewachsen sind, sollten sie in einem Becken leben, in dem nur kräftige Pflanzen eingesetzt wurden – selbst wenn sie bis dahin noch nicht ihre maximale Größe erreicht haben. Auch Höhlen, einige Stücke Aquarienholz oder Ähnliches sowie flache oder runde Steine dürfen als Versteckmöglichkeiten nicht fehlen. Das Wasser sollte weich und leicht sauer bis neutral sein.

Temperatur: 19–26 °C.

Fortpflanzung: *C. portalegrense* pflanzt sich bereitwillig fort. Das Weibchen laicht die Eier an einer sauberen Stelle auf einem flachen oder runden Stein an. Sowohl die Eier als auch die Jungfische werden von beiden Elterntieren bewacht und betreut.

Über die wahre Identität von Cichlasoma portalegrense *herrscht noch immer Uneinigkeit.*

'Cichlasoma' Red Parrot
(„Red Parrot")

Exemplare des „Red Parrot" gibt es in mehreren Farben, von Gelb und Rosa bis hin zu Blutrot.

Zahlreiche Geschichten ranken sich um den Ursprung des „Red Parrot" („Roter Papagei"), aber wie bei anderen rätselhaften Fischen – etwa der Odessabarbe (siehe Seite 54) – weiß niemand etwas Genaues.

Zweifellos ist der „Red Parrot" ein Buntbarsch. Ansonsten fällt es aber derzeit schwer, gesicherte Fakten über diesen Fisch aufzutreiben, der eine verkrüppelte Wirbelsäule und ein spitz zulaufendes Maul hat.

Offenbar spricht vieles dafür, dass er zumindest zum Teil vom Augenfleckbuntbarsch *(Heros severus)* abstammt. Ein paar Experten sehen in ihm nur eine Mutante dieser Art. Die meisten anderen Fachleute aber halten ihn, da er fruchtbar ist, für einen Hybriden aus *H. severus* und einer sehr nahe verwandten Art. Der „Red Parrot" gilt bei uns als Qualzucht und sollte aus diesem Grund nicht mehr gehalten werden.

Die Farbtöne der „Red Parrots" gehen von Gelb und Rosa bis hin zu Rot und sogar Blutrot. Fütterung, Genetik und andere Faktoren entscheiden letztlich über die Farbe der erwachsenen Tiere. Neuerdings werden sie sogar in Grün, Violett und Blau eingeführt. Alle Jungfische sind grünlich gefärbt und durchlaufen ein geflecktes Stadium, bevor sie nach einigen Monaten die endgültige Tönung annehmen.

Verbreitung: In freier Natur nicht bekannt.
Größe: Bis zu 12 cm.
Futter: Alle Sorten von Fertig- und Lebendfutter.
Becken: Wegen der relativen Größe des Fisches empfiehlt sich ein geräumiges Aquarium mit genügend freien Bereichen, damit gleich eine kleine Gruppe dieser Tiere gehalten werden kann. Höhlen, Pflanzengruppen, Aquarienholz oder Ähnliches sowie flache oder runde Steine sollten ebenfalls nicht fehlen. Die Farben der Tiere, vor allem die blutrote Variante, kommen bei hellem Licht am besten zur Geltung. Die Wasserbeschaffenheit ist zweitrangig; günstig sind mittelharte bis harte, neutrale bis alkalische Bedingungen.
Temperatur: 24–28 °C.
Fortpflanzung: Die Zucht ist nicht immer einfach; Paare heften ihre Eier an eine gesäuberte Stelle und bewachen die Eier und die Jungfische.

Cleithracara maronii
(Maronibuntbarsch/Schlüssellochbuntbarsch)

Der Maronibuntbarsch ist zwar ein kräftiges Tier, aber besonders friedfertig. Er wirkt sogar – ungewöhnlich für einen Cichliden – ziemlich schreckhaft und braucht daher angemessene Verstecke. Die Fische passen gut in ein sehr geräumiges Gesellschaftsaquarium, in dem mittelgroße bis große Arten gehalten werden. Schon die Jungfische sind sehr friedlich. Sie können bis zu sechs Monate lang mit den Eltern zusammenbleiben; danach betrachten diese sie allmählich als Rivalen und verjagen sie aus dem eigenen Revier.

Maronibuntbarsche zeigen oft, aber nicht immer, auf ihrem Körper eine Musterung, die an ein Schlüsselloch erinnert. Der obere Teil dieses „Schlüssellochs“ ist als schwarzer Fleck mit goldenem Rand stets vorhanden, der längere untere, sich senkrecht bis zur Afterflosse erstreckende Teil dagegen ist oft verwischt oder fehlt sogar vollständig.

Die meisten Aquarienbücher führen *C. maronii* noch unter der wissenschaftlichen Bezeichnung *Aequidens maronii*, doch bekam die Art 1989 ihren eigenen Gattungsnamen zugewiesen, der allmählich auch Eingang in die Literatur findet.

Verbreitung: Guyana, Surinam, Französisch-Guayana.
Größe: Bis zu 15 cm, aber oft etwas kleiner.
Futter: Nimmt alle Sorten von Fertig- und Lebendfutter.
Becken: Da er recht groß wird, braucht dieser Buntbarsch ein geräumiges Aquarium. Er schätzt dichte Pflanzengruppen, Höhlen und/oder andere Verstecke sowie offene Schwimmflächen. Die chemische Wasserbeschaffenheit ist zweitrangig, solange die Qualität stimmt; pH-Werte zwischen 6 und 8 sind akzeptabel.
Temperatur: 22–26 °C.
Fortpflanzung: Trotz ihres friedlichen Wesens können sich Maronibuntbarsche während der Fortpflanzung stark territorial verhalten. Die Eier heftet das Weibchen auf einen gereinigten flachen oder runden Stein; Eier und Jungfische werden von beiden Elterntieren verteidigt.

Der Maronibuntbarsch ist schreckhaft und braucht viele Verstecke.

Cyrtocara moorii
(Beulenkopfmaulbrüter)

Der Beulenkopfmaulbrüter folgt auf der Suche nach Beute anderen Fischen, wenn diese den Sand durchstöbern.

In freier Natur folgt der Beulenkopfmaulbrüter oft anderen Buntbarschen, die den Sand nach Nahrung durchsuchen. Dabei fängt er alle kleinen wirbellosen Tiere, die von diesen aufgestört werden.

Bei den Futterstreifzügen dürfen manchmal einige Jungfische ein adultes Tier begleiten; andere, ausgewachsene Artgenossen aber werden nicht geduldet. Dieses eindeutig territoriale Verhalten von *Cyrtocara moorii* erscheint sehr ungewöhnlich, weil das Revier nicht einen bestimmten Stein oder einen klar begrenzten Raum umfasst, sondern einen sich bewegenden Fisch! Bei der Fortpflanzung zeigen Männchen jedoch ein „normales" Revierverhalten und verteidigen ihren Laichplatz gegen alle Eindringlinge.

Die männlichen Beulenkopfmaulbrüter sind polygam, das heißt, sie paaren sich stets mit mehreren Weibchen. Aus diesem Grund sollten sie im Aquarium in entsprechenden Gruppen gehalten werden.

Verbreitung: Malawisee.
Größe: Nach Berichten in freier Natur bis zu 23 cm, im Aquarium aber meist kleiner.
Futter: Vor allem Lebendfutter am Grund, aber auch einige Sorten an Fertigfutter.
Becken: Die Dekoration sollte vor allem aus Felshöhlen und sicheren Steinaufbauten (siehe dazu *Aulonocara nyassae,* Seite 126) bestehen, die zumindest den Beckenhintergrund ausfüllen. Zur Front hin empfiehlt sich eine große freie Schwimmfläche mit feinkörnigem Substrat. Pflanzen sind nicht nötig; wenn gewünscht, sollten kräftige Pflanzen so eingesetzt werden, dass die Wurzeln mit Kieseln oder dergleichen vor den im Boden nach Futter wühlenden Fischen geschützt sind. Wasser möglichst leicht bis mäßig alkalisch und mittelhart bis hart halten. Ein leistungsstarker Filter und häufige Wasserwechsel sind unerlässlich.
Temperatur: 20–26 °C, die niedrigere Temperatur wird kurzfristig toleriert, sollte aber nicht über längere Zeit beibehalten werden.
Fortpflanzung: Ein typischer Maulbrüter, bei dem das Ablaichen auf einem Stein oder in einer oft kaum sichtbaren Mulde erfolgt. Gleich danach nimmt das Weibchen die Eier ins Maul und trägt sie herum, bis die Brut schließlich schlüpft.

Dicrossus filamentosus
(Gabelschwanzschachbrettcichlide)

Der Gabelschwanzschachbrettcichlide ist Aquarianern wohl besser unter seinem früheren wissenschaftlichen Namen *Crenicaria filamentosa* bekannt, obwohl man ihn seit 1990 offiziell mit dem Gattungsnamen *Dicrossus* bezeichnet.

Dieser friedfertige, schlanke und kleine Buntbarsch erweist sich in Gesellschaft größerer, robusterer Arten eher als scheu und hält sich oft die meiste Zeit versteckt. Fühlt er sich aber wohl, gleitet er gern in einer kleinen Gruppe, bestehend aus einem Männchen und mehreren Weibchen, am Grund entlang oder schwimmt in mittlerer Höhe durch das Wasser. Dabei lässt sich gut die hübsche schillernde Färbung des Männchens bewundern.

Zwar heißt es, das Verbreitungsgebiet von *D. filamentosus* liege stromaufwärts der oberen Regionen des Rio Negro in Brasilien. Allerdings wurde diese Art auch im Lago São Joaquim (abseits des Rio Cuiuni) gefunden, etwas stromaufwärts von Barcelos, das in den mittleren Regionen des Rio Negro liegt.

Verbreitung: Oberlauf des Rio Negro und Orinoco.

Größe: Männchen bis 9 cm, Weibchen deutlich kleiner.

Futter: Vornehmlich Fleischfresser; akzeptiert aber fast alle Sorten von Fertig- und Lebendfutter.

Becken: Diese Art lässt sich zwar leicht halten, stellt aber einige Ansprüche an die chemische Beschaffenheit des Wassers. Es sollte weich, sauer und – besonders wichtig – sauber sein. Regelmäßige Teilwasserwechsel und eine gute, aber nicht verwirbelnde Filterung sowie tanninhaltiges („schwarzes“) Wasser werden empfohlen. Nützlich sind dabei ein Stück Moorkienholz oder eines der erhältlichen Schwarzwasser-Präparate. Das Becken sollte dicht mit größeren oder schwimmenden Pflanzen bewachsen sein, die nach oben Schutz bieten. Die Mitbewohner sollten eher klein und nicht zu lebhaft sein.

Temperatur: 23–25 °C; zur Zucht etwas wärmer.

Fortpflanzung: Braucht zur Vermehrung sehr weiches, saures Wasser. Die Eier werden an Pflanzen oder Steine geheftet und vom Weibchen bewacht.

Der Gabelschwanzschachbrettcichlide bleibt in Gesellschaft größerer, ungestümer Arten oft scheu.

Etroplus maculatus
(Punktierter Buntbarsch/Indischer Buntbarsch)

Punktierte Buntbarsche schätzen brackiges Wasser.

DER PUNKTIERTE BUNTBARSCH wird seit fast 100 Jahren im Aquarium gehalten und erfreut sich zu Recht immer noch großer Beliebtheit.

Seine Friedfertigkeit, die mäßige Größe und die erfreuliche Fortpflanzungsbereitschaft im Aquarium haben dazu ebenso beigetragen wie das Vorkommen dreier unterschiedlicher Farbvarianten. Der Wildtyp und der goldene, orange gepunktete Typ werden am häufigsten in Aquarien gehalten. Eine dritte Form, die insgesamt bläulicher gefärbt ist als der Wildtyp, trifft man dagegen nur gelegentlich an, ebenso wie einen nahen Verwandten, den Indischen Streifenbuntbarsch *(E. suratensis).*

Verbreitung: Westliches Indien und Sri Lanka.
Größe: Wird glaubhaften Berichten zufolge bis zu 10 cm groß, bleibt aber meist unter 8 cm.
Futter: Nimmt alle Sorten von Fertig- und Lebendfutter; braucht auch pflanzliche Nahrung.
Becken: Das Aquarium sollte an den Seiten und im Hintergrund dicht bepflanzt sein und vorn eine ausreichend große Freifläche bieten. Einige empfindliche Pflanzen könnten leiden, weil *E. maculatus* auch Algen abweidet. Verstecke und flache oder runde Steine dürfen nicht fehlen. Die Art zählt zu den wenigen Buntbarschen, die in freier Natur auch im Brackwasser vorkommen. Daher wird oft die Zugabe von einem Teelöffel Salz auf vier bis fünf Liter Wasser empfohlen. Dabei scheint das Salz allerdings vor allem Jungfische vor Pilzbefall zu schützen und für das allgemeine Wohlbefinden adulter Tiere weniger wichtig zu sein. *E. maculatus* schätzt neutrales bis alkalisches, mittelhartes und gut gefiltertes Wasser.
Temperatur: 20–26 °C, zur Zucht etwas wärmer.
Fortpflanzung: Der Laichplatz wird zunächst gesäubert, dann legt das Weibchen die Eier. Diese sowie die Jungfische werden von beiden Eltern bewacht. Frisch geschlüpfte Jungfische heften sich häufig seitlich an den Körper der Eltern an und nehmen auf diese Weise wahrscheinlich Nährstoffe aus deren Körperschleim auf. Dieses Verhalten ist vielleicht mit dem junger Diskusfische *(Symphysodon* spp.) und anderer Arten vergleichbar.

Geophagus brasiliensis
(Brasilperlmutterfisch / Perlmutter-Erdfresser)

TROTZ SEINER RELATIVEN GRÖSSE verhält sich der Brasilperlmutterfisch gegenüber anderen, ähnlich großen Fischen sehr tolerant und ist damit deutlich verträglicher als die meisten anderen Erdfresser-Arten aus der Gattung *Geophagus*.

Die im Folgenden aufgelisteten Bedingungen sind zwar seinem Wohlbefinden am zuträglichsten, doch erweist sich seine Toleranzbreite als wesentlich größer als hier angegeben. So wurde beispielsweise *G. brasiliensis* in der Lagoa Rodrigo de Freitas gefunden, nicht weit von der Copacabana in Rio de Janeiro – das bedeutet, in verschmutztem Brackwasser bei einer Temperatur von 36 °C, das entsprechend sauerstoffarm war. Das Gewässer hat dort sogar schon lange den Namen „See der faulenden Fische"! Obwohl zahlreiche tote Fische im Wasser und am Ufer herumliegen, sind alle *G.-brasiliensis*-Exemplare prächtig gefärbt – wie die vielen an diesem See von Kindern geangelten Exemplare zeigen.

Verbreitung: An der Atlantikküste Brasiliens weit verbreitet, bis hinunter zum Rio de la Plata in Argentinien.

Größe: Berichten zufolge werden einzelne Tiere bis zu 28 cm groß, bleiben meist aber beträchtlich kleiner.

Futter: Alle Sorten von Fertig- und Lebendfutter.

Becken: Wie alle *Geophagus*-Arten sucht sich dieser Fisch grabend seine Nahrung. Damit er auch im Aquarium dieses Verhalten beibehalten kann, sollte das Substrat daher wenigstens in einigen Bereichen feinkörnig sein und aus feinem Kies oder grobem Sand bestehen. Bei den umfangreichen Wühlaktionen werden ungeschützte Pflanzen leicht entwurzelt. Die Pflanzen sollten daher – allerdings abseits der Bereiche der Futtersuche – im Topf gesetzt und dieser dann mit Kieseln bedeckt werden. Die Art benötigt ein möglichst geräumiges Aquarium, um sich wohl zu fühlen. Die chemische Beschaffenheit des Wassers ist zweitrangig; leicht saures, weiches bis mittelhartes Wasser wird jedoch empfohlen.

Temperatur: 20–27 °C; die oberen Temperaturbereiche sind am günstigsten für die Fortpflanzung.

Fortpflanzung: Die Eier heftet das Weibchen an einen gesäuberten Laichplatz. Eier und Jungfische werden von beiden Elterntieren bewacht.

Der schön gefärbte Brasilperlmutterfisch sucht grabend nach seiner Nahrung.

Hemichromis bimaculatus
(Roter Buntbarsch)

Rote Buntbarsche sind herrliche Fische mit vielen positiven Eigenschaften. Toleranz gehört allerdings nicht dazu, besonders nicht zur Paarungszeit. Während der Laich- und Aufzuchtperiode verhalten sich die ohnehin territorialen Tiere besonders aggressiv gegen andere Fische im Aquarium. Muss ein Paar das Becken teilen, ohne dass die beiden ausgewählten Exemplare sich untereinander vertragen, kann es zu heftigen Kämpfen kommen, die womöglich mit dem Tod eines der beiden Kontrahenten enden.

Außerhalb der Paarungssaison kann *H. bimaculatus* mit anderen gleich großen oder etwas größeren Arten zusammenleben. Mit kleineren, scheuen Fischen sollte man ihn jedoch nicht vergesellschaften.

So prächtig *H. bimaculatus* zweifellos ist, es gibt ein noch farbenprächtigeres „Juwel": den Lifalili-Buntbarsch *(H. lifalili)* aus dem Kongobecken. Dieser hat ähnliche Bedürfnisse und Gewohnheiten, stellt aber höhere Ansprüche an das Wasser.

Roter Buntbarsch.

Verbreitung: Zentralliberia bis Südguinea.

Größe: Berichten zufolge bis zu 15 cm, aber meist deutlich kleiner.

Futter: Ernährt sich vor allem von Fleisch und bevorzugt daher Lebendfutter; akzeptiert aber auch Fertigfutter.

Becken: Das Aquarium sollte dicht mit kräftiger Vegetation bepflanzt sein, wobei man die Pflanzen mit um die Stängel oder auf den Topf gelegten Kieselsteinen vor dem Entwurzeln schützen muss. Im Vordergrund des Beckens sollten eine freie Fläche gelassen und einige flache oder glatte runde Steine als Laichplatz angeboten werden. Die chemische Wasserbeschaffenheit ist zweitrangig. Da diese Fische aber stark im Substrat wühlen, benötigt man einen guten Filter zur Reinhaltung des Wassers.

Temperatur: 21–28 °C, obere Temperaturbereiche sind jedoch nur zu Zuchtzwecken geeignet.

Fortpflanzung: Das Weibchen laicht die Eier auf Steinen ab, die anschließend von den Elterntieren bewacht werden. Später bringen die Alttiere sowohl die Eier als auch die Jungfische in temporäre Mulden, die sie ins Substrat gegraben haben.

Heros severus
(Augenfleckenbuntbarsch/Severum)

Der Augenfleckenbuntbarsch ist ein sanfter Riese, der während der Brutsaison sein Revier heftig verteidigt.

Augenfleckenbuntbarsche zählen zu den friedfertigsten Cichliden. Dennoch verhalten sie sich territorial und richten sich ihr Revier im Becken ein. Dieses verteidigen sie aber nicht so aggressiv, dass sie Mitbewohner verletzen könnten. Eine Ausnahme bilden höchstens die Laichzeiten.

Die Augenflecken, denen diese Art ihren deutschen Namen verdankt, sind vor allem bei Jungtieren auffällig, aber auch die adulten Tiere zumindest einiger Regionen zeigen eine starke Musterung. *H. severus* besitzt ein so großes Verbreitungsgebiet, dass von Natur aus viele Farben und Zeichnungen auftreten, was die Identifikation erschweren kann. Vielleicht erweisen sich auch einige noch namenlose *Heros*-Arten irgendwann als geografische Varianten von *H. severus*.

Einige Farbvarianten werden kommerziell gezüchtet. Am häufigsten sieht man einen goldenen, rot gefleckten Typ und einen so genannten Lutino. Dabei handelt es sich um einen Albino, der allerdings nicht wie sonst üblich rote Augen besitzt, sondern schwarze.

Verbreitung: In den Tropen vom nördlichen Südamerika bis zum Amazonasbecken weit verbreitet.

Größe: Einige Wildfänge und in großen Becken aufgezogene Exemplare wurden Berichten zufolge bis zu 28 cm groß; im Aquarium erreichen Augenfleckenbuntbarsche meist nur um die 20 cm.

Futter: Alle Sorten von Fertig- und Lebendfutter; Flocken sind für die größeren Tiere aber ungeeignet.

Becken: Die Art benötigt ein geräumiges Aquarium mit ausgedehnten Freiflächen, dichter, robuster Bepflanzung, flachen oder runden Steinen und einer Dekoration mit Aquarienholz oder dergleichen. Die chemische Wasserbeschaffenheit ist nicht entscheidend; als günstig erweist sich weiches, saures Wasser von guter Qualität. Ein effizienter Filter ist daher nötig.

Temperatur: 23–25 °C, zu Zuchtzwecken empfehlen sich etwas höhere Temperaturen.

Fortpflanzung: Das Weibchen laicht bis zu 1000 Eier auf einem gereinigten Stein oder einem Stück Aquarienholz ab. Eier und Jungfische werden von den Eltern bewacht.

Julidochromis regani
(Vierstreifen-Schlankcichlide)

Oben: Vierstreifen-Schlankcichlide.
Rechts: Julidochromis transcriptus.

Der Vierstreifen-Schlankcichlide ist hübsch gezeichnet und bildet mit seinen engsten Verwandten eine kleine Gruppe von Buntbarschen mit sehr typischem Äußeren. Im Zuge der zunehmenden Erforschung des Tanganjikasees wird man wohl noch weitere *Julidochromis*-Arten entdecken. Sollten diese auch nur annähernd so attraktiv sein wie die bekannten Arten, werden sie sicher bald viele Freunde unter Aquarianern finden.

Nach dem derzeitigen Stand lässt sich die Gattung *Julidochromis* „optisch" in zwei Gruppen unterteilen, die manche Fachleute auch als Untergattungen interpretieren: Es gibt auf der einen Seite zwei „große" Arten, *J. regani* und *J. marlieri* (Schachbrettschlankcichlide), die Größen zwischen 10 und 30 cm erreichen. Auf der anderen Seite stehen die deutlich kleineren Arten *J. dickfeldi* (Dickfelds Schlankcichlide), *J. ornatus* (Gelber Schlankcichlide) und *J. transcriptus* (Schwarzweißer Schlankcichlide). Sie werden jeweils nur 7 bis 8 cm lang. Zudem existieren mehrere Farbtypen und Zeichnungen. Alle Arten bzw. Typen stellen dieselben Ansprüche an die Haltungsbedingungen im Aquarium.

Verbreitung: Flache, felsige Regionen im Tanganjikasee.
Größe: Berichten zufolge bis zu 30 cm, meist aber etwa halb so groß.
Futter: Akzeptiert die meisten Futtersorten, bevorzugt Lebendfutter; auch pflanzliches Futter wird empfohlen.
Becken: Als Felsbewohner braucht *J. regani* viele Verstecke oder Höhlen als Rückzugs- und Laichmöglichkeiten. Steinaufbauten müssen jedoch sicher angebracht sein, besonders wenn man sie wie Klippen aufschichtet (mehr dazu auf Seite 126 im Text zu *Aulonocara nyassae).* Als Dekoration eignen sich einige kräftige alkalitolerante Pflanzen wie *Vallisneria.* Die chemische Beschaffenheit des Wassers ist sehr wichtig für diese und andere Arten aus den Grabenseen, die alkalisches, leicht hartes Wasser brauchen, um sich wohl zu fühlen.
Temperatur: 22–25 °C.
Fortpflanzung: Das Weibchen laicht in Höhlen ab; Eier und Jungfische werden von den Elterntieren bewacht. Das Männchen kann mit mehreren Weibchen laichen.

Labeotropheus trewavasae
(Gestreckter Schabemundmaulbrüter)

Gestreckte Schabemundmaulbrüter sind typische Grabensee-Buntbarsche. Sie verhalten sich extrem territorial; die Männchen treten aggressiv auf und sind untereinander nicht verträglich. Daher hält man in einem Aquarium am besten immer nur ein Männchen, das man aber gut mit mehreren Weibchen vergesellschaften kann.

Von den vielen Farbvarianten dieser Art sind neben den traditionellen blauen Varianten die orangefarbenen (O) und die orange gefleckten (OB) Typen am bekanntesten.

L. trewavasae lässt sich vom Schabemundbuntbarsch (*L. fuelleborni*) praktisch nicht unterscheiden, der ebenfalls im Malawisee lebt. *L. trewavasae* ist allerdings stets etwas schlanker und rund 4 cm kleiner als die größten Exemplare von *L. fuelleborni*.

Nach Ad Konings, dem führenden Experten auf dem Gebiet der Grabensee-Cichliden, kommen die O- und OB-Varianten von *L. trewavasae* meist in jenen Regionen vor, in denen die entsprechenden *L.-fuelleborni*-Varianten fehlen. Offenbar bewohnen die Gestreckten Schabemundbuntbarsche zudem die tieferen Wasserschichten. Sie werden bis in 40 m Tiefe angetroffen, während sich *L. fuelleborni* bevorzugt in den oberen 7 m des Sees aufhält.

Verbreitung: Malawisee.

Größe: Je nach Variante und Ernährung können männliche Wildfänge zwischen 10 und 14 cm groß werden. Weibchen sind etwa um ein Viertel kleiner.

Futter: Alle Sorten von Fertig- und Lebendfutter, auch Algen. Im Malawisee bildet der so genannte „Aufwuchs“ (Algen und darin lebende Mikrofauna) den Hauptbestandteil seiner Nahrung.

Becken: Als typischer Cichlide der felsigen Lebensräume in den Grabenseen braucht *L. trewavasae* zahlreiche Felsverstecke, Höhlen und Steinaufbauten (siehe die Angaben auf Seite 126 zum sicheren Aufbau). Als Dekoration eignen sich auch sehr gut robuste, alkalitolerante Pflanzen, wie zum Beispiel Vallisnerien. Das Wasser muss gut gefiltert, möglichst alkalisch und mäßig hart sein.

Temperatur: 21–25 °C, zu Zuchtzwecken etwas höher.

Fortpflanzung: Ein Pärchen laicht meist in einer Sandgrube ab. Anschließend nimmt das Weibchen die Eier ins Maul und brütet sie dort aus.

Gestreckte Schabemundmaulbrüter treten in vielen verschiedenen Farbvarianten auf.

Laetacara curviceps
(Tüpfelbuntbarsch)

Der Tüpfelbuntbarsch wird in der Fachliteratur oft noch unter seinem alten Namen *Aequidens curviceps* geführt, der bis 1986 gültig war.

In ihrem großen Verbreitungsgebiet findet man diese Art in mehreren Farbvarianten. Sie bewohnen flache stehende oder langsam fließende Gewässer, deren Grund oft mit Sand und Blättern bedeckt ist.

L. curviceps wird seit fast 100 Jahren als Aquarienfisch gehalten und ist nach wie vor sehr gefragt. Daher wird die Art in großen Mengen gezüchtet. Ihr friedliches Wesen, ihre Anpassungsfähigkeit und attraktive Färbung trugen dazu wesentlich bei. Aber auch die Bereitschaft gut verbundener Paare, sich ohne Scheu vor Beobachtern fortzupflanzen, macht den Tüpfelbuntbarsch bei Anfängern und erfahrenen Aquarianern äußerst beliebt.

Das Einzige, was Tüpfelbuntbarsche nicht gut vertragen, ist altes Wasser. So zeigen sie oft hervortretende Augäpfel (Exophthalmus) sowie andere Krankheiten, wenn nicht regelmäßig Teilwasserwechsel durchgeführt werden. Ideal ist es, wenn man etwa zehn bis 20 Prozent des Wassers alle zwei Wochen auswechselt, sofern die Qualität insgesamt gut ist.

Verbreitung: Amazonasbecken.

Größe: Bis zu 10 cm, meist jedoch etwas kleiner.

Futter: Alle Sorten an Fertig- und Lebendfutter.

Becken: Diese friedliche, tolerante Art eignet sich gut für das Gesellschaftsaquarium; nur während der Laichzeit verhält sich ein Paar territorial und wird dann am besten separat untergebracht. Das Becken sollte dicht bepflanzt sein, auch mit breitblättrigen Pflanzenarten, sowie offene Flächen mit flachen oder runden Steinen oder aber eine Aquarienholzwurzel in der Mitte aufweisen. Es empfiehlt sich ein feinkörniges Substrat und leicht saures bis neutrales Wasser, das weich bis mäßig hart sein darf.

Temperatur: 22–26 °C.

Fortpflanzung: Das Weibchen laicht die Eier auf einem breiten Blatt, Holzstück oder Stein ab. Die Elterntiere betreuen und beschützen sowohl Eier wie auch später die Jungfische.

Tüpfelbuntbarsche sind friedfertige und vermehrungsfreudige Aquarienbewohner.

Melanochromis auratus
(Türkisgoldbarsch)

Der Türkisgoldbarsch hat ein unverwechselbares Aussehen. Er avancierte als einer der ersten Buntbarsche aus den afrikanischen Grabenseen zu einem beliebten Aquarienfisch.

Im Gegensatz zu einigen anderen Fischarten des Malawisees zeigt diese Art in ihrem gesamten Verbreitungsgebiet eine recht einheitliche Färbung. Gewisse Variationen ergeben sich nur in der Intensität der Goldfärbung bei den Weibchen sowie bei den schwarzen Streifen der Männchen.

Melanochromis auratus bewohnt die südwestliche Hälfte des Malawisees, nicht aber dessen Ostküste; dort lebt eine andere, noch namenlose *Melanochromis*-„Zwergform", die eine Körperlänge von nur etwa 7 cm erreicht. Manche Autoren halten diesen Fisch, dessen Weibchen sehr attraktiv gesprenkelt sind, für eine Rasse von *M. auratus,* während andere ihn – vielleicht mit mehr Berechtigung – als eigenständige Art betrachten.

Verbreitung: Malawisee.

Größe: Männchen um 10 cm, Weibchen etwas kleiner.

Futter: Alle Sorten von Fertig- und Lebendfutter; pflanzliche Futteranteile werden empfohlen.

Becken: Wie bei allen bisher erwähnten Arten aus dem Malawisee sollte das Aquarium für *M. auratus* zahlreiche Steinverstecke, Höhlen und/oder sichere Felsaufbauten bieten (siehe dazu Seite 126). Das Wasser sollte mäßig hart, neutral bis alkalisch und gut gefiltert sein. Besonders zu Zuchtzwecken empfiehlt sich die Haltung eines kleinen Schwarms aus einigen Weibchen und einem Männchen. Zu beachten ist, dass sich die Männchen während der Paarungssaison aggressiv begegnen und daher in dieser Zeit nicht zusammen in einem Becken gehalten werden sollten.

Temperatur: 22–26 °C; zu Zuchtzwecken etwas höher.

Fortpflanzung: Ein einzelnes Männchen laicht mit mehreren Weibchen, meist in einer Grube oder nahe einem Versteck. Die Weibchen brüten die 20 bis 30 Eier im Maul aus und beschützen die Jungfische für gewisse Zeit.

Türkisgoldbarsch.

Mesonauta festivus
(Flaggenbuntbarsch)

Flaggenbuntbarsche zählen zu den „Dauerbrennern" unter den Aquarienfischen. Sie erfreuen sich seit Jahren ungebrochener Beliebtheit und werden in fast allen Zierfisch-Zuchtgebieten der Erde in beträchtlichen Mengen gezüchtet. Die meisten der heute im Handel erhältlichen Tiere stammen tatsächlich aus der Zucht, nur wenige sind Wildfänge.

Bis Anfang der 1990er-Jahre galt *M. festivus* als einzige Art, die man sicher der Gattung *Mesonauta* zurechnen konnte. Der Grund dafür war, dass es einige Zweifel daran gab (und immer noch gibt), ob die sehr ähnliche Art *M. insignis* berechtigterweise diese Benennung trägt. In den letzten Jahren ordnete man einige weitere Arten der Gattung zu, die allerdings noch auf ihre offizielle Beschreibung warten. Bei einigen Arten, die *M. festivus* ähnlich sind, ist die wahre Identität noch fraglich.

Im Handel stößt man meist auf die Arten *M. acora*, *M. egregius* und *M. mirificus*. Es besteht auch die Möglichkeit, dass alle *Mesonauta*-Arten des Rio Negro letztlich als *M. insignis* angesehen werden und nur noch jene aus Guyana und der Amazonasregion fern dem Rio Negro als „echte" *M. festivus* gelten.

Verbreitung: Im gesamten Amazonasbecken weit verbreitet; auch im westlichen Guyana gesichtet.

Größe: Berichten zufolge Weibchen bis zu 20 cm, Männchen bis zu 15 cm; meist aber kleiner.

Futter: Alle Sorten von Fertig- und Lebendfutter.

Becken: Flaggenbuntbarsche können trotz ihrer Größe recht scheu sein. Aus diesem Grund sollte das Becken Verstecke in Form von Höhlen, Steinen, Aquarienholz und dichter Bepflanzung bieten, ebenso wie flache oder runde Steine. Eine Begrünung mit empfindlichen Pflanzenarten wie *Cabomba* oder *Myriophyllum* ist zu vermeiden. Die chemische Wasserbeschaffenheit erweist sich als zweitrangig; empfohlen wird jedoch weiches, leicht saures Wasser.

Temperatur: 22–25 °C, für die Zucht etwas höher.

Fortpflanzung: Das Weibchen heftet seine Eier beim Ablaichen an ein gereinigtes breites Blatt oder einen Kiesel. Eier und Jungfische werden von den Elterntieren bewacht.

Der Flaggenbuntbarsch ist ein sehr beliebter Aquarienfisch.

Mikrogeophagus ramirezi
(Südamerikanischer Schmetterlingsbuntbarsch, „Ramirezi“)

SCHMETTERLINGSBUNTBARSCHE erscheinen vor allem in der europäischen Fachliteratur oft unter der Bezeichnung *Papiliochromis ramirezi*. Ausgehend von den USA setzt sich jedoch allmählich der Gattungsname *Mikrogeophagus* durch, auch wenn eine offizielle Entscheidung zur wissenschaftlichen Nomenklatur noch aussteht.

Der „Ramirezi“ wird seit rund 50 Jahren in Aquarien gehalten und in den meisten Zierfisch-Zuchtgebieten der Welt gezogen. Diese Art zählt zu den beliebtesten Buntbarschvertretern. Es sind mehrere Varianten erhältlich, darunter eine in Singapur entwickelte asiatische Form mit besonders großen Exemplaren sowie eine attraktive goldfarbene Variante, die aber an die Wasserqualität höhere Ansprüche stellt als die Wildform.

Auf den ersten Blick sehen die Geschlechter recht ähnlich aus. Bei näherem Hinsehen aber entdeckt man einen längeren zweiten Strahl in der Rückenflosse der Männchen und einen runderen Körper bei den Weibchen, die zudem etwas kleiner sind.

M. ramirezi eignet sich gut für das Gesellschaftsaquarium, solange die anderen Fische nicht zu groß oder ungestüm und die Wasserbedingungen passend sind.

Verbreitung: Kolumbien und westliches Venezuela.
Größe: Wildfänge etwa 7 cm, im Aquarium gehaltene Tiere meist kleiner.
Futter: Die meisten Sorten von Fertig- und Lebendfutter.
Becken: Schmetterlingsbuntbarsche sind friedliche, oft scheue Fische, die eine dichte Vegetation im Becken brauchen, um sich darin zu verstecken. Auch Aquarienholz, Steine und dergleichen können als Verstecke angeboten werden, gleichzeitig sollte aber auch eine offene Fläche im Vordergrund des Beckens nicht fehlen. Flache oder runde Steine können als mögliche Laichplätze dienen. Das Wasser sollte weich, sauer und für diese etwas empfindliche Art von guter Qualität sein. Werden Teilwasserwechsel vorgenommen, sollte man dafür kein Leitungswasser verwenden, es sei denn, man entchlort und/oder enthärtet es zuvor.
Temperatur: 22–26 °C; zu Zuchtzwecken etwas höher.
Fortpflanzung: Schmetterlingsbuntbarsche sind typische Offenlaicher, die ihre Eier und Jungfische bewachen.

Südamerikanischer Schmetterlingsbuntbarsch.

Nannacara anomala (Glänzender Zwergbuntbarsch)

Die Färbung des Glänzenden Zwergbuntbarsches unterscheidet sich je nach Verbreitungsgebiet.

Glänzende Zwergbuntbarsche sind weit verbreitet und zeigen je nach Lebensraum und Verbreitungsgebiet ganz unterschiedliche Färbungen. Ob sie tatsächlich auch in Französisch-Guayana vorkommen – wie unter „Verbreitung" angegeben –, ist bislang noch nicht vollständig geklärt. Dies wäre der Fall, wenn die dort bislang als *N. aureocephalus* ausgewiesene Art eine weitere Farbvariante von *N. anomala* darstellen würde.

Den Laich platziert das Weibchen meist in einer Höhle, gelegentlich aber auch auf einem flachen oder runden Stein, vor allem wenn dieser unter breiten Blättern oder dergleichen verborgen liegt. Wie bei anderen Cichliden tragen die Weibchen die frisch geschlüpften Larven oft zwischen flachen Bodenmulden hin und her; daher empfiehlt sich ein feinkörniges Substrat.

Außerhalb der Paarungszeit eignen sich diese kleinen Zwergbuntbarsche sehr gut als Bewohner eines Gesellschaftsaquariums. Sie verhalten sich friedlich gegenüber anderen Fischen. Während der Laichsaison allerdings wird das Revier heftig verteidigt. In einem geräumigen Aquarium bewacht das Männchen das Revier, während das Weibchen Eier und Jungfische versorgt. In kleinen Becken kann das Männchen sehr aggressiv gegen seine Partnerin vorgehen und sollte aus diesem Grund rechtzeitig ausquartiert werden.

Verbreitung: Nördliches Südamerika, vor allem Surinam und Guyana; möglicherweise Französisch-Guayana.

Größe: Männchen werden Berichten zufolge bis zu 9 cm, Weibchen nur gut halb so groß.

Futter: Bevorzugt Lebendfutter, nimmt aber auch einige Sorten von Fertigfutter.

Becken: Dieser kleine Buntbarsch schätzt ein dicht bepflanztes Becken mit zahlreichen Verstecken. Es empfiehlt sich feinkörniges Substrat aus Feinkies oder grobem Sand sowie leicht saures, weiches bis mäßig hartes Wasser.

Temperatur: 22–25 °C; zu Zuchtzwecken wärmer.

Fortpflanzung: Das Weibchen heftet das Gelege meist an Höhlenwände und bewacht Eier wie auch Jungfische.

Neolamprologus brichardi
(Gabelschwanzbuntbarsch/Feenbarsch/Prinzessin von Burundi)

DER GABELSCHWANZBUNTBARSCH erscheint in der Fachliteratur häufig auch unter seinem anderen bekannten Namen, *Lamprologus brichardi.* Dabei ist hier nicht einfach eine Bezeichnung älter als die andere, sondern manche Experten halten den einen Namen für „korrekter" als den anderen. Wahrscheinlich werden also beide Namen bis auf weiteres mit gleicher Überzeugung verwendet, je nach Meinung des Autors.

N. brichardi zählte zu den ersten Cichliden aus den afrikanischen Grabenseen, die in nennenswerter Menge exportiert wurden. Die meisten der heute erhältlichen Tiere stammen aus Zierfisch-Zuchtfarmen. Seit Anfang der 1990er-Jahre gibt es einige Farbvarianten, darunter auch einen Albino.

Verbreitung: Tanganjikasee.
Größe: Etwa 10 cm.
Futter: Bevorzugt Lebendfutter, nimmt aber auch andere Futtersorten an.
Becken: Diese Art tritt im Tanganjikasee in sehr großen Schwärmen auf und zeigt wenig Aggressivität gegen Artgenossen oder andere Arten. In der Enge eines Aquariums können aber vor allem ältere einzeln oder als Paar gehaltene Exemplare intolerant werden. Daher empfiehlt es sich, mehrere Tiere in einem Schwarm zu vergesellschaften. Zahlreiche Felshöhlen und -verstecke oder Steinaufbauten (Hinweise zum sicheren Bau siehe Seite 126) erlauben es den Individuen, sich nötigenfalls zurückzuziehen. Das Wasser sollte gut gefiltert, alkalisch und mittelhart bis hart sein.
Temperatur: 22–25 °C, für Zuchtzwecke muss das Wasser einige Grad wärmer sein.
Fortpflanzung: Im Gegensatz zu den Maulbrütern des Malawisees laicht *N. brichardi* in einer Höhle, wo das Weibchen seine Eier bewacht. Die Jungfische werden zwar nicht so aufmerksam beschützt, wie dies bei anderen Cichliden der Fall ist, aber auch nicht attackiert. Daher sieht man oft Jungfische unterschiedlichen Alters zusammen im Schwarm schwimmen. Dabei geben die älteren Tiere den jüngeren einen gewissen Schutz.

Der Gabelschwanzbuntbarsch ist in mehreren Farbvarianten erhältlich.

Neolamprologus leleupi
(Tanganjika-Goldcichlide)

WIE SEIN NAHER VERWANDTER, der Gabelschwanzbuntbarsch *(N. brichardi)*, wird auch der Tanganjika-Goldcichlide oft unter seinem anderen wissenschaftlichen Namen, *Lamprologus leleupi*, geführt.

Dieser ungewöhnlich schön gefärbte Fisch erfreut sich unter Aquarianern größter Beliebtheit. Es gibt drei Formen, bei denen es sich wahrscheinlich um Unterarten handelt: den hellgelben *Neolamprologus leleupi leleupi*, den braun gefärbten *N. l. melas* und den orangefarbenen *N. l. longior*, der mehr Rückenwirbel besitzt als die anderen Unterarten und daher oft als eigene Art geführt wird.

Die beiden gelben Unterarten unterscheiden sich zudem dadurch, dass *N. l. leleupi* im Aquarium von einer Generation zur nächsten viel von seiner leuchtenden Farbkraft einbüßen kann, *N. l. longior* dagegen nicht.

Da die Fische in freier Natur Krebstiere und Schnecken verspeisen, empfiehlt sich die Gabe eines Fertigfutters mit natürlichen Pigmenten wie Canthaxanthin und die Fütterung mit tiefgefrorenen, gefriergetrockneten oder lebenden Krebstieren.

Anmerkung: Die ähnlich klingende Art *N. leloupi* ist eine vollkommen andere Art und darf nicht mit *N. leleupi* verwechselt werden.

Verbreitung: Tanganjikasee.

Größe: Etwa 10 cm.

Futter: Bevorzugt Lebendfutter, nimmt aber auch Fertigfutter.

Becken: Tanganjika-Goldcichliden schätzen ein Aquarium mit einem großen offenen Schwimmbereich über grobem Sand oder feinem Kies. Zudem sollten Felsaufbauten (zum sicheren Bau von Steinarrangements siehe Seite 126) oder Höhlen vorhanden sein, die bei Bedarf sichere Verstecke bieten. Diese Art benötigt – genauso wie *N. brichardi* – keine Pflanzen im Becken. Wenn gewünscht, sollte man alkaliresistente Arten wie Vallisnerien *(Vallisneria)* zur Dekoration benutzen, da diese Fische nicht wühlen. Das Wasser sollte alkalisch und mittelhart bis hart sein.

Temperatur: 22–26 °C, für die Zucht sollte das Wasser einige Grad wärmer sein.

Fortpflanzung: Die hartschaligen Eier werden meist in einer Höhle abgelegt und vom Weibchen bewacht. Das Männchen verteidigt das gesamte Revier des Paares.

Tanganjika-Goldcichliden sind leuchtend gefärbt.

Pelvicachromis pulcher
(Purpurprachtbarsch/Königscichlide)

Der Purpurprachtbarsch hieß früher *Pelmatochromis kribensis;* er zählt zu den farbenprächtigsten kleinen Buntbarschen, die Aquarienfreunde im Handel finden.

Ungewöhnlich für Buntbarsche ist, dass bei dieser Art die deutlich kleineren Weibchen während der Fortpflanzungssaison bunter gefärbt sind als die Männchen; sie sind auch oft die aktiveren Partner.

Wie bei seinen engsten Verwandten gibt es von *P. pulcher* mehrere Farbvarianten in der Natur, die teilweise auch verkauft werden; dennoch sind die meisten erhältlichen Exemplare, darunter eine Albinoform, Zuchttiere.

Andere mehr oder weniger häufig erhältliche Prachtbarsche (Gattung *Pelvicachromis)* sind *P. humilis, P. roloffi* (Roloffs Prachtbarsch) , *P. signatus, P. subocellatus* (Augenfleck-Prachtbarsch) und *P. taeniatus* (Streifenprachtbarsch).

Verbreitung: Tiefland von Nigeria, häufig auch in brackigen Gewässern.

Größe: Männchen bis zu 10 cm, Weibchen kleiner.

Futter: Die meisten Sorten von Fertig- und Lebendfutter.

Becken: Prachtbarsche schätzen ein dicht bepflanztes Becken, das Verstecke in Form von Höhlen, Steinen und dergleichen bietet. Im Vordergrund sollte eine Freifläche dafür sorgen, dass man die Fische genau beobachten kann. Die chemische Wasserbeschaffenheit ist zweitrangig, wenn die Qualität stimmt; leicht saures, mittelhartes Wasser wird empfohlen. Auf einen Salzzusatz kann man verzichten, wenn die Fische im Gesellschaftsaquarium mit Arten aus weichem, saurem Wasser gehalten werden, es sei denn, es handelt sich um Wildfänge aus den Küstengebieten.

Temperatur: 24–28 °C.

Fortpflanzung: Die Eier werden meist an das Dach einer Höhle geheftet und vor allem vom Weibchen bewacht, während das Männchen das gemeinsame Revier verteidigt. Die umherschwimmenden Jungfische genießen den Schutz beider Elterntiere.

Ein Purpurprachtbarschpaar, links oben das Weibchen.

Pseudocrenilabrus multicolor
(Vielfarbiger Maulbrüter / Kleiner Maulbrüter)

Der Vielfarbige Maulbrüter ist ein kleiner afrikanischer Cichlide, den man schon seit fast 100 Jahren in der Aquarienhaltung antrifft. In dieser Zeit schwankte seine Beliebtheit je nach Mode und je nachdem, ob „neue" Cichliden (meist aus dem Malawi- und Tanganjikasee) in den Handel kamen.

Obwohl generell für das Gesellschaftsaquarium empfohlen, kann *P. multicolor* während der Paarungs- und Brutsaison sehr intolerant werden. Ansonsten leben Paare harmonisch mit anderen Fischen ähnlicher Größe zusammen. Da das Weibchen unter Umständen nach dem Ablaichen vom Männchen verfolgt werden kann, ist es ratsam, beide zu trennen.

Es gibt noch zwei bekannte Arten von *Pseudocrenilabrus*-Maulbrütern: *P. philander* (Messing-/Kupfermaulbrüter) mit mehreren Varianten oder Unterarten sowie *P. nicholsi* (Nichols Maulbrüter), die schönste und zugleich am seltensten anzutreffende Spezies der drei Arten.

Vielfarbige Maulbrüter sind seit mehr als 100 Jahren als Zierfische bekannt.

Verbreitung: Weit verbreitet in den Entwässerungskanälen des Nils in Ostafrika; südwärts in den Gewässern bis zum Victoriasee.

Größe: Bis zu 8 cm; die Männchen werden oft etwas größer als die Weibchen.

Futter: Die meisten Sorten von Fertig- und Lebendfutter.

Becken: Das Aquarium sollte diesem zähen kleinen Fisch offene Flächen ebenso bieten wie Höhlen und Verstecke aus Steinen und Aquarienholz oder dergleichen. Dicht gepflanzte und schwimmende Vegetation schafft Ähnlichkeit mit dem natürlichen Habitat. Die chemische Wasserbeschaffenheit ist zweitrangig, solange die Qualität stimmt; empfohlen wird ein neutraler pH-Wert und mittelhartes Wasser.

Temperatur: 20–26 °C.

Fortpflanzung: Die Eier werden in eine vom Männchen gegrabene flache Mulde oder auf einen gereinigten Stein gelegt, dann vom Weibchen ins Maul genommen und dort etwa zehn Tage lang ausgebrütet. Nach dem Schlüpfen beschützt das Weibchen die Jungfische etwa eine gute Woche lang.

Maylandia zebra
(Blauer Malawibuntbarsch)

Der Blaue Malawibuntbarsch gehört zu den am häufigsten in Aquarien anzutreffenden Buntbarschen der afrikanischen Grabenseen. Gleichzeitig stellt er mit seinen vielen – je nach Herkunftsort im Malawisee – Farbformen die variantenreichste dieser Arten dar.

Viele dieser Formen, die zunächst nur als Farbvarianten galten, sind jedoch untereinander nicht fortpflanzungsfähig. Daher vermuten Experten, dass zumindest einige keine Farbvarianten, sondern ähnliche, aber eigenständige Arten sind.

Die meisten fasst man mit anderen, noch nicht exportierten „Zebra"-Arten des Malawisees unter der Bezeichnung *Pseudotropheus* spec. (der frühere Gattungsname) zusammen, gefolgt von einer Bezeichnung zu Farbe oder Herkunftsort des Fisches, wie *Pseudotropheus* spec. „Form Zebra" oder „*Pseudotropheus* spec. „Red Dorsal".

Alle Formen stellen dieselben Ansprüche an die Haltung, ebenso wie die zahlreichen „Nicht-Zebra"-Arten von *Pseudotropheus*, die regelmäßig importiert werden.

Verbreitung: Malawisee.
Größe: Berichten zufolge werden die Tiere bis zu 15 cm groß, obwohl sie in der Aquarienhaltung meist kleiner bleiben. Die größten im Malawisee (Makulawe Point, Likoma Island) gefangenen Exemplare maßen 13,5 cm.
Futter: Nimmt fast alle Sorten von Fertig- und Lebendfutter, braucht auch regelmäßig die Zufütterung pflanzlicher Nahrung.
Becken: *M. zebra* lebt in der Natur stets in der Nähe von Felsen, und das sollte im Aquarium nicht anders sein. (Hinweise zum sicheren Arrangement von Felsen und Höhlen finden Sie auf Seite 126 bei den Erläuterungen zu *Aulonocara nyassae.)* Robuste, alkalitolerante oder künstliche Pflanzen können als Dekoration und mögliche Reviermarken ergänzt werden. Wenn das Aquarium nicht mindestens 1,20 m lang ist, sollte die *M.-zebra*-Gruppe nur aus einem Männchen und mehreren Weibchen bestehen, da die Männchen aggressiv ihr Revier verteidigen. Das Wasser muss leicht alkalisch, mittelhart bis hart und gut gefiltert sein.
Temperatur: 22–28 °C.
Fortpflanzung: Maulbrüter vom Typ Mutterfamilie: Das Weibchen brütet die Eier im Maul aus und bewacht die Jungfische eine Woche oder länger nach dem Schlupf.

Die Art Maylandia zebra *ist in vielen Farbformen erhältlich.*

Pterophyllum scalare
(Segelflosser/Skalar)

Der Segelflosser gilt als einer der beliebtesten Aquarienfische und wird seit dem frühen 20. Jahrhundert von Hobbyhaltern geschätzt. Inzwischen gibt es zahlreiche ausgefallene Varianten mit verlängerten Flossen und mit Farben, die deutlich von der silbernen Wildform mit schwarzen vertikalen Streifen abweichen.

P. scalare ist zwar in der Amazonasregion weit verbreitet, doch hat man ihn noch nicht im Rio Negro, einem der größeren Flüsse der Region, nachgewiesen. Etliche Autoren fanden in diesem wichtigen Nebenstrom jedoch zwei andere Segelflosserarten, *P. altum* (Hoher Segelflosser) und *P. leopoldi*. Und in einem See nahe dem Rio Negro trifft man bisweilen auf herrliche Segelflosser mit roten Flossen, deren größte Exemplare von der Spitze der Rückenflosse bis zum Ende der Afterflosse 25 bis 30 cm messen. Sie gehören offenbar keiner der drei Arten an, und ihre Identität ist bislang noch nicht sicher geklärt.

Gezüchtete oder im Aquarium gehaltene Tiere erreichen zwar nicht diese stattlichen Maße, dennoch sind sie zu groß für ein Gemeinschaftsbecken, in dem auch kleine Arten wie Neonsalmler *(Paracheirodon innesi)* oder Roter Neon *(P. axelrodi)* gehalten werden. Diese Fische betrachten die Skalare unweigerlich als Beute. Gegenüber größeren Fischen verhalten sich die erhaben wirkenden Segelflosser jedoch meist friedlich.

Verbreitung: Zentrales Amazonasbecken, mit Ausnahme des Rio Negro.
Größe: Tiere in freier Natur bis zu 15 cm, Tiere in Aquarien meist etwas kleiner.
Futter: Alle Sorten von Fertig- und Lebendfutter.
Becken: Da die Art vor allem von der Spitze der Rückenflosse bis zum Ende der Afterflosse beachtliche Größen erreicht, sollte das Aquarium nicht nur lang, sondern auch hoch genug sein. Große, schmalblättrige Pflanzen wie *Vallisneria*-, *Sagittaria*- und *Crinum*-Arten, in Kombination mit breitblättrigeren Pflanzen wie Schwertpflanzen *(Echinodorus* spp.), an den Seiten und im Hintergrund, passen besonders gut zu Segelflossern. In der Mitte des Beckens sollte Aquarienholz oder Ähnliches ebenso wenig fehlen wie ein großer freier Schwimmraum im vorderen Bereich. Die chemische Wasserbeschaffenheit ist zweitrangig; besonders Wildfänge schätzen aber weiches, saures Wasser. Zuchttiere, die den größten Anteil stellen, erweisen sich als weniger anspruchsvoll.
Temperatur: 24–28 °C.
Fortpflanzung: In freier Natur heftet das Weibchen die Eier auf ein zuvor gereinigtes Blatt. Sowohl die Eier als auch später die Jungfische werden von den Eltern beschützt. Im Gesellschaftsbecken wird dieses Verhalten jedoch oft nicht gezeigt. Zahlreiche der im Handel befindlichen Nachzuchten scheinen die Fähigkeit zur natürlichen Fortpflanzung verloren zu haben; sie fressen ihre Eier oder Larven auf.

Koi-Skalar.

Großes Bild: Wildform. Kleines Bild: Marmorskalar.

Satanoperca jurupari
(Teufelsangel/Erdfresser)

Trotz seines finsteren Namens ist die Teufelsangel ein eher friedlicher und toleranter Vertreter der mittelgroßen bis großen Buntbarsche. Das ändert sich natürlich, wenn sich ein Paar zur Fortpflanzung entschließt; die Tiere werden dann sehr territorial. Dennoch sind große, robuste Mitbewohner im Aquarium sicher, sofern das Becken geräumig ist und genügend Verstecke bietet.

Das ungewöhnliche Brutverhalten dieser Art, die ihre Eier weder bis zum Schlupf an der Ablagestelle belässt noch diese von Anfang an im Maul ausbrütet (siehe unten), wird von manchen Experten als Stufe zwischen den reinen Offenbrütern und den voll entwickelten Maulbrütern angesehen.

Früher ordnete man diese Art der Gattung *Geophagus* zu; deren Name bedeutet so viel wie „Erdfresser" und spiegelt die grabende Nahrungssuche der Tiere im Substrat wider.

Verbreitung: Brasilien und Guyana.

Größe: Bis zu 25 cm, aber meist kleiner.

Futter: Die meisten Sorten von Fertig- und Lebendfutter.

Becken: Erdfresser suchen, wie der Name schon andeutet, am liebsten im Substrat des Aquariums nach Nahrung. Daher muss man Pflanzen gut schützen; sind sie im Topf gepflanzt, bedeckt man diesen mit Kieselsteinen, wachsen sie im Substrat, legt man Steine und Kiesel um ihre Stängel herum. Wegen der grabenden Nahrungssuche der Tiere muss das Substrat feinkörnig sein. Verstecke und offene Bereiche zum Schwimmen dürfen nicht fehlen. Obwohl die Art weiches, saures Wasser bevorzugt, tolertiert sie auch andere Bedingungen, wenn diese nicht zu extrem sind und die Wasserqualität stimmt.

Temperatur: 22–28 °C, zur Zucht empfehlen sich höhere Temperaturen.

Fortpflanzung: Die Eier werden auf einen Stein gelegt, etwa einen Tag bewacht und dann vom Weibchen im Maul ausgebrütet. Auch Männchen beteiligen sich am Maulbrüten und dem nachfolgenden Beschützen der Jungfische.

Ungeachtet ihres bedrohlichen Namens gilt die Teufelsangel als friedfertiger Fisch.

Steatocranus casuarius
(Buckelkopfbuntbarsch / Helmcichlide)

Der Buckelkopfbuntbarsch ist eine ungewöhnliche Erscheinung und zeigt für Fische untypische Schwimmbewegungen.

Der sehr ungewöhnliche Buckelkopfbuntbarsch wird eher wegen des mächtigen Stirnbuckels der ausgewachsenen Männchen gehalten als wegen seiner Farbenpracht oder Verhaltensweise. Die Grundfarbe der Tiere ist zwar ansprechend, aber doch eher unspektakulär. Ihr Verhalten lässt sich vor allem während der Brutsaison als intolerant bis aggressiv beschreiben. Die Fische eignen sich daher nicht für die Haltung in einem Gemeinschaftsaquarium, in dem auch kleinere Artgenossen oder andere Arten leben.

Was ihm an Farbe und Sozialverhalten fehlt, macht der Buckelkopfbuntbarsch durch seine ungewöhnliche Erscheinungsform und die für Fische sehr untypischen Schwimmbewegungen wett. Da diese Art eine stark reduzierte Schwimmblase besitzt, kann sie nicht im Wasser schweben, sondern bewegt sich hüpfend oder ruckartig fort. Wenn ein Paar laicht, liefert ein Schwarm von bis zu 150 Jungfischen, die in Begleitung ihrer äußerst wachsamen Eltern über den Grund des Beckens hüpfen, zudem einen einzigartigen Anblick.

Die in freier Natur gefangenen Männchen besitzen einen besonders großen Stirnbuckel, doch auch Zuchttiere beider Geschlechter – die den größten Teil der im Fachhandel erhältlichen Tiere stellen – weisen stark gewölbte Kopfpartien auf.

Verbreitung: Südliche und zentrale Republik Kongo.

Größe: Männchen bis zu 11 cm, Weibchen bis etwa 8 cm.

Futter: Die meisten Sorten von Fertig- und Lebendfutter; schwimmende Präparate werden von den Fischen aber beharrlich gemieden.

Becken: Als ausschließliche Bodenbewohner brauchen die Tiere zahlreiche Höhlen, Steine und andere Verstecke. Felsen und sonstige Dekorationen dürfen daher nicht scharfkantig sein. Das Wasser sollte gut gefiltert, leicht sauer bis neutral und mittelhart sein.

Temperatur: 24–28 °C.

Fortpflanzung: Kleine Eiballen werden in Höhlen abgelegt. Die Elterntiere, die offenbar eine lebenslange Verbindung eingehen, bewachen Eier und Jungfische.

Symphysodon spp.
(Diskusfische / Diskus)

Den Diskus gibt es in vielen Varianten.

Diskusfische (Gattung *Symphysodon)* werden oft als „Könige unter den Aquarienfischen" bezeichnet, und tatsächlich erzielen die schönsten Exemplare dieser besonders eleganten Tiere enorme Preise. Dank verbesserter Techniken für die Haltung und Zucht der Fische produzieren jedoch Zuchtbetriebe auf der ganzen Welt heute große Stückzahlen, sodass inzwischen überall auch preiswertere Tiere erhältlich sind.

Traditionell werden zwei Diskus-Arten unterschieden: *Symphysodon aequifasciatus*, auch *S. aequifasciata* genannt, und *S. discus*.

S. aequifasciatus unterteilt man meist in drei Unterarten:

– *S. aequifasciatus aequifasciatus* (Grüner Diskus),

– *S. aequifasciatus axelrodi* (Brauner Diskus),

– *S. aequifasciatus haraldi* (Blauer Diskus).

Bei *S. discus*, der die deutschen Namen Echter Diskus oder Pompadourfisch trägt, unterscheidet man manchmal zwei Unterarten:

S. discus discus und

S. discus willischwartzi.

Diese einfache Einteilung straft jedoch die komplizierte Klassifikation der Diskusfische Lügen, denn innerhalb jeder Unterart gibt es etliche natürlich vorkommende und variierende Populationen. Diese werden seit Jahren wissenschaftlich untersucht, seit kurzem auch mithilfe von DNA-Analysen zum Nachweis genetischer Verwandtschaft. Infolgedessen glauben einige Forscher heute, dass es nur eine Diskusart mit möglicherweise zwei Unterarten gibt.

Welche Erkenntnisse auch immer die neuesten Forschungsergebnisse in nächster Zukunft bringen wird – die Angehörigen von *S. discus* und *S. aequifasciatus* lassen sich leicht voneinander unterscheiden, weil Erstere stets einen deutlichen, senkrecht von der Rücken- zur Afterflosse verlaufenden Mittelstreifen aufweisen. *S.-aequifasciatus*-Exemplare zeigen dagegen immer mehrere Streifen, von denen jedoch keiner so breit und deutlich gezeichnet ist wie der Mittelstreifen von *S. discus.*

Alle oben genannten Merkmale beziehen sich nur auf die Fische vom Wildtyp. Dazu kommen natürlich noch die unzähligen Zuchtvarianten, die über die Jahre entstanden sind – und jene, die derzeit vor allem im Fernen Osten gezüchtet werden. Im Augenblick ist es so gut wie unmöglich, mit allen neuen Varianten Schritt zu halten, die auf dem Markt erscheinen. Das liegt vor allem daran, dass sich diese oft nur kurz – wenn überhaupt – einer gewissen Beliebtheit erfreuen oder meist relativ rasch zu anderen Formen weiterentwickelt werden.

Verbreitung: Zahlreiche Nebenarme des Amazonasbeckens.

Größe: *S. aequifasciatus* bis zu 15 cm, kann aber auch größer werden; *S. discus* meist bis zu 20 cm.

Futter: Die Nahrung sollte vor allem aus Lebendfutter oder Fleisch bestehen. Die Tiere nehmen aber auch tiefgefrorene, gefriergetrocknete und einige fertige Futtermischungen, besonders das spezielle Diskusfutter.

Becken: Die moderne und leicht zu bedienende Aquarientechnik hat die Diskushaltung seit Mitte der 1980er-Jahre revolutioniert. Diskusfische brauchen weiches, saures, gerne – aber nicht unbedingt – auch tanninhaltiges Wasser. Das Becken muss in jeder Hinsicht groß sein, vor allem weil diese Fische oft eine größere Höhe als Länge aufweisen, zumindest einige der hochrückigen Zuchtformen, die seit etwa 1985 in Asien entwickelt wurden. Im Vordergrund des Beckens sollte ein großer freier Bereich zum Schwimmen zur Verfügung stehen, der seitlich und nach hinten von Pflanzen begrenzt wird. Zur weiteren Gestaltung trägt ein großes Objekt in der Mitte bei (kalkfreies Gestein, Aquarienholz, „sicheres" Treibholz oder Ähnliches), ebenso wie feinkörniges, dunkles Substrat.

Temperatur: 26–30 °C, zur Zucht sogar noch einige Grad wärmer.

Fortpflanzung: Es empfiehlt sich sehr weiches, saures Wasser. Die Eier werden an einen zuvor gereinigten Stein, ein Blatt oder ein Stück Holz geheftet. Beide Elterntiere bewachen Eier und Jungfische, die nach zwei bis drei Tagen schlüpfen. Die Eltern sondern ein Sekret ab, das manchmal auch „Diskusmilch" genannt wird. Von diesem ernähren sich die Jungtiere einige Tage lang. Als Ersatz für das Sekret ist auch künstliche „Milch" im Fachhandel erhältlich.

Türkisdiskus, eine der vielen „aequifasciatus"-Varianten.

Thorichthys meeki
(Feuermaulbuntbarsch)

Obwohl durchaus auch Wildfänge des Feuermaulbuntbarsches importiert werden, stammt der größte Teil der in Aquarien gehaltenen Fische aus speziellen Zuchtbetrieben.

Diese Art hat sozusagen „zwei Gesichter". Einerseits verhält sie sich gegenüber anderen Fischen im Becken meist friedlich, außer gegenüber kleineren Artgenossen. Als territoriale Tiere drohen vor allem die Männchen mit aufgeblähten Kiemendeckeln allen Fischen, die als Eindringlinge ins Revier angesehen werden. Daraus resultiert aber höchst selten ein Kampf.

Beschließt ein Paar jedoch zu laichen, offenbart sich die andere Seite des Feuermaulbuntbarsches: Beide Partner werden in dieser Phase extrem aggressiv gegenüber anderen Fischen und drängen diese oft in die entferntesten Ecken des Aquariums. Wie andere Arten, die während der Brutphase kampflustig werden, sind die Tiere allerdings sehr wachsame Eltern, die ihre Brut aufmerksam vor Gefahren beschützen.

Verbreitung: Guatemala und Yucatán (Mexiko).
Größe: Männchen bis zu 15 cm, Weibchen bis zu 11 cm.
Futter: Nimmt alle Sorten von Fertig- und Lebendfutter.
Becken: Die Art ist zwar territorial, kann aber mit anderen, gleich großen Fischen gehalten werden, wenn das Aquarium groß genug ist und Rückzugsorte für ein brütendes Paar bietet. Außerhalb der Brutsaison kommen die Tiere mit anderen Fischen gut zurecht. Das Aquarium sollte vorn eine große freie Schwimmfläche bieten, die an den Seiten und im Hintergrund von fest wurzelnden oder gut geschützten Pflanzen umstanden sein sollte. Außerdem empfiehlt es sich, flache oder runde Steine sowie einige Höhlen aus Dekorationsmaterial zur Verfügung zu stellen. Damit die Tiere wühlen können, sollte das Substrat feinkörnig sein. Neutrales oder alkalisches, mittelhartes Wasser ist ratsam; bei guter Qualität werden aber auch andere Konditionen akzeptiert
Temperatur: 21–25 °C, zur Zucht etwas wärmer.
Fortpflanzung: Bis zu 500 Eier werden an einen zuvor gereinigten Stein geheftet. Beide Elterntiere bewachen und beschützen sowohl Eier als auch Jungfische.

Die während der Brutphase oft aggressiven Feuermaulbuntbarsche sind fürsorgliche Eltern.

Uaru amphiacanthoides
(Keilfleckbuntbarsch)

Der Keilfleckbuntbarsch ist ein großer, meist friedlicher Schwarmfisch, der als Jungfisch ein hübsches Fleckenmuster zeigt. Erwachsene Tiere weisen an jeder Seite einen typischen länglich-dreieckigen dunklen Fleck auf, dem die Art ihren deutschen Namen verdankt. Die Basis des Dreiecks liegt direkt hinter den Kiemendeckeln, die Spitze direkt vor dem schwarzen Fleck am Ansatz der Schwanzflosse. Bei manchen Exemplaren verschmelzen beide Flecke, bei anderen liegt einiger Abstand dazwischen.

In freier Natur sollen einige Salmlerarten wie *Hemigrammus rhodostomus* (Rotmaulsalmler) und andere beim Keilfleckbuntbarsch „parasitieren", indem sie den Schleim verzehren, den der Buntbarsch zur Ernährung seiner Nachkommen absondert.

Verbreitung: Nördliches Amazonasgebiet und Guyana.
Größe: Bis zu 30 cm, aber meist kleiner.
Futter: Als ausgesprochener Fleischfresser nimmt diese Art Lebendfutter sowie tiefgefrorenes und gefriergetrocknetes Futter und Nahrung auf Fleischbasis (wie zerkleinertes Rinderherz); akzeptiert auch einige Fertigfuttersorten wie Sticks und Granulat.
Becken: Da er eine beachtliche Größe erreicht, braucht *Uaru amphiacanthoides* ein sehr geräumiges Becken mit ausreichend großen Bereichen zum Schwimmen. Da der Fisch meist im Schwarzwasser der Amazonasregion, wie etwa dem Rio Negro, zu finden ist, schätzt er weiches, saures und tanninhaltiges Wasser. Diese Bedingungen erreicht man durch die Filterung mit Torf, eine große Moorkienholzwurzel in der Mitte des Beckens und/oder die Zugabe eines im Fachhandel erhältlichen Schwarzwasser-Präparats. Die Beleuchtung sollte gedämpft sein, daher kommen die meisten robusten Aquarienpflanzen für solche Becken nicht infrage.
Temperatur: 25–28 °C, höhere Temperaturen werden allerdings toleriert.
Fortpflanzung: Die Art lässt sich nur schwer züchten. Die Eier werden auf eine gesäuberte Stelle, wie einen flachen oder runden Stein oder ein breites Blatt, geheftet. Beide Elterntiere bewachen Eier und Jungfische, die sich vom speziellen Körperschleim der Eltern ernähren.

Ähnlich wie der Diskus ernährt auch der Keilfleckbuntbarsch seine Jungen kurze Zeit mit einer Art „Körpermilch".

LABYRINTHFISCHE

LABYRINTHFISCHE STEHEN in der Unterordnung Anabantoidei und umfassen mehrere Familien, darunter Kletter- oder Buschfische (Anabantidae), Eigentliche Labyrinthfische (Belontiidae) und Küssende Guramis (Helostomatidae).

Der deutsche Name dieser Tiere bezieht sich auf das Labyrinth, ein zusätzliches Atmungsorgan, das alle Arten dieser Unterordnung besitzen. Das Labyrinth befindet sich oberhalb der Kiemen, besteht aus stark durchbluteten Hautlappen und dient als Teil des Atmungsapparats. Es ersetzt zwar die Kiemen weder physisch noch funktional vollständig, aber es erlaubt den Fischen, an der Wasseroberfläche atmosphärische Luft aufzunehmen. Diese streicht dann durch das Organ und gibt dabei Sauerstoff an das Blut ab. Die eindringende Frischluft verdrängt die verbrauchte Luft, die in Form von Blasen über die Kiemendeckel entweicht.

Labyrinthfische sind im Laufe ihrer Entwicklung so abhängig von diesem zusätzlichen Atmungsorgan geworden, dass zumindest einige Arten ertrinken, wenn sie nicht von Zeit zu Zeit an der Wasseroberfläche atmosphärische Luft aufnehmen.

Mithilfe ihres Labyrinthorgans können die Fische zudem Nester aus winzigen, mit Schleim überzogenen Luftblasen bauen, in die sie ihre Eier legen. So verhilft dieses über Jahrmillionen entwickelte Organ, das den Tieren das Überleben in den zeitweise sauerstoffarmen Gewässern ihrer Heimat ermöglicht, auch den Embryonen während ihrer Entwicklung zu einer sauerstoffreichen Umgebung.

Auf den folgenden Seiten wird eine kleine Auswahl an Arten vorgestellt, die aus mehreren Familien stammen: Anabantidae (Kletterfische, Buschfische), Belontiidae (Kampffische, Fadenfische, Guramis und nächste Verwandte), Helostomatidae (Küssender Gurami mit der Gattung *Helostoma*) sowie Osphronemidae (Großgurami mit der Gattung *Osphronemus*). Die Familie Belontiidae spaltet sich in drei Unterfamilien auf: Belontiinae (Kammschwanzmakropoden), Macropodinae (Makropoden) und Trichogasterinae (Guramis, darunter der Zwergfadenfisch *Colisa lalia* und der Blaue Gurami *Trichogaster trichopterus*).

Trichogaster chuna *(Honiggurami).*

Trichogaster microlepis *(Mondscheingurami).*

Belontia signata
(Ceylonmakropode/Ceylonstachelflosser)

Der Ceylonmakropode wurde 1933 erstmals in den Westen importiert und ist seitdem im Handel erhältlich, wenn auch nie in sehr großer Stückzahl.

Die Tiere sind wahrlich beeindruckend, besonders ausgewachsene Exemplare mit ihren typischen Fortsätzen an den Schwanzflossen, denen die Art auch die deutsche Bezeichnung „Stachelflosser" verdankt. Allerdings gebärden sich erwachsene und brütende Exemplare recht aggressiv, sodass die Art sich nicht für ein Gesellschaftsaquarium eignet. Am besten hält man sie in einem Artbecken oder mit anderen großen, ebenso resoluten Arten zusammen. Die Jungfische sind zunächst friedfertig und verträglich. Sie fügen sich daher für einige Zeit in andere Gemeinschaften ein.

B. signata kommt in seiner Heimat Sri Lanka in mehreren natürlichen Varianten vor, von denen zwei vielfach als Unterarten angesehen werden: *B. signata signata,* die am häufigsten erhältliche rötliche Form, und *B. signata jonklaasi,* die oft bläulicher ist und einen typischen dunklen Fleck am Ansatz der Brustflosse zeigt. Eine andere größere Art, *B. hasselti* (Wabenschwanzmakropode), ist ebenfalls gelegentlich erhältlich.

Verbreitung: Sri Lanka.

Größe: Berichten zufolge bis 15 cm, meist aber kleiner.

Futter: Alle Sorten von Fertig- und Lebendfutter.

Becken: Dieser Fisch sucht gern Deckung zwischen dicht stehenden Pflanzen, schätzt aber auch offene Bereiche zum Schwimmen mit einem Stück Moorkienholz oder dergleichen am Grund. Eine kräftige Beleuchtung sowie gute Filterung werden empfohlen. Die Beschaffenheit des Wassers ist zweitrangig; es kann leicht sauer bis mäßig alkalisch und relativ weich bis mittelhart oder hart sein.

Temperatur: 24–28 °C.

Fortpflanzung: Die Männchen bauen oft ein Schaumnest, das aber nie so groß oder kunstvoll gestaltet ist wie bei anderen Labyrinthfischen. Die Eier werden im Schaumnest abgelegt und vom Männchen bewacht. In seltenen Fällen beteiligt sich allerdings auch das Weibchen an der Brutpflege. Die Jungfische schlüpfen nach ein bis eineinhalb Tagen und werden einige Tage lang meist vom Männchen bewacht.

Der Ceylonmakropode ist ein eindrucksvoller, aber nicht sehr friedfertiger Aquarienbewohner.

Betta imbellis
(Kleiner Kampffisch)

Kleine Kampffische sind hübsch gefärbte Aquarienbewohner.

Verbreitung: Meist stehende Gewässer in Indonesien, auf dem malaysischen Festland und in Thailand.

Größe: Bis zu 5,5 cm.

Futter: Die meisten Sorten von Fertig- und Lebendfutter.

Becken: Wie bei anderen Kampffischen verhalten sich die Männchen von *B. imbellis* aggressiv gegeneinander. In einem kleineren Aquarium von 60 cm Länge sollte daher nur ein Männchen gehalten werden. Ein größeres Becken mit dichter Bepflanzung und zahlreichen Versteckmöglichkeiten jedoch bietet Platz für mehrere Männchen. Die Tiere sollten dennoch aufmerksam beobachtet werden. Stellt man fest, dass ein Individuum zu stark von Artgenossen bedrängt wird, sollte man es aus dem Gemeinschaftsbecken entfernen und gesondert halten. Die Art verträgt sich gut mit anderen Fischen und eignet sich somit für die Vergesellschaftung mit friedfertigen Arten. Das Wasser sollte weich und leicht sauer bis neutral sein; geringe Abweichungen werden toleriert.

Temperatur: Obwohl einige Tiere in bis zu 34 °C warmen Gewässern gefangen wurden, empfiehlt man allgemein Wassertemperaturen von 26–28 °C.

Fortpflanzung: Die Paare laichen unter einem vom Männchen gebauten Schaumnest. Das Männchen kümmert sich auch um die Jungfische.

Der Kleine Kampffisch ist nicht ganz so aggressiv und unverträglich wie sein naher Verwandter, der Siamesische Kampffisch (*Betta splendens;* siehe Seite 160). Aus diesem Grund lassen sich sogar mehrere Männchen gemeinsam in einem großen Aquarium halten, vorausgesetzt, man beachtet gewissenhaft die erforderlichen Bedingungen (siehe rechts).

Kleine Kampffische kommen in ihrem natürlichen Verbreitungsgebiet in mehreren geografischen Rassen oder Formen vor; eine davon (auf der thailändischen Insel Ko Samui) gilt als gefährdet. Zudem gibt es eine „Fächerschwanz"-Zuchtform mit einem auffälligen roten Fleck, der von seiner Größe her mehr als die Hälfte der Schwanzflosse einnimmt.

Betta smaragdina (Smaragdkampffisch/Smaragdbetta)

Der Smaragdkampffisch ist gewissermaßen ein „Newcomer" unter den Aquarienfischen, denn er wurde erstmals um 1970 für die Aquarienhaltung in westliche Länder eingeführt – zeitgleich mit *B. imbellis*.

Sein prächtiges smaragdgrün schimmerndes Schuppenkleid machte den Fisch sofort weltweit beliebt, sodass er noch heute als einer der wenigen Kampffische der „jüngeren Generation" regelmäßig im Fachhandel erhältlich ist – wenn auch nie in großer Zahl.

Diese Art erweist sich zwar als nicht besonders produktiv, pflanzt sich aber dennoch im Aquarium bereitwillig fort. Daher findet sich im Handel stets ein gewisser Anteil an Zuchttieren. Diese entstammen meist großen Gemeinschaftsaquarien, die Aquaristikverbände etc. speziell dafür angelegt haben, um das Verhalten der Kampffische oder anderer Labyrinthfische zu studieren.

Die meisten Tiere zeigen das arttypische grünliche Schuppenkleid; mancherorts kommen aber auch Männchen mit einem tieferen Blauton vor. Die Weibchen sind generell unauffälliger gefärbt und zeigen zwei bis drei bräunliche Längsstreifen am Körper.

Verbreitung: Kambodscha, Laos sowie der Nordosten und Osten Thailands.

Größe: Bis zu 7 cm.

Futter: Vor allem Lebendfutter; akzeptiert werden aber auch einige Fertigfuttersorten.

Becken: Als Fisch aus stehenden Gewässern schätzt der Smaragdkampffisch ein dicht bepflanztes Becken mit zahlreichen Verstecken. Mehrere Männchen sollten nur dann zusammen gehalten werden, wenn genügend Platz und Rückzugsmöglichkeiten vorhanden sind. Die Haltung mehrerer Weibchen dagegen ist problemlos. Trotz der Aggressivität der Männchen gegenüber männlichen Artgenossen verträgt sich die Art gut mit anderen Fischen und eignet sich daher für das Gemeinschaftsaquarium, wenn die anderen Arten nicht zu groß oder lebhaft sind. Die Wasserbeschaffenheit ist zweitrangig, solange die Qualität stimmt und extreme pH- und Härtewerte vermieden werden.

Temperatur: 24–27 °C.

Fortpflanzung: *B. smaragdina* baut Schaumnester; Eier und Jungfische werden vom Männchen bewacht.

Der Smaragdkampffisch ist ein begehrter Aquarienbewohner.

Betta splendens
(Siamesischer Kampffisch)

Der Siamesische Kampffisch zählt zu den beliebtesten Aquarienfischen überhaupt. Sein Kampfverhalten ist legendär und seine Beliebtheit unter Hobbyhaltern ungebrochen, obwohl man ihn seit über 100 Jahren als Zierfisch kennt.

In dieser langen Zeit entstanden so viele verschiedene Farb- und Formvarianten, dass niemand weiß, wie viele Zuchtlinien es tatsächlich gibt. Die Popularität dieses „Klassikers" ist so groß, dass sich zahlreiche Aquarienvereine ausschließlich seiner Erforschung und Zucht widmen.

Genau genommen sollte man die Art nicht mehr „Siamesischer Kampffisch" nennen, denn Siam heißt heute Thailand. Allerdings hat sich der Name so eingebürgert, dass man ihn wohl kaum durch die Bezeichnung „Thailändischer Kampffisch" ersetzen wird.

Verbreitung: Südostasien; einige Wildpopulationen entstanden durch ausgesetzte oder entkommene Tiere, so zum Beispiel in Laos, Myanmar, Asien und Kolumbien (Südamerika).

Betta splendens *(Weibchen).*

Größe: Bis zu 6 cm.

Futter: Fast alle Sorten von Fertig- und Lebendfutter.

Becken: Da die Männchen äußerst aggressiv sind, können sie nur einzeln gehalten werden. Die Vergesellschaftung mehrerer Weibchen ist aber unproblematisch, besonders in einem dicht bepflanzten Becken mit vielen Versteckmöglichkeiten. Da die Männchen nur Geschlechtsgenossen nicht dulden, sich ansonsten aber mit anderen Arten vertragen, eignet sich *B. splendens* gut für ein Gesellschaftsaquarium. Dabei ist darauf zu achten, dass die Männchen mit ihren langen Flossen leicht Opfer von an Flossen knabbernden Arten wie Sumatrabarben *(Barbus tetrazona)* werden können. Daher muss man die Mitbewohner sorgfältig auswählen. Die Wasserbeschaffenheit ist zweitrangig, solange die Qualität stimmt und extreme pH- und Härtewerte vermieden werden.

Temperatur: 24–28 °C, zur Zucht noch etwas wärmer.

Fortpflanzung: Klassischer Schaumnestbrüter, bei dem die Männchen Eier und Jungfische bewachen.

Männlicher Siamesischer Kampffisch.

Betta unimaculata
(Großer Kampffisch)

Der Grosse Kampffisch ist ein Maulbrüter und als solcher meist nicht so prächtig gefärbt wie all jene Kampffischarten, die Schaumnester bauen.

Bis Anfang der 1980er-Jahre waren Maulbrüter der Gattung *Betta* in Aquarien nur selten anzutreffen. Zwar sind sie auch heute noch weitaus seltener in Heimaquarien vertreten als all jene Arten, die Schaumnester bauen, aber inzwischen kennt man etliche Spezies – dank einer bemerkenswerten Reihe von Entdeckungen und dem Enthusiasmus der Mitglieder von Labyrinthfischvereinen in verschiedenen Ländern.

B. unimaculata und die maulbrütenden Männchen anderer verwandter Arten verhalten sich deutlich weniger aggressiv als die territorialeren Schaumnestbauer. Sie vertragen sich überdies auch mit anderen Arten und eignen sich daher für ein Gesellschaftsaquarium.

Verbreitung: Kalimantan Timur und Sabah auf Borneo.
Größe: Bis zu 12 cm.
Futter: Bevorzugt Lebendfutter, nimmt aber auch andere Futtersorten an.
Becken: Die Art braucht offene Flächen sowie dichte Bepflanzung und Verstecke aus Steinen, Wurzeln, Aquarienholz oder dergleichen. Die Beleuchtung sollte nicht zu hell sein. *B. unimaculata* ist sehr agil und ein guter Springer. Das Becken muss daher sorgfältig abgedeckt werden. Die chemische Wasserbeschaffenheit ist zweitrangig, solange die Qualität stimmt; am besten bei fast neutralem pH-Wert und weichem Wasser.
Temperatur: 22–25 °C.
Fortpflanzung: Bei dieser Art brütet das Männchen die Eier im Maul aus. Der Brut schlüpft nach vier Tagen und wird etwa fünf Tage später vom Vater freigesetzt.

Einige weitere *Betta*-Arten

Neben den erwähnten sind auch andere Arten unterschiedlich häufig erhältlich. Vor dem Kauf sollte man sich bei Spezialisten über die Bedürfnisse der Tiere informieren. Hier einige der häufigsten Arten:

Schaumnestbauer: *B. bellica* (Kriegerischer Kampffisch), *B. brownorum, B. coccina* (Scharlachroter Kampffisch), *B. livida, B. persephone* (Zwergkampffisch), *B. tussyae* (Roter Streifenkampffisch).

Maulbrüter: *B. anabatoides* (Großer Borneo-Kampffisch), *B. balunga* (Balung-Kampffisch), *B. dimidiata, B. edithae* (Ediths Kampffisch), *B. foerschi* (Foerschs Kampffisch), *B. macrostoma* (Augenfleck-/Großmaul-Kampffisch), *B. picta* (Javakampffisch), *B. pugnax* (Maulbrütender Kampffisch), *B. taeniata* (Gebänderter Kampffisch).

Männchen des Großen Kampffisches.

Polyacanthus fasciatus
(Gestreifter Fadenfisch)

Der friedfertige Gestreifte Fadenfisch baut sein Schaumnest zwischen Schwimmpflanzen.

GESTREIFTE FADENFISCHE wurden vor rund 100 Jahren erstmals für die Aquarienhaltung in westliche Länder eingeführt und hatten stets viele Freunde – vor allem unter jenen Aquarianern, die es schätzen, wenn ihre Fische dem Wildtyp möglichst ähnlich sind.

Die Art besitzt ein großes Verbreitungsgebiet und zeigt entsprechend viele natürliche Form- und Farbvarianten; einige kennzeichnet beispielsweise ein größerer Kopf. Gestreifte Fadenfische treten manchmal in so großer Zahl auf, dass sie in ihrer Heimat als Speisefische gefangen und frisch oder getrocknet verkauft werden.

Polyacanthus fasciatus kreuzt sich mit *Trichogaster labiosus* (Wulstlippiger Fadenfisch) und *Colisa lalia* (Zwergfadenfisch). Natürliche Hybriden aus der Verbindung von *P. fasciatus* und *C. lalia* sind bekannt, solche von *P. fasciatus* und *T. labiosus* aber wegen fehlender Überschneidung der Verbreitungsgebiete nicht. Die zuletzt genannten beiden Arten lassen sich jedoch im Aquarium leicht kreuzen und bringen fruchtbare Hybriden hervor.

Verbreitung: Indischer Subkontinent außer Süden und Südwesten; Berichten zufolge auch Nordmyanmar.

Größe: Bis zu 12 cm, doch bleiben selbst „große" Männchen meist etwas kleiner.

Futter: Alle Sorten von Fertig- und Lebendfutter.

Becken: Die Art schätzt ein – auch mit Schwimmpflanzen – dicht bepflanztes Becken mit geringer Wasserbewegung. Daher ist, wie bei allen kleinen und mittelgroßen Labyrinthfischen, eine starke Filterströmung zu vermeiden. Verstecke werden empfohlen. Die chemische Wasserbeschaffenheit ist zweitrangig, wenn die Qualität stimmt und keine extremen pH- und Härtewerte vorliegen. Außer während der Brutzeit vertragen sich die Tiere gut mit anderen Arten. Untereinander sind die Männchen sehr aggressiv, sodass man sie am besten einzeln und mit einigen Weibchen oder in Gruppen hält, damit nicht einzelne Männchen die Oberhand gewinnen.

Temperatur: 22–28 °C.

Fortpflanzung: Der lebhafte Gestreifte Fadenfisch baut sein Schaumnest oft zwischen Schwimmpflanzen. Die schwimmenden Eier werden unter dem Nest abgelegt und vom Männchen bewacht, das auch für die nach etwa einem Tag schlüpfenden Jungfische sorgt. Das Weibchen sollte nach dem Ablaichen entfernt werden.

Trichogaster labiosus
(Wulstlippiger Fadenfisch)

Anhand der Färbung lässt sich *T. labiosus* leicht von seinem nahen Verwandten *Polyacanthus fasciatus* (Gestreifter Fadenfisch; siehe links) unterscheiden. So prägen die Männchen der Wulstlippigen Fadenfische während der Brutsaison schimmernde dunkle blaugrüne Streifen auf dunkelbraunem Grund aus. Bei ihnen läuft außerdem die Rückenflosse in einer langen, ausgeprägten Spitze aus, und der Kopf ist bei Männchen wie bei Weibchen kleiner als beim Gestreiften Fadenfisch.

Trotzdem bestanden lange Zweifel an der wahren Identität des Wulstlippigen Fadenfisches. Diese wurden erstmals 1936 formuliert. Damals hatte man bemerkt, dass Nachkommen von Exemplaren, die im Jahr 1911 nach Europa eingeführt worden waren, anders aussahen als das Einzeltier, das 1904 ursprünglich importiert worden war. Tatsächlich kreuzen sich *T. labiosus* und *P. fasciatus* leicht und erzeugen fruchtbare Hybriden – was die Zweifel noch weiter nährt.

Derzeit überlappen sich zwar die natürlichen Verbreitungsgebiete beider Arten nicht, aber vielleicht standen in der Vergangenheit irgendwann einmal die Quellflüsse ihrer jeweiligen Heimatgewässer miteinander in Verbindung. *T. labiosus* wäre dann vielleicht eine neue Art, deren evolutionäre Entwicklung noch nicht abgeschlossen ist. Neben dem Wildtyp findet man im Handel häufig gold- und pfirsichfarbene Farbvarianten dieser Art.

Verbreitung: Entlang des Irrawaddyflusses in Myanmar.
Größe: Berichten zufolge bis zu 10 cm, bleibt im Aquarium aber meist kleiner.
Futter: Alle Sorten von Fertig- und Lebendfutter.
Becken: *T. labiosus* bevorzugt dicht bepflanzte, nicht zu helle Becken, schwimmt aber auch über freien, hell erleuchteten Flächen. Eine sanfte Filterung wird empfohlen. Die Wasserbeschaffenheit spielt eine zweitrangige Rolle, vorausgesetzt, dass die Qualität gut ist. Am meisten bewährt sich jedoch ein nahezu neutraler pH-Wert bei mittelhartem Wasser.
Temperatur: 24–28 °C; geringfügig niedrigere oder höhere Temperaturen werden aber toleriert.
Fortpflanzung: Das Weibchen laicht direkt unter dem Schaumnest ab. Das Männchen kümmert sich dann einige Tage um die Eier und die Jungfische, die nach etwa einem Tag schlüpfen.

Wulstlippiger Fadenfisch.

Colisa lalia
(Zwergfadenfisch)

Bis vor kurzem ordnete man der Gattung *Colisa* die Arten *lalia, labiosa, fasciata* und *chuna* zu. Mittlerweile stellt man sie allerdings in verschiedene Gattungen.

Zwergfadenfische sind die am häufigsten gehaltenen Fadenfische. Jedoch sieht man dabei nur selten Wildfänge im Aquarium, sondern fast ausschließlich gezüchtete Tiere. Man erhält sie in mehreren Farbgebungen und mit einer teilweise viel stärker ausgeprägten Beflossung.

In all jenen Bereichen, in denen sich die Verbreitungsgebiete von *Polyacanthus fasciatus* und *C. lalia* in ihrer Heimat überschneiden, können Hybridformen auftreten, über deren Fruchtbarkeit oder Unfruchtbarkeit aber kaum etwas bekannt ist. Die Hybriden von *C. lalia* und *Trichogaster labiosus*, die manchmal erhältlich sind, entwickeln sich langfristig offenbar alle zu Männchen. Ebenso sind die meisten Hybriden, die in Heimaquarien geboren werden, sehr kräftige, aber sterile, Nester bauende Männchen.

Bislang sind noch keine Hybriden aus der Verbindung *C. lalia* und der früher vierten *Colisa*-Art, *Trichogaster chuna* (Honiggurami), bekannt.

Verbreitung: Weit verbreitet in nordindischen Tieflandgebieten.

Zwergfadenfisch, blutrote Variante.

Größe: Bis zu 6 cm, aber meist etwas kleiner.
Futter: Alle Sorten von Fertig- und Lebendfutter.
Becken: In der Natur schätzt *C. lalia* ruhige, dicht bewachsene Gewässer mit bedeckter Oberfläche. Dem sollte das Aquarium möglichst entsprechen, auch wenn die intensive Zucht viele zähe, anpassungsfähige Varianten erzeugt hat. Im Gesellschaftsbecken sollten die Mitbewohner dieser friedfertigen Art nicht zu groß oder zu ungestüm sein. Zwergfadenfische sind meist friedlich, wobei sich die Männchen allerdings während der Brutzeit sehr territorial verhalten und oft viel größere Fische zum Rückzug in die äußersten Ecken des Aquariums zwingen. Die Wasserbeschaffenheit ist zweitrangig, solange die Qualität stimmt und extreme pH- und Härtewerte vermieden werden.
Temperatur: 22–28 °C.
Fortpflanzung: Die Schaumnester enthalten oft verwobene feine Pflanzenteile und sind daher recht stabil. Das Ablaichen erfolgt direkt unter dem Nest; Eier und Jungfische werden einige Tage vom Männchen bewacht. Die Brut schlüpft nach etwa einem Tag.

Zwergfadenfisch.

Trichogaster chuna
(Honiggurami/Honigfadenfisch)

DER HONIGGURAMI erscheint in der Fachliteratur oft unter seinem falschen Namen *Colisa sota*.

Im Gegensatz zu seinen nahen Verwandten fehlt ihm die vertikale Körperstreifung. Stattdessen verläuft bei ihm ein deutlich sichtbares Band vom Kiemendeckelrand bis zum Ansatz der Schwanzflosse. Die Intensität seiner Färbung richtet sich nach der Stimmung des Tieres und danach, ob es gerade dem Brutgeschäft nachgeht oder nicht. Ebenso fehlt dieser Art der Schimmer, den die nächsten Verwandten aufweisen. All dies und die offensichtliche Unfähigkeit, sich mit den anderen *Colisa*-Arten zu kreuzen, stellt den Honiggurami innerhalb der Gattung etwas abseits.

Die Männchen zeigen zudem ein besonderes Verhalten, um das Weibchen zum Nest zu locken: Sie „stehen" auf ihrer Schwanzflosse, positionieren sich also vor dem Weibchen senkrecht, spreizen ihre Flossen dabei ab und zeigen die prächtigsten Farben.

Die meisten im Fachhandel angebotenen Honiggouramis entsprechen der Wildform, zunehmend sind aber auch goldene, pfirsichfarbene und gefleckte Varianten erhältlich. Sie alle haben dieselben Ansprüche.

Honiggurami, pfirsichfarbene Variante.

Verbreitung: Nordosten Indiens und Bangladesch.
Größe: Berichten zufolge bis zu 7 cm, aber meist kleiner.
Futter: Nimmt die meisten Sorten von Fertig- und kleinem Lebendfutter.
Becken: Dieser zurückhaltende Fisch schätzt eine dichte Bepflanzung und Schwimmpflanzen bei sanfter Filterung. Die kleinen, friedfertigen Tiere eignen sich gut für ein Gesellschaftsbecken, wenn die anderen Arten nicht zu groß oder ungestüm sind. Die Wasserbeschaffenheit ist zweitrangig, sofern die Qualität stimmt und extreme pH- und Härtewerte vermieden werden.
Temperatur: 22–28 °C.
Fortpflanzung: Sind ausreichend Schwimmpflanzen vorhanden, baut das Männchen ein tiefes Schaumnest; ohne Schwimmpflanzen wird es flacher und größer. Unter diesem Nest laicht das Weibchen die Eier ab, aus denen nach einem Tag die Jungfische schlüpfen. Das Männchen bewacht sowohl Eier als auch Jungfische einige Tage lang.

Ein balzendes Honiggurami-Paar; rechts das honigfarbene Männchen.

Ctenopoma acutirostre
(Leopardbuschfisch)

Leopardbuschfische gehören zu der zunehmenden Zahl von Arten dieser afrikanischen Gattung, die immer häufiger im Aquarium zu finden sind. Diese Entwicklung ist vor allem dem Einsatz einiger Mitglieder spezieller Labyrinthfischvereine zu verdanken.

Während etwa Arten wie *C. acutirostre*, *C. kingsleyae* (Schwanzfleckbuschfisch), *C. maculatum* (Gefleckter Buschfisch) und andere bis zu 15 cm und größer werden, erreicht eine Gruppe kleinerer Arten nur Größen von 8 bis 10 cm; Letztere lassen sich daher zumindest wegen ihrer geringeren Ausmaße leichter halten.

Dabei ist zu bedenken, dass Buschfische zwar generell eher scheue, aber dennoch räuberische Fische sind. Von wenigen Ausnahmen abgesehen, eignen sie sich daher nicht für ein Gesellschaftsbecken. Will man dennoch eine Buschfischart mit anderen Arten vergesellschaften, wählt man dafür am besten *C. fasciolatum* (Gebänderter Buschfisch). Für ein Artenbecken kommen zudem *C. ansorgii* (Orange-Buschfisch), *C. congicum* (Kongobuschfisch), *C. damasi* (Grünblauer Perlbuschfisch), *C. nanum* (Zwergbuschfisch) und *C. weeksii* (Pfauenaugenbuschfisch in Frage.

Die Gattung *Ctenopoma* ist nahe verwandt mit den Gattungen *Anabas* aus Asien (der der Kletterfisch, *Anabas testudineus*, angehört, von dem man fälschlich annahm, er würde auf Bäume klettern) und *Sandelia* aus Südafrika, den Kaplabyrinthfischen.

Verbreitung: Südliches und zentrales Kongobecken.
Größe: Bis zu 20 cm, aber meist deutlich kleiner.
Futter: Die meisten Sorten von Fertig- und Lebendfutter.
Becken: Trotz seiner Größe versteckt sich diese Art tagsüber meist und wird – wie viele räuberische Fische – erst abends etwas aktiver. Das Becken sollte daher ausreichend viele Möglichkeiten zum Verstecken sowie einen großzügigen, offenen Bereich zum Schwimmen bieten. In Gesellschaft gleich großer Arten wird der Leopardbuschfisch auch tagsüber munterer. Die Beleuchtung sollte gedämpft sein. Um die Tiere nachts besser beobachten zu können, empfiehlt sich eine „Mondlicht"-Leuchtstoffröhre. Die chemische Wasserbeschaffenheit ist zweitrangig, solange die Qualität gut ist.
Temperatur: 23–28 °C.
Fortpflanzung: Das Männchen baut ein Schaumnest von unterschiedlicher Qualität. Ein spezielles Brutpflegeverhalten gegenüber den Eiern ist selten.

Leopardbuschfisch.

Helostoma temminckii
(Küssender Gurami)

Der Küssende Gurami wird zwar für die meisten Heimaquarien zu groß, ist aber dennoch nach wie vor sehr beliebt – vor allem auch wegen seiner dicken, fleischigen Lippen und des ungewöhnlichen „Kussverhaltens", dem er seinen deutschen Namen verdankt.

Dieses „Küssen" hat bei *Helostoma* allerdings nichts mit zärtlichen Gesten zu tun, sondern stellt vielmehr ein Maul-zu-Maul-Kräftemessen zwischen zwei Individuen dar. Und da dabei keiner der Kontrahenten zu Schaden kommt, ist dies ein nützlicher Weg, um zu ermitteln, wer im Aquarium das Sagen hat.

Die grüne Variante der Art (der Wildtyp) stammt ursprünglich aus Thailand, während die im Aquarium oft anzutreffende rosa Form von Java kommt. Allerdings sind Küssende Guramis an so vielen Orten als Speisefisch eingeführt worden, dass sich ihr eigentliches Ursprungsgebiet nicht mehr sicher bestimmen lässt. Neben diesen beiden Varianten wurde in Florida noch eine gefleckte oder marmorierte Form gezüchtet.

Verbreitung: In Südostasien sehr weit verbreitet.
Größe: Berichten zufolge bis zu 30 cm; die meisten Tiere werden allerdings nur etwa halb so groß.
Futter: Nimmt alle Futtersorten, braucht aber unbedingt regelmäßig pflanzliche Nahrung als Ergänzung.
Becken: Da die Art relativ groß wird, braucht sie ein geräumiges Aquarium mit freiem Raum zum Schwimmen. Die Pflanzen sollten künstlich oder kräftig und ungenießbar sein, wie einige Moose (etwa *Vesicularia dubyana)* oder Farne (wie *Microsorum pteropus).* Weiche Pflanzen werden von den vorrangigen Pflanzenfressern oft verspeist. Als Substrat empfiehlt sich Kies mit einigen größeren, glatten Steinen darin. Die chemische Wasserbeschaffenheit ist nicht wichtig.
Temperatur: 22–30 °C; der obere Temperaturbereich ist notwendig, wenn man züchten will.
Fortpflanzung: Manchmal wird ein Schaumnest gebaut; die typische Brutpflege der Labyrinthfische fehlt jedoch. Bei hohen Temperaturen schlüpft die Brut bereits nach knapp einem Tag.

Küssender Gurami, rosa Variante.

Macropodus opercularis
(Paradiesfisch/Makropode)

Der farbenprächtige, widerstandsfähige Paradiesfisch wurde bereits 1869 als Aquarienfisch in Europa eingeführt.

PARADIESFISCHE sehen mit ihren wunderschönen Flossen nicht nur zauberhaft aus, sie wurden auch als erste tropische Aquarienfische bereits 1869 in Europa eingeführt. Sie sind extrem widerstandsfähig und daher in den meisten Ländern mit gemäßigten Temperaturen in ungeheizten Aquarien zu halten. Es gibt noch zwei bekanntere Paradiesfischarten, den Rundschwanzmakropoden *(M. ocellatus)* und den Schwarzen Makropoden *(M. spechti,* früher *M. concolor).* Alle drei Arten paaren sich untereinander und produzieren zumindest teilweise zeugungsfähige Nachkommen – was interessante Fragen bezüglich ihrer Verwandtschaft aufwirft.

So bestehen etwa Zweifel darüber, ob es sich bei *M. spechti* um eine eigene Art oder um eine klar identifizierbare Variante von *M. opercularis* handelt, die sich allmählich zu einer Art hin entwickelt. Ähnlich verhält es sich mit dem Gestreiften Fadenfisch und dem Wulstlippigen Fadenfisch (vgl. Seite 162–163).

M. opercularis ist in verschiedenen Farbvarianten erhältlich, besonders in Blau und als Albino. Diese sind in der Regel etwas weniger aggressiv als die Wildform.

Verbreitung: Südchina, Korea, Vietnam, Taiwan und weitere Inseln der Region. *M. spechti* kommt auch in Kambodscha und möglicherweise in Vietnam vor.

Größe: Bis 12 cm, in der Regel kleiner.

Futter: Alle Futtersorten.

Becken: Paradiesfischmännchen vertragen sich nicht untereinander, man kann deshalb nicht mehr als ein Männchen pro Becken halten. Anderen Arten gegenüber sind sie zwar toleranter, dorch birgt eine Vergesellschaftung insgesamt gewisse Risiken. Jungtiere und Weibchen teilen das Becken problemlos mit anderen Arten. Paradiesfische bevorzugen dicht bepflanzte Aquarien mit offenen Flächen. Die Wasserchemie spielt keine Rolle, da die Tiere weiches und hartes sowie saures und alkalisches Wasser gleichermaßen gut vertragen.

Becken: 16–28 °C; oberer Temperaturbereich während der Paarungszeit.

Fortpflanzung: Die Männchen bauen Schaumnester. Nach dem Laichen betreut in der Regel das Männchen die Eier, es wurden aber auch schon Weibchen dabei beobachtet. Die Brut schlüpft innerhalb eines Tages.

Malpulutta kretseri
(Gefleckter Spitzschwanzmakropode / Waldbachblüte)

Gefleckte Spitzschwanzmakropoden werden schon seit den 1960er-Jahren als Zierfische angeboten, waren aber niemals in größeren Mengen erhältlich. Sie sind klein und scheu und gehören in ihrer Heimat Sri Lanka zu den bedrohten Arten.

Man unterscheidet zwei Farbvarianten, die gelegentlich als Unterarten betrachtet werden. Die Variante aus dem Bentota-Becken heißt *Malpulutta kretseri kretseri*, die leuchtender blau gefärbte Variante aus dem Kalu-Becken wird als *M. kretseri minor* bezeichnet. Darüber hinaus wurde eine dritte, violette Variante erfasst, doch steht nicht fest, ob es sich um eine Variante der blauen Unterart oder um eine eigenständige Unterart handelt.

Die Gefleckten Spitzschwanzmakropoden sind nicht so stark auf ihr Atmungshilfsorgan, das Labyrinth, angewiesen wie die meisten anderen Vertreter der Labyrinthfische. Sie können im Aquarium sogar mehrere Stunden unter Wasser bleiben, ohne an der Oberfläche Luft schöpfen zu müssen, vorausgesetzt das Wasser enthält, wie normalerweise üblich, genügend Sauerstoff.

Verbreitung: Sri Lanka.

Größe: Die meisten Quellen geben rund 6 cm an. Die Mehrzahl der in Aquarien gehaltenen oder in freier Natur gefangenen Exemplare ist allerdings deutlich kleiner, bis etwa 4 cm.

Futter: Verschiedene Sorten Trocken- und Lebendfutter.

Becken: Am besten bewährt sich ein ruhiges, dicht bepflanztes Aquarium mit Oberflächenschutz, gerne auch mit Treibholz, Aquarienholzwurzeln oder Torf. Die zurückgezogen lebende Art schätzt dunklen Bodengrund und eine schwache Beleuchtung. Paradiesfische sind ausgezeichnete Springer, besonders wenn sie erschreckt werden. Achten Sie deshalb stets darauf, dass Ihr Aquarium dicht schließt. Das Wasser sollte weich und sauer sein.

Becken: 24–28 °C.

Fortpflanzung: Das Männchen baut ein Schaumnest unter einem breiten Blatt oder Überhang. Das Weibchen darf sich den Eiern nach dem Laichen zwar noch nähern, doch ist das Männchen für die Brutpflege verantwortlich. Die Jungen schlüpfen nach etwa zwei Tagen.

Der Gefleckte Spitzschwanzmakropode ist ein guter Springer. Das Aquarium muss daher unbedingt dicht schließen.

Osphronemus goramy
(Riesengurami)

Der Riesengurami trägt seinen Namen zu Recht.

Riesenguramis, von denen es vier beschriebene Arten gibt, sind die einzigen echten Riesen unter den Guramis. Wegen der beachtlichen Größe, die sie erreichen können, erfreuen sie sich aber nur bei Labyrinthfischspezialisten einer gewissen Beliebtheit.

Im Fachhandel werden verschiedene Farbvarianten mit etwa 10 cm Größe oder weniger angeboten. In diesem Stadium zeichnen sich die Tiere durch eine lange, spitze Maulpartie aus. Riesenguramis gelten als widerstandsfähige und gegenüber anderen Arten verträgliche Tiere, weshalb eine Vergesellschaftung zumindest zeitweise gut möglich ist. Jedoch wachsen sie sehr schnell, weshalb man entweder für ein entsprechend großes Aquarium sorgen oder die Fische später umsetzen muss.

Verbreitung: Unklar, jedoch vermutlich ursprünglich aus Borneo, Java und Sumatra stammend. Heute vor allem im tropischen Asien weit verbreitet.

Größe: Bis zu 60 Zentimeter, in einzelnen Fällen aber auch noch größer.

Futter: Die Fische akzeptieren verschiedene Futterarten und sollten auch pflanzliches Futter erhalten.

Becken: Die Jungtiere wachsen erstaunlich rasch. Zu Beginn kann man sie zusammen mit kleinen bis mittelgroßen Arten (bis zu 10 cm) halten, doch bald sind sie zu groß dafür und benötigen geräumigere Becken mit mehr Wasser. Im Idealfall sollte das Becken dicht bepflanzt sein. Da Riesenguramis jedoch Pflanzen fressen, kommen dafür nur besonders robuste oder unverdauliche Pflanzen in Frage, wenn nicht von vornherein künstliche Pflanzen verwendet werden. Die Wasserzusammensetzung spielt keine große Rolle, doch ist unbedingt ein leistungsfähiges Filtersystem nötig.

Temperatur: Riesenguramis akzeptieren Wassertemperaturen zwischen 19 °C und 30 °C.

Fortpflanzung: Unter Zuhilfenahme von Pflanzenteilen werden Schaumnester an der Wasseroberfläche oder darunter gebaut. Das Männchen betreut sowohl die Eier als auch die Jungfische. Diese schlüpfen in der Regel nach rund zwei Tagen.

Parosphromenus deissneri
(Prachtzwerggurami/Deissners Prachtgurami)

Der Prachtzwerggurami wird in der Literatur auch manchmal mit dem wissenschaftlichen Namen *Parosphromenus deissneri sumatranus* bezeichnet. Dieser hübsche kleine Fisch, der zu Beginn des 20. Jahrhunderts in Europa eingeführt wurde, gehört nicht zu den verbreiteten Aquarienfischen, vielleicht weil er klein, scheu und eher aufwändig zu halten ist.

Parosphromenus deissneri wurde als erste Prachtzwerggurami-Art bereits 1859 beschrieben. Bis Mitte der 1980er-Jahre kamen nur noch drei weitere Arten zu der Gattung hinzu, und zwar *P. paludicola* (Tweedies Prachtgurami), *P. parvulus* (Kleiner Prachtzwerggurami) und *P. filamentosus* (Faden-Prachtzwerggurami). Seit dieser Zeit entdeckte und beschrieb man in kürzeren Abständen weitere Arten, deren wissenschaftliche Untersuchung und Klassifizierung jedoch noch nicht abgeschlossen ist.

Aquarienbesitzer, die kleine, schillernde Fische mögen, werden rasch Freude an diesen farbenprächtigen Tieren finden. Allerdings sind sie im Handel nur schwer erhältlich. Als Bezugsquelle eignen sich daher insbesondere spezielle Labyrinthfischvereine, die in ihren Zuchtprogrammen auch Prachtzwergguramis anbieten.

Verbreitung: Banka-Insel (Indonesien), eventuell auch Sumatra, malaysische Halbinsel.

Größe: Bis 4 cm, in der Regel jedoch durchschnittlich nur 3 cm.

Futter: Prachtzwergguramis sind vorwiegend Fleischfresser und bevorzugen Lebendfutter. Im Aquarium geschlüpfte Exemplare akzeptieren aber auch im Handel erhältliche Futtersorten.

Becken: Das Aquarium sollte dicht bepflanzt sein und einige Höhlen aufweisen, in die sich die Fische zurückziehen können. Sie vertragen sich mit anderen Arten und können daher im Gesellschaftsbecken mit kleinen, ruhigen Fischen gehalten werden. Unwohl fühlen sie sich allerdings bei zu starker Strömung. Das Wasser sollte weich und sauer sein, geringe Abweichungen werden aber toleriert. Eine gedämpfte Beleuchtung ist ratsam.

Temperatur: 24–28 °C.

Fortpflanzung: Prachtzwergguramis befestigen ihre Eier an der Decke einer Höhle im Aquarium. Nach dem Laichen produzieren die Tiere Blasen, die die Eier stützen. Der Laichvorgang kann bis zu drei Tage dauern. Das Männchen betreut die geschlüpften Jungtiere.

Der Prachtzwerggurami ist ein kleiner, hübscher und ziemlich scheuer Fisch.

Pseudosphromenus cupanus
(Schwarzer Spitzschwanzmakropode)

Der Schwarze Spitzschwanzmakropode war früher unter der Bezeichnung *Macropodus cupanus* bekannt, weil man ihn für einen engen Verwandten des Paradiesfisches (*Macropodus opercularis*, Seite 168) hielt. Als man feststellte, dass es sich doch um weitläufige Verwandte handelte, veränderte man den lateinischen Namen des Fisches. Eine Zeit lang wurden *P. cupanus* und sein engster Verwandter, *P. dayi* (siehe rechte Seite), als Unterarten von *cupanus* behandelt. Heute gelten sie jedoch als getrennte und eigenständige Arten.

Die sehr anpassungsfähigen Tiere vertragen in freier Natur unterschiedliche Wasserbedingungen und Lebensräume, auch Brackwasser.

Außerhalb der Paarungszeit unterscheiden sich die Männchen und Weibchen kaum voneinander. Nur undeutliche Hinweise auf das Geschlecht geben etwa die Augen, die bei den Männchen etwas rötlicher sind und in der Farbintensität während der Paarungs- und Laichzeit zunehmen. Bei den Weibchen ist dafür der Bauch etwas rundlicher geformt.

Schwarzer Spitzschwanzmakropode.

Verbreitung: Ursprünglich stammen die Fische vermutlich aus Regionen rund um die indische Südküste. Man findet sie auch in Sri Lanka und möglicherweise in Bengalen, Myanmar, Sumatra und Nordvietnam.

Größe: Etwa 7,5 cm, meist kleiner.

Futter: Die meisten Futtermischungen und Lebendfutter.

Becken: Diese ruhige Art kann man selbst mit Artgenossen problemlos im Gesellschaftsaquarium halten. Wenig geeignet sind Becken mit starker Strömung. Das Aquarium sollte dicht bepflanzt sein und über Höhlen und andere Rückzugsmöglichkeiten verfügen. Dunkler Bodengrund hebt die Farben der Art am besten hervor. Die Zusammensetzung des Wassers spielt keine große Rolle; weiches Wasser mit neutralem pH-Wert bevorzugen die Tiere, doch tolerieren sie auch leichte Abweichungen.

Temperatur: 20–28 °C, zur Laichzeit höher.

Fortpflanzung: Die Art baut Schaumnester in einer Höhle oder unter einem breiten Blatt. Der Laichakt findet unter dem Nest statt, die sinkenden Eier werden von beiden Fischen ins Nest gebracht. Die Weibchen beteiligen sich nur selten an der Brutpflege – sie ist Aufgabe der Männchen. Die Jungen schlüpfen nach etwa zwei Tagen.

Pseudosphromenus dayi
(Roter Spitzschwanzmakropode)

Die Farben des Roten Spitzschwanzmakropoden kommen bei gedämpfter Beleuchtung am besten zur Geltung.

Rote Spitzschwanzmakropoden sind relativ schlanke Fische, bei denen die Männchen stark verlängerte Schwanzflossenstrahlen aufweisen. Die Ränder von Rücken-, Schwanz- und Bauchflossen leuchten blaugrün.

Diese ruhigen Fische lassen sich problemlos in einem Gesellschaftsbecken halten, sofern die Wasserströmung nicht allzu stark ist.

Rote Spitzschwanzmakropoden verpaaren sich relativ häufig mit ihren engsten Verwandten, den Schwarzen Spitzschwanzmakropoden (*P. cupanus;* siehe linke Seite), und bringen fruchtbare Nachkommen hervor. Dies weist zwar auf eine nahe Verwandtschaft hin, doch legen andere Faktoren wie etwa die deutlichen Geschlechtsunterschiede bei *P. dayi* nahe, dass diese keineswegs so eng ist, wie ihre frühere Klassifizierung als Unterart von *P. cupanus* vermuten ließ.

Verbreitung: Die exakte Verbreitung der Art außerhalb von Sri Lanka und Südvietnam ist nicht restlos geklärt. Man will sie bereits auch in Indien, auf Sumatra und in Myanmar gesichtet haben.

Größe: Bis zu 7,5 cm.

Futter: Im Handel erhältliche Futtermischungen und Lebendfutter werden weitgehend akzeptiert.

Becken: Die Fische bevorzugen ein dicht bepflanztes Aquarium, das zusätzlichen Schutz in Form von Höhlen, Holzstücken und dergleichen bieten sollte. Bei gedämpftem Licht und dunklem Bodengrund kommen die Farben der Tiere am besten zur Geltung. Die Wasserzusammensetzung ist nicht von hoher Bedeutung, doch empfiehlt sich tanninhaltiges weiches Wasser mit leicht saurem bis neutralem pH-Wert.

Temperatur: In freier Natur lebende Tiere wurden in Gewässern mit Temperaturen von 16–34 °C beobachtet. Im Aquarium sollte die Temperatur idealerweise zwischen 24 °C und 28 °C liegen.

Fortpflanzung: Die Männchen bauen Schaumnester an der Wasseroberfläche oder unter einem Blatt oder Überhang. In freier Natur laichen die Fische im kühleren Hochland auch am Gewässergrund. Männchen und Weibchen betreuen die Eier und die Brut, die nach etwa einem Tag schlüpft.

Sphaerichthys osphromenoides
(Schokoladengurami)

Für die Haltung von Schokoladenguramis benötigt man Erfahrung und ausgesprochen gute Wasserbedingungen, denn die Tiere sind ziemlich krankheitsanfällig. Wer die erforderlichen Bedingungen allerdings bereitstellen kann, sollte unbedingt einmal versuchen, diese Fischart zu halten oder sogar zu züchten.

Mit Sicherheit gehören Schokoladenguramis zu den anspruchsvollsten Aquarienfischen. Dabei entpuppen sie sich bei guter Gesundheit als wahre Schmuckstücke. Fühlen sie sich aber unwohl, wirken sie wie Schatten ihrer selbst. Sie legen die Flossen an, verweigern die Nahrungsaufnahme und vegetieren vor sich hin. Stimmen die Bedingungen, erweisen sie sich als dankbare Pfleglinge und belohnen den Aquarianer für seine Zuwendungen; andernfalls sterben sie meist rasch.

Verbreitung: Malaysische Halbinsel, Sumatra, Borneo.
Größe: Bis zu 6 cm.
Futter: Die Art benötigt ausgesuchtes kleines Lebendfutter bzw. gefrostete Varianten. Trockenfutter akzeptieren die Fische nur widerwillig.
Becken: Schokoladenguramis sind scheue, ruhige Tiere. Man sollte sie in einem Artbecken oder in Gesellschaft anderer friedliebender Arten halten, sofern diese die benötigten Bedingungen vertragen. Dazu gehört sehr weiches, saures Wasser (in der Natur wurden pH-Werte bis 5 beobachtet). Empfehlenswert ist auch tanninhaltiges Wasser. Sie erhalten es, indem Sie Wasser durch ein „Torfsandwich" (eine Schicht Torf zwischen zwei Schichten eines anderen Materials) filtern, ein Stück Moorkienholz auslegen oder einen im Handel erhältlichen Schwarzwasser-Zusatz verwenden. Wünschenswert sind ferner eine dichte Pflanzendecke und gedämpftes Licht. Der Filter sollte gut arbeiten, ohne zu starke Strömung zu verursachen. Schokoladenguramis reagieren empfindlich auf hohe Nitratwerte im Wasser. Es empfiehlt sich ein häufiger Teilwasserwechsel, wobei das hinzugefügte Wasser in seiner Zusammensetzung dem im Becken befindlichen entsprechen sollte.
Temperatur: 25–30 °C.
Fortpflanzung: Für die Zucht benötigt man Expertenwissen. Die Art ist ein Maulbrüter; das Weibchen trägt Eier und Jungfische etwa zwei Wochen lang im Maul.

Schokoladenguramis sind hübsche, aber auch sehr anspruchsvolle Aquarienbewohner.

Trichogaster leerii
(Mosaikfadenfisch)

Mosaikfadenfische gehören zu den schönsten tropischen Zierfischarten.

Mosaikfadenfische sind sehr anmutige Fische. Die Männchen gehören, wenn sie zur Laichzeit ihre Prachtfärbung ausprägen, zu den schönsten Aquarienbewohnern überhaupt.

Obgleich die Tiere recht groß werden können, sind sie friedliebend und widerstandsfähig, sodass sie sich gut für ein Gesellschaftsbecken eignen. In zu kleinen Aquarien kommt es manchmal zu Kämpfen unter den Männchen, da diese während des Nestbaus zeitweise ein ausgeprägtes territoriales Verhalten an den Tag legen.

In Florida wurden Anfang der 1990er-Jahre Mosaikfadenfische in Freiluftbecken aufgezogen. Sie entwickelten eine goldene Färbung, die mit zunehmendem Alter an Intensität zunahm. Nachdem man die Fische in gewöhnliche Aquarien umgesetzt hatte, wurde die goldene Färbung fleckig, und innerhalb weniger Wochen glichen die Tiere ihren Artgenossen. Bis heute liegen noch keine wissenschaftlich gesicherten Erkenntnisse über diese erstaunlichen Farbveränderungen vor. Sollte die Zucht goldener Mosaikfadenfische irgendwann gelingen, ist mit einem großen internationalen Erfolg zu rechnen.

Verbreitung: Malaysische Halbinsel, Borneo und Sumatra; angeblich auch auf Java und in der Gegend um Bangkok (Thailand), hier jedoch nicht gesichert.

Größe: Bis zu 15 cm, gewöhnlich jedoch ca. 12 cm.

Futter: Alle Futtersorten; Flocken- und Pflanzenfutter, ergänzt durch Lebendfutter.

Becken: Das Becken sollte gut bepflanzt sein, allerdings auch einige geräumige freie Bereiche zum Schwimmen aufweisen. Schwimmende Pflanzen oder Unterwasserpflanzen mit langen Blättern, die bis zur Oberfläche reichen, bieten den Fischen den benötigten Schutz. Das Aquarium sollte dicht abgedeckt werden, damit sich feuchte Luft über der Wasseroberfläche hält. Die pH-Werte dürfen zwischen 6,5 und 8 schwanken, und das Wasser kann weich bis mittelhart sein.

Temperatur: 23–28 °C.

Fortpflanzung: Die während der Paarungszeit prächtig gefärbten Männchen bauen Schaumnester, unter denen der Laichvorgang stattfindet. Das Männchen bewacht die Eier und kümmert sich später einige Tage lang um die Brut. Die Jungen schlüpfen nach etwa einem Tag.

Trichogaster microlepis
(Mondscheinfadenfisch)

Nur wenn die Haltungsbedingungen stimmen, vermehren sich die Mondscheinfadenfische.

DER DEUTSCHE NAME Mondscheinfadenfisch passt ausgezeichnet zu dieser dünnlippigen, silbrig leuchtenden und sehr elegant wirkenden Art.

Obwohl die Tiere weniger bunt als einige ihrer engsten Verwandten sind, beeindrucken sie trotzdem durch ihr Aussehen. Der einzige „Nachteil" liegt in ihrer Größe, jedenfalls wenn man sie in einem Gesellschaftsbecken halten will. Ansonsten sind sie – außerhalb der Paarungs- und Brutzeit – friedliebend und lassen sich mit zahlreichen anderen Arten vergesellschaften. Zu den ungeeigneten Partnern gehören Arten, die gern an Flossen knabbern, wie manche Barben. Für sie wären die verlängerten Bauchflossenfortsätze sicher unwiderstehlich.

In ihren Ursprungsgewässern kommen Mondscheinfadenfische so häufig vor, dass sie als Speisefische verzehrt werden. Im Fernen Osten dienen sie sogar als Lebendfutter für einige räuberische Arten.

Verbreitung: Kambodscha, Malaysia, Singapur und Thailand.

Größe: Bis 20 cm, in der Regel jedoch maximal 15 cm.

Futter: Der Allesfresser stellt keine besonderen Ansprüche und akzeptiert alle Sorten Trocken- und Lebendfutter.

Becken: Mondscheinfadenfische sind zwar relativ groß, jedoch oft sehr scheu, wenn man sie nicht unter optimalen Bedingungen hält. Die besten Resultate erzielt man mit einem Aquarium, das mindestens 40 Zentimeter tief und an den Seiten und der Rückwand dicht bepflanzt ist. Außerdem sollte es einen freien Bereich zum Schwimmen im vorderen Teil bieten. Zur Ausstattung gehören ferner Oberflächenvegetation und eine sichere Abdeckung. Zarte Pflanzen verwenden die Fische beim Bau ihrer Schaumnester. Die Wasserzusammensetzung spielt keine große Rolle, zu alkalisch oder hart sollte das Wasser jedoch nicht sein.

Temperatur: 25–30 °C; während der Paarungs- und Brutzeit im oberen Bereich.

Fortpflanzung: Männchen bauen große Schaumnester, zwischen die sie Oberflächenvegetation und abgebissene Partikel von Unterwasserpflanzen einfügen. Der Laichvorgang findet unter dem Nest statt. Das Männchen betreut einige Tage lang Eier und Jungfische.

Trichogaster pectoralis
(Schaufelfadenfisch)

Der Schaufelfadenfisch ist die größte Art der Gattung. Genau wie sein Verwandter, *Trichogaster trichopterus* (Blauer Gurami, Seite 178), wurde er bereits 1896 in Europa eingeführt, erfreute sich aber nie so großer Beliebtheit wie dieser oder der Mosaikfadenfisch *(T. leerii)*. Dies liegt mit Sicherheit nicht zuletzt an seiner Größe. Fischliebhaber, die geeignete Bedingungen für Schaufelfadenfische schaffen können, sind aber meist bereits nach kurzer Zeit von ihrer Wahl begeistert.

Schaufelfadenfische sind bräunlich gefärbt und entwickeln sich unter idealen Haltungsbedingungen zu eleganten, friedlichen und hübsch anzusehenden Tieren.

In freier Natur findet man sie in den unterschiedlichsten Lebensräumen. In vielen Regionen, in denen diese Tiere eingeführt wurden, gehörten sie früher zu den Speisefischen. Man hat sie sogar schon im Brackwasser des Mekongdeltas gesichtet.

Verbreitung: Ursprünglich in Kambodscha, Südvietnam und Thailand, heute weit in Südostasien und an anderen Orten (darunter Haiti und Sri Lanka) verbreitet.

Größe: Bis 25 cm, meist kleiner.

Futter: Alle Futtersorten.

Becken: Jungfische lassen sich in mittelgroßen Becken halten, erwachsene Tiere jedoch nur in sehr geräumigen Aquarien. Trotz ihrer Größe sind Schaufelfadenfische verträglich und friedliebend, sodass eine Vergesellschaftung mit kleineren Arten möglich ist. Am Rand und an der Rückseite sollte das Aquarium einen dichten Pflanzenwuchs aufweisen, und in der Mitte muss ein offener Bereich genügend Raum zum Schwimmen bieten. Zur Ausstattung sollten ferner Oberflächenvegetation und eine Abdeckung gehören. Die Wasserchemie spielt keine so große Rolle, solange die Qualität insgesamt nicht zu wünschen übrig lässt.

Temperatur: 23–28 °C.

Fortpflanzung: Die Männchen bauen relativ kleine Schaumnester, unter denen der Laichvorgang stattfindet. Das Männchen hütet die Eier und kümmert sich mehrere Tage lang um die Brut, die nach ca. einem Tag schlüpft.

Schaufelfadenfisch.

Trichogaster trichopterus
(Blauer Gurami/Blauer Fadenfisch/Marmorierter Gurami/ Punktierter Gurami/Goldgurami/Goldener Fadenfisch)

Blaue Guramis gehören zusammen mit den Zwergfadenfischen (*Colisa lalia*, Seite 164) zu den beliebtesten und häufigsten Guramiarten. Die robusten, farbenfrohen und wendigen Fische kommen – außer während der Paarungszeit – gut mit anderen Arten aus und eignen sich deshalb für Gesellschaftsbecken. Sie sind außerdem im Handel überall erhältlich und nicht übermäßig teuer.

Die Männchen reagieren allerdings aggressiv auf Artgenossen. Sofern das Aquarium nicht sehr groß und geschickt gestaltet ist, sollte man nur ein einziges Männchen gemeinsam mit mehreren Weibchen halten.

T. trichopterus tritt in verschiedenen Farbvarianten auf, die sich untereinander paaren. So entstehen interessante Hybridformen, an denen man die Vererbung von Farben gut studieren kann.

In seiner blauen Erscheinungsform kommt der Fisch in Sumatra in freier Natur vor. Diese Form wird häufig als Unterart betrachtet und mit dem Namen *Trichogaster trichopterus sumatranus* bezeichnet.

Verbreitung: In Vietnam, Laos, Kambodscha, Malaysia, Indonesien und Thailand weit verbreitet. In Sumatra kommt die blaue Variante vor.

Größe: Bis 15 cm, meistens jedoch kleiner.

Trichogaster trichopterus *„Gold", der Goldene Fadenfisch in der „Cosby" genannten Farbvariante.*

Futter: Alle Sorten der erhältlichen Futtermittel.

Becken: *Trichogaster trichopterus* ist der widerstandsfähigste und am wenigsten scheue Vertreter seiner Gattung. Gleichwohl bevorzugt er dicht bepflanzte, abgedeckte Aquarien, die allerdings auch offene Bereiche und nach Möglichkeit Oberflächenvegetation bieten sollten. Die Tiere vertragen einen pH-Wert zwischen 6 und 8, jedoch keine starken, abrupten Schwankungen bei den Wasserbedingungen. Gleiches gilt für den Härtegrad, der grundsätzlich zwischen hart und weich liegen kann.

Temperatur: 22–28 °C.

Fortpflanzung: Blaue Guramis bauen Schaumnester, allerdings sind viele Männchen dabei nicht übermäßig engagiert. Das Männchen hütet jedoch die Eier und später, wenn nach etwa einem Tag die Jungen schlüpfen, auch einige Tage lang seinen Nachwuchs.

Blauer Gurami in der Normalfärbung.

Trichopsis vittata
(Knurrender Gurami)

ERSTMALS WURDE DER Knurrende Gurami 1899 in Europa eingeführt. Er war stets im Handel erhältlich, jedoch nie weit verbreitet. Schuld daran ist vermutlich, dass er ein scheues Wesen hat und weniger aktiv und farbenfroh ist als andere Labyrinthfische.

Seinen Namen erhielt der Fisch, weil Männchen wie Weibchen Knurrlaute von sich geben können. *T. vittata* gehört zu den weit verbreiteten Arten, doch wurde seine Identität bis heute nicht vollständig geklärt. In freier Natur kommen zahlreiche verschiedene Farbvarianten vor, außerdem paart sich der Knurrende Gurami mit einigen verwandten Arten wie *T. schalleri* (Schallers Knurrender Gurami) und bringt dann fruchtbare Hybride hervor.

Die Sachlage wird zusätzlich kompliziert, da *T. schalleri* ebenfalls fruchtbare Hybridformen erzeugt, wenn man diese Art mit dem Knurrenden Zwerggurami *(T. pumila)* kreuzt. Informationen zu Arten mit ähnlicher Problematik finden Sie unter den Einträgen zu *Polyacanthus fasciatus* und *Trichogaster labiosus* (Seiten 162–163), *Macropodus opercularis* und *M. spechti* (Seite 168) sowie *Pseudosphromenus cupanus* und *P. dayi* (Seiten 172–173).

Verbreitung: In Südostasien von Vietnam südwärts bis nach Java, wahrscheinlich auch auf Borneo. Sollte die Art, wie in einigen Publikationen behauptet, auch im östlichen Indien vorkommen, dürfte es sich um eingeführte Tiere handeln.

Größe: Bis 7 cm.

Futter: Gängige Futtermischungen und Lebendfutter.

Becken: Knurrende Guramis schätzen ein möglichst dicht bepflanztes Aquarium mit kleinerem offenem Bereich, da die Fische nicht sehr groß sind und sich langsam bewegen. Die Tiere eignen sich für ein Gesellschaftsbecken, wenn man sie mit anderen friedliebenden Arten hält. Die Wasserchemie spielt keine sehr große Rolle, jedoch sollten Extreme bei pH-Wert und Wasserhärte vermieden werden.

Temperatur: 22–28 °C.

Fortpflanzung: Zwischen Vegetation oder unter einem Überhang werden Schaumnester angelegt. Abgelaicht wird häufig in kleinen Gelegen, die das Männchen ebenso bewacht wie die Jungfische. Diese schlüpfen nach etwa einem Tag.

Der Knurrende Gurami ist ein friedlicher, langsamer Fisch, der sich gut in ein Gesellschaftsbecken einfügt.

SCHMERLEN

Die Siamesische Saugschmerle *(Gyrinocheilus aymonieri)* und die Prachtschmerle *(Chromobotia macracanthus)* unterscheiden sich äußerlich stark voneinander. Die Saugschmerle ist an ihrem saugnapfartigen Maul leicht zu erkennen, während sich die Prachtschmerle, genau wie die *Botia*-Arten, durch ein eher röhrenförmiges Maul mit Barteln auszeichnet. Ungeachtet dieser und anderer Unterschiede besitzen diese beiden Schmerlen aber auch Gemeinsamkeiten, etwa am Skelett. Sie zählen daher zur Überfamilie Cobitoidea (Schmerlenartige). Diese wird von den meisten Systematiken in vier Familien unterteilt: Gyrinocheilidae (Algenfresser), Catostomidae (Saugkarpfen), Cobitidae (Schmerlen) und Balitoridae (Flussschmerlen und Flossensauger).

Die nachfolgenden Seiten beschränken sich auf einige ausgewählte Mitglieder der Familien Cobitidae und Gyrinocheilidae.

Es gibt bei den Cobitidae 110 Schmerlenarten, doch nur wenige von ihnen haben in größeren Mengen Einzug in die Aquarien gehalten. Dies sind insbesondere die Mitglieder dreier Hauptgruppen: Dornaugen mit wurmförmigen Körpern, die gedrungeneren Schmerlen der Gattungen *Botia, Chromobotia, Syncrossus, Yasuhikotakia* sowie Schlammpeitzger, die der zuerst genannten Gruppe ähneln, jedoch etwas größer sind.

Zu den gemeinsamen Merkmalen aller drei Gruppen gehören ein länglicher Körper, drei bis sechs Paar Barteln am Maul, ein ausklappbarer Dorn vor oder hinter dem Auge sowie eine Reihe von Schlundzähnen, die auch als Pharyngealzähne bezeichnet werden.

Nachdem Experten die Vertreter dieser drei Gruppen genauer untersucht hatten, teilten sie sie in zwei Gruppen ein, die jeweils als Unterfamilien anerkannt wurden – die Cobitinae und die Botiinae. Die Cobitinae besitzen ein Paar Barteln an der Spitze des Mauls und einen rundlichen Schwanz, die Botiinae dagegen zwei Paar Barteln und einen gegabelten Schwanz. Bis auf die *Botia*-ähnlichen Arten gehören die vorgestellten Fische zu den Cobitinae.

Die Siamesische Saugschmerle mit ihrem markanten Maul sowie den typischen Fress- und Atemgewohnheiten gehört der Familie Gyrinocheilidae (Algenfresser) an.

Blaue Prachtschmerle (Yasuhikotakia modesta).

Pangio myersi
(Geflecktes Dornauge)

Die Klassifizierung der Dornaugen ist noch nicht vollständig abgeschlossen. Die Wissenschaftler streiten noch darüber, ob bestimmte Typen eigene Arten bzw. Unterarten bilden oder ob es sich nur um Farbvarianten handelt. Fische der Art *Pangio myersi* können zum Beispiel im vorderen Bereich des Körpers breite, dunkle, vertikale Bänder haben, die bis fast zur Bauchpartie reichen, während sie sich am Hinterteil rings um den Körper ziehen. Es gibt aber auch Vertreter dieser Art, die – mit Ausnahme der Bauchpartie – dunkel gefärbt sind und überhaupt keine hellen Bänder tragen. Wieder andere weisen lediglich blasse Bänder und eine hellbraune Färbung auf.

Allgemeiner formuliert ist *P. myersi* hochrückiger als andere Dornaugenarten. Als deren bekannteste Vertreter gelten das Zickzackdornauge *(P. semicinctus)* und das Maskendornauge *(P. kuhlii)*.

Anmerkung: In der Literatur findet man oft noch den falschen Namen *Acanthophthalmus*, der aber durch *Pangio* ersetzt werden muss.

Verbreitung: Thailand.

Größe: Bis 8 cm.

Futter: Handelsübliches Futter, insbesondere Sinkfutter und am Boden heimisches Lebendfutter.

Becken: Alle Dornaugen wühlen am Grund, um Lebendfutter aufzustöbern. Daher sollte das Bodensubstrat aus feinen gemahlenen und abgerundeten Partikeln bestehen. Die Tiere schlüpfen außerdem durch die schmalsten Öffnungen, weshalb die Abdeckung unbedingt schließen muss. Dichte Vegetation, Steine, Höhlen und weitere Dekoration sollten Rückzugsmöglichkeiten bieten. Gedämpftes Licht sowie eine dicke Schicht Schwimmpflanzen steigern das Wohlbefinden der Fische. Diese sind oft tagaktiv, doch eigentlich – wie ihre Verwandten – dämmerungs- und nachtaktiv; sie entfalten dann deutlich mehr Energie. Es lohnt sich daher, eine Leuchtröhre anzubringen, die Mondlicht simuliert und die Beobachtung der Fische bei Dunkelheit ermöglicht. Am wohlsten fühlen sich die Tiere in weichem, leicht saurem Wasser.

Temperatur: 24–30 °C.

Fortpflanzung: In Aquarien nur selten. Die grünen Eier können unter Wurzeln oder Stängeln von Schwimmpflanzen liegen.

Geflecktes Dornauge.

Acantopsis choirorhynchos
(Rüsselschmerle/Pferdekopfschmerle)

RÜSSELSCHMERLEN sind dezent gezeichnete Fische, die leider manchmal inmitten der farbenprächtigeren tropischen Zierfischarten unbeachtet bleiben. Hinzu kommt, dass sie sich über längere Zeiträume zurückziehen und manchmal stundenlang im Boden eingegraben liegen, sodass nur noch ihre Augen herausschauen. Die Wurzeln von Wasserpflanzen sollte man daher sehr gut schützen. Andererseits kann man die friedliebende Rüsselschmerle problemlos mit gleich großen Arten in einem Gesellschaftsaquarium halten.

Der bodenbewohnende Fisch ist ein relativ schlechter Schwimmer, aber dennoch in der Lage, sich blitzschnell aus einer Gefahrenzone zu bewegen, wenn er sich bedroht fühlt. Muss man ihn einmal mit einem Netz aus dem Aquarium fischen, so sollte dies mit größter Sorgfalt geschehen, damit sich seine Unteraugendornen nicht im Netz verhaken.

Verbreitung: Südostasien.

Größe: Bis 30 cm, in der Regel jedoch ca. 15 cm.

Futter: Alle Futterarten, bevorzugt jedoch Sinkfutter und am Boden heimisches Lebendfutter.

Becken: Die Art gräbt sich in das Bodensubstrat ein, zum einen um zu ruhen, zum anderen um Schutz vor Gefahren zu finden. Außerdem sucht sie ihr Futter im Bodengrund. Dieser muss daher aus feinen, abgerundeten Partikeln bestehen und sollte so tief sein, dass sich auch größere Exemplare vollständig eingraben können. Da Pflanzen bei den ausgedehnten Wühlaktivitäten dieses Fisches leicht entwurzelt werden können, sollte man sie in Töpfe setzen und diese im Aquarium mit Kies bedecken. Ebenso kann man auch die Wurzeln selbst mit Kies schützen. Es lohnt sich ferner, eine „Mondlicht"-Leuchtstoffröhre anzubringen, damit man die dämmerungs- bzw. nachtaktiven Tiere auch bei Dunkelheit beobachten kann. Rüsselschmerlen sind, was die Wasserchemie angeht, nicht sehr empfindlich, bevorzugen jedoch weiches und leicht saures Wasser.

Temperatur: 25–28 °C.

Fortpflanzung: Die Rüsselschmerle pflanzt sich in der Regel im Aquarium nicht fort.

Rüsselschmerle.

Chromobotia macracanthus
(Prachtschmerle)

Prachtschmerlen ruhen und schlafen manchmal auf der Seite liegend.

FRÜHER WAREN PRACHTSCHMERLEN im Wesentlichen als kleine bis mittelgroße Aquarienfische bekannt, wenngleich immer wieder von wesentlich größeren Exemplaren in freier Wildbahn berichtet wurde. Inzwischen wachsen sie dank der verbesserten Aquarientechnologie, der geeigneten Futtermittel sowie der fortgeschrittenen Haltungstechniken zu größeren Exemplaren heran und erreichen nun bis zu 20 Zentimeter.

Die auffällig hübschen Prachtschmerlen unterscheiden sich in zweifacher Hinsicht von den meisten anderen Fischen. Zum einen können sie, vor allem zur Fütterungszeit, gut hörbare knackende Laute hervorbringen. Zum anderen liegen sie manchmal wie halb tot auf der Seite. Es besteht dann jedoch kein Anlass zur Sorge, denn die Tiere sind kerngesund und ruhen oder schlafen einfach auf diese für Fische eher ungewöhnliche Weise.

In ihrer Heimat hält man Prachtschmerlen als Aquarienfische, sie werden aber auch als Speisefische verzehrt.

Verbreitung: Fließende Gewässer auf den Inseln Borneo (Kalimantan) und Sumatra, beide Indonesien.

Größe: Bis 38 cm, in der Regel jedoch kleiner.

Futter: Alle gängigen Futtersorten, vor allem handelsübliches Sinkfutter sowie am Boden heimisches Lebendfutter.

Becken: Prachtschmerlen können scheu sein, wenn man sie einzeln hält. In kleinen Schwärmen fühlen sie sich sicherer und werden mutiger. Das Aquarium sollte jedoch genügend Unterschlupfmöglichkeiten bieten. Pflanzen muss man besonders schützen, da sie sonst leicht entwurzelt werden (siehe Angaben zu *Acantopsis choirorhynchos*, linke Seite). Wegen der Wühlaktivitäten sollte der Bodengrund aus feinen, abgerundeten Partikeln bestehen. Ebenso bevorzugen die Fische schwaches Licht. Wie ihre *Botia*-Verwandten sind sie dämmerungs- und nachtaktiv, wenngleich sie sich auch tagsüber zeigen. Mithilfe einer „Mondlicht"-Leuchtstoffröhre kann man sie dann am besten beobachten. Die Fische fühlen sich in weichem, saurem Wasser am wohlsten; unbehandeltes Wasser aus dem Hahn ist nicht zu empfehlen.

Temperatur: 23–30 °C.

Fortpflanzung: Gelegentlich – und wohl eher zufällig – laichen Prachtschmerlen im Aquarium, doch gibt es darüber erst seit kurzem genaue Aufzeichnungen.

Yasuhikotakia sidthimunki
(Schachbrettschmerle/Zwergschmerle)

Die Schachbrettschmerlen gerieten Ende der 1980er- und Anfang der 1990er-Jahre etwas in Vergessenheit, erfreuen sich heute aber wieder größerer Beliebtheit bei Aquarianern.

Schachbrettschmerlen fühlen sich in kleinen Schwärmen am wohlsten.

Vor allem in kleinen Schwärmen und in Gesellschaft anderer kleiner Arten entfaltet der schön gezeichnete Fisch seine volle Wirkung. Im Unterschied zu einigen *Botia*-Arten scheint es Schachbrettschmerlen nicht einmal zu stören, wenn sie in einem gut beleuchteten Aquarium leben. Überhaupt lassen sie sich relativ unkompliziert halten. Sie sind anspruchslose Pfleglinge, sofern man sie in weiches, saures Wasser von guter Qualität setzt.

Bis vor kurzem gehörte diese hübsche Schmerle zur Gattung *Botia.*

Verbreitung: Nordthailand.
Größe: Bis 10 cm, im Aquarium meist kleiner.
Futter: Handelsübliches Futter, insbesondere Sinkfutter und am Boden heimisches Lebendfutter.
Becken: Am wohlsten fühlen sich die friedliebenden Fische, wenn sie in Schwärmen in einem gut bepflanzten Aquarium mit zahlreichen Rückzugsmöglichkeiten gehalten werden. Der Boden sollte aus feinem Substrat ohne scharfe Kanten bestehen, da sich die Fische sonst bei der Futtersuche ihre empfindlichen Barteln verletzen könnten. Im Unterschied zu ihren *Botia*-Verwandten hält sich *Y. sidthimunki* häufig in offenen Bereichen auf, flitzt mit hoher Geschwindigkeit durch das Aquarium und ruht sich dann unter breitblättrigen Pflanzen wie *Echinodorus* spp. aus. Obwohl die Schachbrettschmerlen ziemlich klein sind, geben sie sich weniger zurückhaltend als einige ihrer engsten Verwandten. So sind sie zum Beispiel sowohl tagsüber als auch nachts aktiv. Das Wasser sollte weich und leicht sauer sein.
Temperatur: 25–30 °C.
Fortpflanzung: In Aquarien erst einmal dokumentiert.

Weitere Schmerlen

Im Handel sind weitere Schmerlenarten mit ähnlichen Bedürfnissen wie *Chromobotia macracanthus* erhältlich, darunter *Botia almorhae* (Netzschmerle), *B. striata* (Streifenschmerle), *Syncrossus beauforti,* (Beauforts Prachtschmerle), *Yasuhikotakia modesta* (Blaue Prachtschmerle), *Y. morleti* – früher *Botia horae* (Mausschmerle).

Die Netzschmerle braucht viele Rückzugsmöglichkeiten im Aquarium.

Gyrinocheilus aymonieri
(Siamesische Saugschmerle)

In den USA ist *Gyrinocheilus aymonieri* unter dem Namen „Chinesischer Algenfresser" bekannt. Diese Bezeichnung scheint sich allmählich auch in Europa einzubürgern und den früheren Namen zu verdrängen. Leider handelt es sich hier um einen der Fälle, in dem ein unzutreffender Terminus einen anderen ersetzt. Immerhin kommen die Fische in freier Natur nicht in China, sondern vor allem in Thailand vor.

Die Saugschmerle ist trotz ihres eher unauffälligen Erscheinungsbildes ein bemerkenswerter Fisch, der sich an Steinen festhält und dabei gleichzeitig fressen und atmen kann, ohne seinen Halt zu verlieren. Dies gelingt ihm, weil er nicht wie andere Fische Wasser durch sein Maul aufnehmen muss, um sich mit Sauerstoff zu versorgen, sondern zu diesem Zweck eine spezielle Öffnung am oberen Rand der Kiemen besitzt.

In freier Natur ernährt sich *Gyrinocheilus aymonieri* vorwiegend von Algen, weshalb er in dem etwas übertriebenen Ruf steht, ein ganzes Aquarium von Algen freihalten zu können. Neben dem in der Natur vorkommenden Typ existiert eine goldfarbene Zuchtform, die sich immer größerer Beliebtheit erfreut.

Verbreitung: Thailand, malaysische Halbinsel.

Größe: Bis 30 cm.

Futter: Trotz seines Namens und obwohl der Fisch gerne Pflanzen frisst, akzeptiert er auch handelsübliches Futter, darunter Futtertabletten und kleines Lebendfutter.

Becken: Das Aquarium sollte genügend Rückzugsmöglichkeiten für die Tiere bieten. Dessen ungeachtet hängen die Fische häufig an den Aquarienscheiben. Saugschmerlen fressen zwar gerne Pflanzen, doch ist ihr Maul so beschaffen, dass sie Algen abweiden können. Wasserpflanzen sind daher kaum in Gefahr. Jungfische vertragen sich meistens gut miteinander, erwachsene Tiere können jedoch ein ausgeprägtes und durchaus aggressives Territorialverhalten an den Tag legen. Sie sollten daher einzeln gehalten werden. Sofern die Wasserqualität gut und die Sauerstoffversorgung ausreichend ist, spielt die Wasserzusammensetzung eine untergeordnete Rolle.

Temperatur: 21–28 °C, etwas höhere Temperaturen werden kurze Zeit vertragen.

Fortpflanzung: In Aquarien bislang nicht dokumentiert, allerdings gibt es erfolgreiche kommerzielle Züchter, die die Tiere in großem Stil züchten.

Saugschmerlen können gleichzeitig fressen und atmen, während sie sich an Steinen festhalten.

Misgurnus anguillicaudatus (Ostasiatischer Schlammpeitzger)

Ostasiatische Schlammpeitzger kündigen durch ihr Verhalten Wetteränderungen an.

Der Ostasiatische Schlammpeitzger ist – neben seinem europäischen Verwandten *M. fossilis* (Europäischer Schlammpeitzger) – Hobbyaquarianern seit vielen Jahren wohl bekannt. In Form und Farbe stechen die Fische, abgesehen von ihrem warmen Goldton, nicht übermäßig hervor. Im Gegenteil, die bräunlichen Tiere werden sogar häufig übersehen, zumal sie die Angewohnheit haben, sich so in den Boden einzugraben, dass nur noch die Augen herausschauen.

Beliebt sind Schlammpeitzger vor allem bei Aquarienfreunden, die etwas ausgefallenere Arten halten wollen. So ist es etwa eine herausragende Eigenschaft dieser Tiere, in freier Natur schwere Stürme anzukündigen. Fällt das Barometer plötzlich, so sinkt auch der Druck in der Schwimmblase der Fische, was bei ihnen einen stark erhöhten Bewegungsdrang auslöst. Dies hat nichts mit angeborener Wendigkeit zu tun, sondern ist vielmehr das Resultat einer Reihe natürlicher Ereignisse, die zusammenhängen und aufeinander folgen. Ist die Druckveränderung stark genug, geben die Fische sogar laut vernehmbare Geräusche von sich.

Verbreitung: In Nordostasien weit verbreitet.

Größe: Bis 25 cm, in der Regel jedoch kleiner.

Futter: Handelsübliches Futter und Lebendfutter.

Becken: Schlammpeitzger graben sich in den Grund ein und benötigen daher ein feines Bodensubstrat ohne scharfe Kanten. Manchmal wird schlammiger oder schlickartiger Boden empfohlen, doch dies ist nur in freier Natur sinnvoll, weil das Wasser im Aquarium zu leicht verschmutzt. Pflanzen sollten generell vor der Entwurzelung geschützt werden (siehe dazu die Angaben bei *Acantopsis choirorhynchos*, Seite 182). Die Wasserzusammensetzung spielt eine untergeordnete Rolle und ist nicht weiter kritisch, da die Art eine breite Spanne von pH-Werten und Wasserhärten verträgt.

Temperatur: 10–25 °C.

Fortpflanzung: Es liegen Berichte vor, dass sich die Fische in seltenen Fällen im Aquarium paaren. Dabei schlingen die Tiere ihre Körper umeinander und verbergen anschließend die Eier in der Vegetation. Generell gelingt die Vermehrung der Schlammpeitzger allerdings nicht in der Aquarienhaltung.

REGENBOGENFISCHE

SEIT MEHR ALS 70 JAHREN sind die Regenbogenfische aus der Familie Melanotaeniidae bei Aquarianern zu Recht sehr beliebt. Bekannt wurden sie zunächst in Australien, der Heimat vieler Regenbogenfischarten. Heute findet man sie auf der ganzen Welt.

Wie bei anderen größeren Fischgruppen gibt es auch bei den Regenbogenfischen noch keine allgemein gültige Systematik. Überwiegend erfolgt die Einteilung in Eigentliche Ährenfische (Atherinidae; im Salzwasser, außer in Australien), Bedotiidae (Madagaskar-Ährenfische; Madagaskar), Melanotaeniidae (Regenbogenfische; Australien, Neuguinea), Pseudomugilidae (Blauaugen; Australien, Neuguinea) sowie Telmatherinidae (Celebes-Ährenfische; Sulawesi). Die im Nachfolgenden vorgestellten Gattungen gehören den im blauen Kasten genannten Familien an.

Familie	**Gattung**
Bedotiidae	*Bedotia*
Melanotaeniidae	*Glossolepis*
	Iriatherina
	Melanotaenia
Pseudomugilidae	*Pseudomugil*
Telmatherinidae	*Marosatherina*

Viele Regenbogenfischarten kreuzen sich untereinander und dürfen deswegen nur getrennt zur Zucht angesetzt werden. Es handelt sich um eine evolutionsbiologisch aktive Familie. Als typische Dauerlaicher legen alle Ährenfische täglich Eier.

Unterschiede im Skelett lassen die Einordnung einzelner Ährenfischgattungen in die aufgelisteten Familien zu, doch dessen ungeachtet teilen sie gewisse Charakteristika, die sie (und weitere Familien) zu Mitgliedern der Ordnung Atheriniformes (Ährenfischartige) machen. Zu diesen Merkmalen zählt eine zweite Rückenflosse. Diese unterscheidet sich in ihrer Zusammensetzung deutlich von der Fettflosse, die manche Karpfen und die meisten Salmler aufweisen (siehe Seite 69), und ist größer als die erste Rückenflosse.

Als weitere typische Merkmale besitzen die Ährenfische weit hinten am Körper ansetzende Bauchflossen sowie eine schwach ausgeprägte oder gar nicht zu sehende Seitenlinie. Diese sticht bei vielen anderen Fischen, vor allem den Buntbarschen (Seite 121), deutlich hervor.

Celebes-Sonnenstrahlfisch (Marosatherina ladigesi).

Bedotia cf. *geayi* (Madagaskar-Ährenfisch / Rotschwanz-Ährenfisch)

Madagaskar-Ährenfische stammen nur aus Madagaskar. Der Namenszusatz „cf." bedeutet, dass die Artbestimmung bislang nicht sicher geklärt ist. Die aktiven und friedfertigen Tiere leben in Schwärmen und eignen sich daher gut für Gesellschaftsaquarien.

Unter günstigen Haltungsbedingungen entfalten die Fische, vor allem die Männchen, ihre volle Farbenpracht – besonders wenn eine größere Gruppe erwachsener Männchen sich in einem üppig bepflanzten Aquarium im Synchronschwimmen übt. Das Schwarmverhalten wird durch eine kräftigere Strömung verstärkt, die man mithilfe einer Filteranlage erzeugen kann.

Madagaskar-Ährenfische besitzen zwar die für alle Regenbogenfische typische zweifache Rückenflosse, doch liegt die erste, deutlich kleinere, in der Regel dicht am Körper an, sodass man sie nur in seltenen Fällen sieht. Dafür stellen die Tiere sowohl beim „normalen" Schwimmen als auch beim Synchronschwimmen im Schwarm häufig ihre auffällig bunte Bauch- und zweite Rückenflosse zur Schau. So bieten Schwärme dieser Tiere dem Betrachter einen spektakulären Anblick.

Verbreitung: Madagaskar.

Größe: Bis 15 cm, in der Regel jedoch ca. 10 cm.

Futter: Lebendfutter; wird nur an der Oberfläche oder auf halber Höhe genommen, am Boden ignoriert.

Becken: Diese typischen Schwarmfische sollten niemals einzeln oder paarweise gehalten werden. Die Tiere benötigen ein geräumiges Aquarium mit großem zentralem Schwimmbereich. Seiten und Hintergrund sollten dicht bepflanzt sein, damit die Farben der Fische gut zur Geltung kommen und die Tiere sich sicher fühlen. Die Wasserzusammensetzung spielt keine große Rolle, doch muss die Wasserqualität insgesamt gut sein. Ratsam ist mittelhartes bis hartes und neutrales bis alkalisches Wasser. Außerdem benötigt man eine gute Filteranlage und sollte Teile des Wassers regelmäßig austauschen.

Temperatur: 20–25 °C.

Fortpflanzung: Die Eier werden zwischen feinblättrigen Pflanzen abgelegt, die Jungfische schlüpfen nach sieben Tagen (bei niedrigen Wassertemperaturen etwas später).

Madagaskar-Ährenfisch.

Glossolepis incisus
(Lachsroter Regenbogenfisch)

Trotz ihrer Größe sind Lachsrote Regenbogenfische scheu und fühlen sich nur im Schwarm richtig wohl.

Erwachsene männliche Lachsrote Regenbogenfische sehen vor allem im Schwarm recht eindrucksvoll aus. Unter optimalen Bedingungen leuchten die Männchen intensiv rot (daher ihr Name), wobei der Farbton und die Farbintensität von Fisch zu Fisch variieren. Einige Tiere weisen eine orangefarbene Tönung auf, andere sind eher weinrot, doch trifft die deutsche Bezeichnung „lachsrot“ durchaus auf viele Exemplare zu.

Auf den ersten Blick ähneln die *Glossolepis*-Arten ihren australischen Verwandten der Gattung *Melanotaenia*. Ein deutliches Unterscheidungsmerkmal ist allerdings der hohe Rücken, der alle ausgewachsenen *Glossolepis*-Männchen auszeichnet und den Kopf etwas zu klein geraten wirken lässt.

Ungeachtet ihrer Größe sind Lachsrote Regenbogenfische friedliebend, wenn nicht sogar scheu, und müssen daher unbedingt im Schwarm gehalten werden.

Drei weitere *Glossolepis*-Arten mit ähnlichen Haltungsbedingungen sind im Handel erhältlich: *G. maculosus* (Gefleckter Regenbogenfisch), *G. multisquamatus* (Sepik-Regenbogenfisch) und *G. wanamensis* (Lake-Wanam-Regenbogenfisch).

Verbreitung: Nur aus dem Sentanisee in Irian Jaya (Neuguinea) bekannt.

Größe: Bis 20 cm, häufig jedoch nur ca. 12 cm.

Futter: Handelsübliches Trockenfutter wird akzeptiert, doch bevorzugen die Fische Lebendfutter.

Becken: Da die Fische relativ groß werden und sich im Schwarm bewegen, benötigt man ein geräumiges Aquarium mit ausreichend Platz zum Schwimmen. Die Seiten und die Rückwand sollten dicht bepflanzt sein. Der Boden kann teilweise mit kurzen, feinblättrigen oder Klumpen bildenden Pflanzen wie etwa Javamoos *(Vesicularia dubyana)* bedeckt sein. Das Wasser ist idealerweise neutral oder leicht alkalisch sowie mittelhart.

Temperatur: 22–26 °C, für die Zucht eignet sich der obere Temperaturbereich.

Fortpflanzung: Dauerlaicher; die Eier werden auf Javamoos oder einem speziellen Laichmop aus Kunstfasern abgelegt. Die Jungen schlüpfen nach etwa sieben Tagen.

Iriatherina werneri
(Werners Regenbogenfisch / Filigran-Regenbogenfisch)

Die zierlichen Filigran-Regenbogenfische machen ihrem deutschen Namen alle Ehre.

Filigran-Regenbogenfische sehen zierlich aus, sind aber ziemlich widerstandsfähig. Bis Ende der 1970er-Jahre hielt man sie für eine nur auf Neuguinea vorkommende Art. 1978 entdeckte man sie im Norden Australiens in Nord-Queensland in der Region des Jardine River. Zwei Jahre später fand der australische Aquarianer Ray Leggett sie im selben Gebiet in Brackwasser und Sümpfen mit dichter Vegetation und weichem, saurem Wasser. 1985 tauchten sie in einem ähnlichen Lebensraum im Edward River, einem weiteren Fluss im Norden, auf.

In Zoohandlungen sieht man sie zwar zuweilen, doch sind Filigran-Regenbogenfische leider nach wie vor nicht sehr verbreitet. Und das, obwohl sie relativ leicht zu halten und wirklich außerordentlich schön anzusehen sind. Eine Reihe anderer zierlicher Arten teilt dieses Schicksal.

Verbreitung: Zentrum und Süden Neuguineas; Nordaustralien in der Region des Jardine und Edward River.

Größe: Männchen bis 5 cm, Weibchen meist kleiner.
Futter: Handelsübliches Trockenfutter wird akzeptiert, Lebendfutter jedoch bevorzugt.
Becken: Die zierlichen Regenbogenfische hält man am besten im Schwarm in einem gut bepflanzten Aquarium. Dort schwimmen die Tiere gewöhnlich im oberen und mittleren Bereich. Die friedliebenden Tiere lassen sich gut mit anderen friedfertigen Arten in einem Gemeinschaftsaquarium vergesellschaften. Der Kontakt mit flossenzupfenden Arten sollte allerdings vermieden werden. Ratsam ist ein leicht saures und relativ weiches Wasser.
Temperatur: 22–29 °C.
Fortpflanzung: Die Fische laichen auf feinblättrigen oder dünnstängeligen Pflanzen wie Javamoos *(Vesicularia dubyana)* oder an speziellen Laichmops. Diese bestehen in der Regel aus synthetischer Wolle oder anderen Kunstfasern, die an einem im Wasser treibenden Stück Kork befestigt werden. Auch diese Fische sind Dauerlaicher; je nach Wassertemperatur dauert es sieben bis zehn Tage, bis die Jungen schlüpfen.

Melanotaenia boesemani
(Boesemans Regenbogenfisch / Ajamaru-Regenbogenfisch)

Boesemans Regenbogenfisch lässt sich im Aquarium leicht züchten.

Offiziell wurde Boesemans Regenbogenfisch erstmals im Jahr 1980 beschrieben und ist daher in der Hobbyaquaristik noch relativ neu. Dennoch gelang es dieser auffälligen Art rasch, die Herzen der Aquarianer zu erobern. Sie gehört heute weltweit zu den beliebtesten Regenbogenfischarten.

Besonders schön sehen die in freier Natur gefangenen Exemplare aus, doch findet man diese nur sehr selten im Fachhandel, zumal Zuchtprogramme in den Regionen mit kommerzieller Fischzucht sehr erfolgreich sind.

In einigen Büchern steht, dass die leuchtenden Farben der Männchen verblassen, wenn man sie über Generationen hinweg im Aquarium hält und züchtet. Auf einige Populationen mag dies zutreffen, doch kann man in Zuchtfarmen in verschiedenen Ländern – etwa in Florida und Sri Lanka – Tiere sehen, die genauso schön leuchten wie die ersten in freier Natur gefangenen Arten aus den frühen 1980er-Jahren.

Verbreitung: Rund um den Ajamarusee in Irian Jaya (Neuguinea).

Größe: Männchen bis 10 cm, Weibchen etwas kleiner. Ausgewachsene Männchen können unter günstigen Bedingungen noch etwas größer werden.

Futter: Handelsübliches Futter und Lebendfutter.

Becken: *M. boesemani* ist ein aktiver und in der Regel friedliebender Schwarmfisch, der sich auch mit kleineren Arten gut verträgt. Man sollte ihn stets in geräumigen Aquarien halten, selbst wenn er noch nicht ausgewachsen ist, da räumliche Beschränkungen das Wachstum behindern. Die Tiere benötigen einen offenen Bereich zum Schwimmen sowie dicht bepflanzte Felder. Den Boden sollte Javamoos *(Vesicularia dubyana)* oder eine ähnliche Vegetation bedecken. Am wohlsten fühlen sich die Fische in neutralem oder leicht alkalischem Wasser. Eine gute Filteranlage ist zu empfehlen, sie sollte jedoch keine starke Strömung erzeugen.

Temperatur: 22–25 °C; am unteren Rand des Spektrums verhalten sich die Fische etwas ruhiger.

Fortpflanzung: Dauerlaicher; die Eier werden täglich auf Javamoos oder auf speziellen Laichmops abgelegt; bis zum Schlüpfen vergehen etwa sieben Tage.

Melanotaenia maccullochi
(Zwergregenbogenfisch)

Zwergregenbogenfische können aus dem Becken springen, wenn die Abdeckung nicht fest schließt.

Zwergregenbogenfische gehören zu den kleineren Regenbogenfischarten. Sie wurden vermutlich als erste australische Süßwasserart für die Aquarienhaltung gezüchtet. Lange Zeit galten sie als die populärsten australischen Regenbogenfische in der Hobbyaquaristik. Mittlerweile haben einige neuere und farbenprächtigere Arten ihnen den Rang abgelaufen. Trotzdem erfreuen sie sich noch immer großer Beliebtheit.

Wie bei vielen Regenbogenfischarten sind von dieser Art mehrere farblich gut zu unterscheidende Varianten im Handel.

Verbreitung: Im nördlichen Queensland, Australien, rund um Cairns und im Jardine River; außerdem im Süden von Papua-Neuguinea.
Größe: Bis 7 cm.
Futter: Handelsübliches Futter und Lebendfutter.
Becken: Der friedliebende und sehr aktive Schwarmfisch benötigt ausreichend Platz im Aquarium zum Schwimmen. Besonders wohl fühlt er sich, wenn die Seiten und der Hintergrund des Beckens dicht bepflanzt sind. Ebenso wichtig ist eine fest schließende Abdeckung, damit das agile Tier nicht herausspringt. Zum Laichen brauchen die Regenbogenfische feinblättrige Vegetation. Das Wasser sollte leicht sauer oder neutral sowie weich bis mittelhart sein.
Temperatur: 20–26 °C.
Fortpflanzung: Dauerlaicher; die Eier werden auf feinblättriger Vegetation abgelegt. Die Jungen schlüpfen – je nach Temperatur – innerhalb von sechs bis zehn Tagen.

Weitere verwandte Arten

Abgesehen von den beiden oben genannten Arten sind noch einige weitere *Melanotaenia*-Regenbogenfische mehr oder weniger regelmäßig im Handel erhältlich. Die Größen der Tiere liegen dabei zwischen 7 und 11 cm. Alle Arten sind friedfertige Schwarmfische mit vergleichbaren Ansprüchen an die Haltungsbedingungen.

Zu den am besten bekannten Arten gehören *M. affinis* (Variabler Regenbogenfisch), *M. gracilis* (Schlanker Regenbogenfisch), *M. herbertaxelrodi* (Lake-Tebera-Regenbogenfisch), *M. lacustris* (Aquamarin-Regenbogenfisch), *M. nigrans* (Großer Regenbogenfisch), *M. parkinsoni* (Parkinsons Regenbogenfisch), *M. splendida* (Blauer Regenbogenfisch) und *M. trifasciata* (Juwelen-Regenbogenfisch).

Pseudomugil furcatus
(Gabelschwanzblauauge)

Gabelschwanzblauaugen aus Papua-Neuguinea gehören zusammen mit dem Pazifischen Blauauge *(P. signifer)* von der Ostküste Australiens und dem Gepunkteten Blauauge *(P. gertrudae)* aus dem Norden Australiens zu mehreren *Pseudomugil*-Arten, die im Handel mehr oder weniger regelmäßig erhältlich sind.

Vom Pazifischen Blauauge *(P. signifer)* gibt es eine ganze Reihe von Flossen- und Farbvarianten. Die nördlichen Populationen dieser Art besitzen in der Regel größere Flossen. Die Tiere unterscheiden sich auch in der Größe und ihren Lebensgewohnheiten. So werden etwa die Vertreter der Populationen rund um Townsville in Queensland ziemlich groß, und jene aus den nördlichsten Verbreitungsgebieten verhalten sich deutlich aggressiver als die Artgenossen anderer Regionen.

Gabelschwanzblauaugen bleiben im Allgemeinen relativ klein, entfalten jedoch in gemischtgeschlechtlichen Schwärmen in üppig bepflanzten Aquarien eine erstaunliche Wirkung. Übrigens sind die erwachsenen Tiere nicht kannibalistisch veranlagt, sodass man sie ohne Probleme gemeinsam mit ihren Nachkommen im selben Becken halten kann.

Verbreitung: Umgebung von Popondetta, Papua-Neuguinea.

Größe: Bis 7 cm, meist kleiner.

Futter: Einige Flockenfuttersorten werden akzeptiert, doch bevorzugen die Fische gefriergetrocknetes und tiefgefrorenes Futter bzw. Lebendfutter.

Becken: Dieses Blauauge sollte man in Schwärmen halten. Es passt problemlos in Gesellschaftsbecken mit anderen friedfertigen Arten, lediglich die Männchen geben sich zuweilen etwas aggressiver. Die Fische benötigen offenen Raum zum Schwimmen, doch sollte dieser an den Seiten und im Hintergrund üppig bepflanzt sein. Falls möglich, sollte das Aquarium so stehen, dass die Morgensonne es bescheint, vor allem während der Laichzeit. Als günstig erweisen sich ein neutraler bis leicht alkalischer pH-Wert und mittelhartes Wasser.

Temperatur: 20–28 °C; zur Förderung der Laichproduktivität empfiehlt sich der wärmere Bereich.

Fortpflanzung: Dauerlaicher; die Eier werden zwischen den Wurzeln von Wasserpflanzen oder auf feinblättriger Vegetation abgelegt. Die Jungen schlüpfen je nach Temperatur innerhalb von zwei bis drei Wochen.

Gabelschwanzblauaugen schätzen es, wenn die Morgensonne das Aquarium bescheint.

Marosatherina ladigesi (Celebes-Sonnenstrahlfisch)

Bei guter Wasserqualität entfaltet der Celebes-Sonnenstrahlfisch seine ganze Farbenpracht.

Der Celebes-Sonnenstrahlfisch ist ein äußerst friedliebender Schwarmfisch, der sich zusammen mit anderen Arten problemlos im Gesellschaftsbecken halten lässt, sofern diese das von ihm bevorzugte mittelharte Wasser vertragen. Ansonsten kann man für eine gewisse Zeit auch weicheres Wasser verwenden, um die Zahl geeigneter Fischarten zu erhöhen.

Die Sonnenstrahlfische passen sich einer Reihe von pH-Werten an, ziehen jedoch alkalisches Wasser saurem vor. Am wichtigsten ist es, jede Veränderung in mehreren kleinen Schritten vorzunehmen.

Unter geeigneten Bedingungen entfaltet der Fisch seine ganze Farbenpracht und zeigt seine eleganten Flossen. Ist die Wasserqualität jedoch schlecht oder setzt man die Tiere mit großen, aggressiven Fischarten zusammen, geraten die Celebes-Sonnenstrahlfische in Stress. Dies zeigen sie deutlich an, indem sie die Flossen eng an den Körper gepresst halten und blasse Farben aufweisen.

Verbreitung: Sulawesi (früher Celebes), Indonesien.

Größe: Bis 7,5 cm.

Futter: Handelsübliches Futter und Lebendfutter.

Becken: Celebes-Sonnenstrahlfische fühlen sich in einem Schwarm am wohlsten und benötigen offenen Schwimmraum. Die Seiten und der Hintergrund des Aquariums sollten üppig bepflanzt sein. Als günstig für das Wohlbefinden der Tiere erweist es sich auch, wenn das Aquarium so aufgestellt wird, dass die Morgensonne es bestrahlt. Vor allem zum Ablaichen ist dies ein wichtiges Kriterium für die Fruchtbarkeit der Tiere. Die Wasserzusammensetzung spielt keine übermäßig große Rolle, doch bevorzugen die Fische neutrales bis leicht alkalisches, mittelhartes Wasser. Eine Salzzugabe ist nicht unbedingt notwendig.

Temperatur: 20–28 °C; zur verstärkten Laichproduktion empfiehlt sich der wärmere Bereich.

Fortpflanzung: Die Fische sind – genau wie all ihre nächsten Verwandten – Dauerlaicher. In der Regel laichen sie am Morgen und legen dabei die Eier täglich auf feinblättriger Vegetation ab. Die Jungen schlüpfen, je nach Temperaturbedingungen, innerhalb von acht bis zwölf Tagen.

GRUNDELN UND SCHLÄFERGRUNDELN

Obwohl sich Grundeln und Schläfergrundeln sehr stark ähneln, gehören sie dennoch zwei verschiedenen Familien an, den Gobiidae (Echte Grundeln) und den Eleotridae (Schläfergrundeln).

Zusammen mit mehreren anderen Familien bilden sie die Unterordnung der Gobioidei (Grundelartigen). Deren Vertreter zeichnen sich durch eine Reihe von Gemeinsamkeiten aus. So fehlt unter anderem die Schwimmblase, und die Bauchflossen sind häufig mehr oder weniger miteinander verwachsen, sodass sie eine Saugscheibe bilden. Diese liegt unter den Brustflossen. Zudem ist nur eine einzige Keimdrüse vorhanden.

Im Bereich der Hobbyaquaristik erkennt man die Grundeln an den zur Saugscheibe verwachsenen Brust- bzw. Bauchflossen. Bei Schläfergrundeln sind diese Flossen höchstens am Ansatz vereint und bilden keine Saugscheibe. Ebenso variieren die Ansätze der Bauchflossen.

Über die Taxonomie der Gobiidae wird noch gestritten, doch könnte die Familie im besten Fall immerhin mehr als 212 Gattungen und rund 1900 Arten umfassen. Damit wäre sie die artenreichste Wirbeltierfamilie überhaupt (siehe auch Karpfenfische, Seite 48).

In deutlichem Kontrast dazu stehen die Eleotridae mit nur 35 Gattungen und rund 150 Arten. Dies ist zwar immer noch eine beachtliche Zahl, die aber – verglichen mit den Grundeln – eher bescheiden anmutet.

Trotz ihrer ungeheuren Artenfülle spielen in der Hobbyaquaristik nur wenige Grundelarten eine Rolle. Ihre Anzahl entspricht etwa der Zahl von in Aquarien gehaltenen Schläfergrundelarten.

Auf den folgenden Seiten werden zwei Arten aus der Familie der Echten Grundeln vorgestellt, die Goldringelgrundel *(Brachygobius xanthozonus)* und die Rittergrundel *(Stigmatogobius sadanundio)*. Ferner sind drei Schläfergrundeln aufgeführt, die Gefleckte Schläfergrundel *(Dormitator maculatus)*, die Australische Kaisergrundel *(Hypseleotris compressa)* und die Schwanzfleck-Schläfergrundel *(Tateurndina ocellicauda)*. Hinzu kommen einige Hinweise auf weitere nahe verwandte Arten.

Eine Goldringelgrundel zeigt ihre Saugscheibe.

Brachygobius xanthozonus
(Goldringelgrundel)

Goldringelgrundeln sind sehr scheu und verbringen die meiste Zeit in ihrem Schlupfwinkel.

Die hier vorgestellte Spezies gehört zu einer Reihe kleiner, schwarz-goldener Grundelarten, die auch als Goldringelgrundeln bezeichnet werden. Ihre Pigmentierung variiert sogar innerhalb der Arten stark, weshalb eine genaue Zuordnung schwer fällt.

Die lateinische Bezeichnung für die Goldringelgrundel, *Brachiygobius xanthozonus*, ist bis heute umstritten. In der Literatur tauchen auch andere Arten wie *B. aggregatus* und *B. nunus* auf, Letztere wird manchmal synonym mit *B. doriae* verwendet. Alle unter diese Bezeichnung fallenden Fische gedeihen unter denselben Bedingungen.

Im Unterschied zu zahlreichen anderen Brackwasserfischen gewöhnen sich Goldringelgrundeln nicht an weiches, saures Süßwasser. Zwar muss man nicht strikt auf die Höhe des Salzgehalts achten, doch auf lange Sicht ist eine gewisse Menge für das Wohlbefinden der auffällig gemusterten Tiere unabdingbar.

Verbreitung: Südostasien.

Größe: Ca. 4,5 cm.

Futter: Die Fische akzeptieren gängiges Tiefkühl- und Lebendfutter sowie gefriergetrocknetes Futter; Trockenfutter dagegen verweigern sie in der Regel.

Becken: Goldringelgrundeln sind scheue Tiere, die einen großen Teil ihrer Zeit versteckt in Höhlen verbringen, sodass man von ihnen meist nur den Kopf sieht. Sie gewöhnen sich an größere Höhlen, wenn keine anderen Schlupfwinkel vorhanden sind, bevorzugen jedoch kleinere Ritzen und Spalten, in die sie sich zurückziehen. Wegen ihrer geringen Größe und der besonderen Ansprüche an die Haltungsbedingungen eignen sich Goldringelgrundeln kaum für ein Gesellschaftsbecken. Allerdings kann man sie in kleinen, bepflanzten Aquarien halten. Sie passen gut zu anderen kleinen friedliebenden und brackwassertoleranten Arten, zum Beispiel zu Glasbarschen (*Chanda* spp.). Da die männlichen Goldringelgrundeln jedoch ein ausgeprägtes Territorialverhalten an den Tag legen, sollte man nur ein Männchen pro Aquarium halten, falls das Becken nicht genügend Raum und Abgrenzungsmöglichkeiten bietet. Das Wasser sollte hart und alkalisch sein; der Zusatz von einem Esslöffel Salz auf zehn Liter Wasser ist empfehlenswert.

Temperatur: 24–30 °C.

Fortpflanzung: Die Eier werden in Höhlen (meist reicht ein großes Schneckenhaus) abgelegt und vom Männchen bewacht. Die Jungfische schlüpfen nach ca. vier Tagen.

Dormitator maculatus
(Gefleckte Schläfergrundel)

Die Gefleckte Schläfergrundel ist ein robust wirkender, hübsch gemusterter Fisch, der im Handel häufig für Brackwasseraquarien angeboten wird.

Wie viele andere in diesem Lebensraum heimische Arten gewöhnen sich Gefleckte Schläfergrundeln auch an hartes Süßwasser. Weil sie aber räuberisch leben, sollten sie in einem Artenbecken oder im Gesellschaftsbecken mit anderen Hart- oder Brackwasserarten vergleichbarer Größe gehalten werden.

Für die Pflege von Gefleckten Schläfergrundeln benötigt man Geduld und Erfahrung, doch die hohe Lebenserwartung der Fische und ihre Zutraulichkeit machen die Mühe mehr als wett.

Verbreitung: Atlantikküste in subtropischen und tropischen Regionen Nord-, Mittel- und Südamerikas.
Größe: Bis 70 cm, in der Regel jedoch deutlich kleiner. Bereits bei weniger als einem Viertel der maximalen Größe erreichen die Tiere die Geschlechtsreife.
Futter: Diese Fleisch und Fisch fressende Art akzeptiert nur Lebendfutter oder tiefgefrorenes und gefriergetrocknetes Futter. An Letzteres gewöhnt sie sich zwar, nimmt es jedoch eher ungern an.
Becken: *D. maculatus* verfolgt seine Beute nicht, sondern lauert ihr auf. Das Aquarium muss deshalb geräumig sein und genügend Schlupfwinkel bieten. Die Höhlen sollten so groß sein, dass jeder Fisch ein eigenes Territorium abgrenzen kann. Da die Schläfergrundeln gerne im Boden wühlen, sollte das Bodensubstrat aus feinen Partikeln bestehen und mit Hart- oder Brackwasser verträglichen Pflanzen wie Javafarn *(Microsorum pteropus)* oder künstlichen Pflanzen versehen sein. Setzen Sie echte Pflanzen in Töpfe oder streuen Sie Kiesel um den Wurzelbereich, damit sie die Fische nicht versehentlich ausgraben. Die Schläfergrundeln benötigen gut gefiltertes, hartes und alkalisches Wasser, gegebenenfalls mit einer Zugabe von zwei Teelöffeln Salz auf zehn Liter Wasser.
Temperatur: 22–25 °C.
Fortpflanzung: Die Eier werden auf einer glatten Unterlage wie zum Beispiel einem Stein abgelegt. Die Jungen schlüpfen nach einem Tag. Jedoch kommt es im Aquarium nur selten zum Ablaichen.

Die Gefleckte Schläfergrundel weist eine ansprechende Musterung auf.

Hypseleotris compressa
(Australische Kaisergrundel/Australische Kärpflingsgrundel)

Die Australische Kaisergrundel kennzeichnet eine auffällige Färbung.

Abgesehen von der Schwanzfleck-Schläfergrundel *Tateurndina ocellicauda* (Seite 200) ist die Australische Kaisergrundel die farbenprächtigste Spezies unter mehreren im Handel erhältlichen *Hypseleotris*-Arten.

Sie verträgt sowohl Brackwasser als auch Süßwasser und ist damit deutlich anpassungsfähiger als einige andere Schläfergrundelarten. Auch aufgrund ihres Temperaments eignet sie sich gut für ein Gesellschaftsbecken. Aus den genannten Gründen sollten Hobbyaquarianer, die sich für die Haltung von Schläfergrundeln interessieren, mit Australischen Kaisergrundeln beginnen, denn sie eignen sich hervorragend für eine erste Begegnung mit dieser interessanten und oft anspruchsvollen Familie.

Im Handel sind einige weitere *Hypseleotris*-Arten erhältlich, darunter *H. aurea, H. cyprinoides* (Kärpflingsgrundel) und *H. galii* (Feuerschwanzschläfergrundel).

Verbreitung: Australien und Papua-Neuguinea.
Größe: Bis ca. 11 cm, häufig jedoch kleiner.
Futter: Diese Art ernährt sich bevorzugt von Fleisch und schätzt daher Lebendfutter am meisten. Notfalls akzeptiert sie auch tiefgefrorenes und gefriergetrocknetes Futter sowie Trockenfutter auf Fleischbasis.
Becken: Die Fische sind relativ groß und benötigen ein entsprechend geräumiges Aquarium. Da sie sich als viel friedfertiger und weniger territorial als Gefleckte Schläfergrundeln erweisen, kann man sie leicht mit anderen Arten halten. Außerdem gewöhnt sich *H. compressa* an Süßwasser, was die Auswahl möglicher Partner für ein Gesellschaftsbecken vergrößert. Das Aquarium sollte bepflanzte und geschützte Bereiche, aber auch einen offenen Schwimmraum aufweisen. Zur Ausstattung gehören unbedingt flache oder abgerundete glatte Steine. In pH-neutralem bis alkalischem, mittelhartem Wasser mit – im Idealfall – einem Teelöffel Salz auf 4,5 bis 5 Liter Wasser fühlen sich die Tiere am wohlsten.
Temperatur: 12–28 °C; Kaisergrundeln sind relativ unempfindlich, was die Wassertemperatur anbelangt.
Fortpflanzung: Die winzigen Eier werden auf einem glatten Stein abgelegt und vom Männchen bewacht. Die Jungtiere schlüpfen innerhalb eines Tages aus. Sie benötigen sehr kleines Futter wie Rädertierchen.

Stigmatogobius sadanundio (Rittergrundel/Gefleckte Grundel)

RITTERGRUNDELN ZÄHLEN zu den bei Aquarianern beliebtesten Mitgliedern der Grundelfamilie. Die erwachsenen Männchen wirken durch ihre markanten Flecken besonders eindrucksvoll. Weibchen sind wesentlich kleiner und etwas gelblicher gefärbt.

Die Fische verhalten sich auch außerhalb der Paarungszeit territorial. Ist das Aquarium geräumig genug und bietet genügend und ausreichend große Höhlen, können auch mehrere Männchen zusammen gehalten werden. Ansonsten begnügt man sich mit einem.

Die Fische verbringen die meiste Zeit am Boden. Da sie gegenüber gleich großen Arten keinerlei Aggressionen hegen, eignen sie sich durchaus für ein Gesellschaftsbecken. Allerdings sollte man zur Ergänzung nicht ausschließlich Arten aus dem Bodenbereich wählen.

Rittergrundeln findet man in freier Natur oft im Süßwasser, und auch im Aquarium gewöhnen sie sich daran. Das Wasser sollte dann allerdings nicht zu weich sein. Einige Experten raten dringend davon ab, Rittergrundeln in auch nur annähernd weiches Wasser zu setzen. Am besten gedeihen die Tiere sicherlich in hartem, alkalischem Wasser mit Salzbeigabe.

Verbreitung: Indonesien und Philippinen.

Größe: Bis 10 cm, meist kleiner.

Futter: Lebendfutter, gefriergetrocknetes und tiefgefrorenes Futter sowie Algen.

Becken: Wichtig für die Haltung dieser Tiere sind ein sandiges oder feines Bodensubstrat sowie Steine mit Höhlen als Unterschlupf. Salzverträgliche Pflanzen wie Javafarn *(Microsorum pteropus)*, Indischer Wasserfreund *(Hygrophila polysperma)*, *Vallisneria*-Arten oder eine Pfeilkrautart (*Sagittaria* spp.) bilden die ideale Begrünung. Das Wasser sollte gut gefiltert, hart und alkalisch sein. Die Fische vertragen Süßwasser, fühlen sich aber sichtbar wohler, wenn man einen Teelöffel Salz auf zehn Liter Wasser zugibt.

Temperatur: 20–26 °C; während der Laichzeit schätzen die Tiere noch etwas wärmere Temperaturen.

Fortpflanzung: Die Eier werden an einer Höhlendecke abgelegt und von beiden Elternteilen bewacht.

Die beliebten Rittergrundeln erkennt man an den schwarzen Tupfen.

Tateurndina ocellicauda
(Schwanzfleck-Schläfergrundel)

Bis in die 1980er-Jahre hinein waren Schwanzfleck-Schläfergrundeln kaum im Handel erhältlich. Inzwischen sind sie verbreiteter, jedoch immer noch nicht in nennenswerter Zahl.

Man kann die Männchen auf den ersten Blick von den Weibchen unterscheiden, denn Erstere sind dünner, haben aber einen dickeren und größeren Kopf, während Letztere ständig Eier zu tragen scheinen. Beide sind aber gleichfarbig und haben den für sie typischen Schwanzfleck. Bei guten Haltungsbedingungen bereiten diese Fische ihren Besitzern viel Freude.

Verbreitung: Papua-Neuguinea.
Größe: Bis 7,5 cm; mit 5–5,5 cm geschlechtsreif.
Futter: Akzeptiert eine größere Bandbreite an Futter als andere Grundel- und Schläfergrundelarten, unter anderem auch Flocken; die Art bevorzugt jedoch Lebendfutter. Einige Tiere lehnen Trockenfutter grundsätzlich ab.
Becken: Im Unterschied zu anderen Schläfergrundelarten findet man *T. ocellicauda* in freier Natur auch im Süßwasser. Diese Bedingungen gelten ebenso für Aquarien, doch akzeptieren die Fische Abweichungen, sofern diese nicht extrem sind und in kleinen Etappen vorgenommen werden. Der pH-Wert sollte neutral oder alkalisch sein. Diese friedfertige Art verträgt sich gut mit anderen Fischen, die jedoch zur gemächlichen, bodenbewohnenden Natur der Schläfergrundeln passen sollten. Ist dies nicht möglich, sollte man *T. ocellicauda* lieber einzeln halten. In jedem Fall muss das Aquarium dicht bepflanzt sein und viele Rückzugsmöglichkeiten bieten.
Temperatur: 22–27 °C, zur Laichzeit werden die wärmeren Temperaturen bevorzugt.
Fortpflanzung: Die Eier befestigt das Weibchen an einer Höhlendecke. Notfalls laichen die Fische auch im offenen Bereich, doch bevorzugen sie geschützte Stellen. Die Männchen bewachen die Eier. Die Jungfische schlüpfen innerhalb von sieben Tagen und werden mit *Artemia*-Nauplien gefüttert.

Schwanzfleck-Schläfergrundel.

KILLIFISCHE

KILLIFISCHE WERDEN manchmal wegen ihrer leuchtenden Farben als „Juwelen“ unter den Süßwasserfischen bezeichnet. Früher kannte man sie unter dem Namen Eierlegende Zahnkarpfen, im Unterschied zu den Lebendgebärenden Zahnkarpfen (siehe Seite 230ff.). Tatsächlich laichen die meisten Killifischarten Eier ab; einige wenige, vor allem *Cynopoecilus melanotaenia* und *Campellolebias brucei,* legen zwar ebenfalls Eier, jedoch geschieht dies nach einer inneren Befruchtung, die ansonsten eher für lebendgebärende Fische als typisches Merkmal gilt. Aus diesem Grund ist die Trennung zwischen beiden Gruppen nicht sehr scharf.

Früher wurden alle Killifischarten nur der Familie Cyprinodontidae zugerechnet. Mittlerweile hat man neue Arten entdeckt, mit denen sich auch die Klassifizierung verändert. So ist davon auszugehen, dass sie wohl auch in den nächsten Jahren noch weiterhin in Expertenkreisen diskutiert werden wird.

1981 legte Lynne Parenti eine Klassifizierung vor, die weitgehend anerkannt ist, jedoch weiter aktualisiert wurde.

Tüpfelhechtling (Pachypanchax playfairii)*; siehe Seite 211.*

Die auf den nächsten Seiten vorgestellten Arten gehören den im blauen Kasten aufgelisteten Familien an.

Killifische legen ihre Eier entweder im Bodengrund ab oder verteilen sie zwischen Pflanzen. Bei einigen Arten schlüpfen die Jungfische nach sehr kurzer Zeit, bei vielen anderen, vor allem bei den so genannten Saisonfischen, bleiben die Eier längere Zeit im Schlamm am Grund eines ausgetrockneten Tümpels vergraben, bis der nächste Regen fällt. Dann schlüpfen die Jungen innerhalb weniger Stunden. Diese faszinierende Art der Fortpflanzung ist, aus der Sicht der meisten Hobbyaquarianer, der hervorstechendste Charakterzug der farbenfrohen Killifische.

Familie	**Gattungen**
Aplocheilichthyidae	*Micropanchax macrophthalmus*
Cyprinodontidae	*Jordanella floridae*
Aplocheilidae	*Aphysemion australe, Fundulopanchax gardneri, Aplocheilus annutalus, Nothobranchius guentheri, N. rachovii, Pachypanchax playfairii*
Rivulidae	*Austrolebias bellottii, A. nigripinnis, Cynolebias whitei*

Günthers Prachtgrundkärpfling (Nothobranchius guentheri)*; siehe Seite 209.*

Aphyosemion australe
(Bunter Prachtkärpfling/Kap Lopez)

Der Bunte Prachtkärpfling ist ein wunderschöner, kleiner, friedfertiger Fisch, der sich unter idealen Haltungsbedingungen ausgezeichnet entwickelt. Mit rund drei Jahren liegt seine Lebenserwartung für einen Killifisch relativ hoch. Es handelt sich folglich bei ihm nicht um einen Saisonfisch, der in freier Natur nach dem Ablaichen in austrocknenden Gewässern stirbt, wie dies für viele andere Killifischarten zutrifft (siehe etwa Blauer Fächerfisch, *Austrolebias bellottii;* Seite 206).

Männliche Bunte Prachtkärpflinge besitzen ein markantes farbenprächtiges Äußeres mit deutlich verlängerten Schwanzflossenfortsätzen. Ebenso ist bei ihnen die Rückenflosse sehr lang ausgezogen. Die Weibchen dagegen weisen eine deutlich kürzere Schwanzflosse und eine insgesamt weniger bunte Färbung auf.

Die Prachtkärpflinge kommen in der Natur in unterschiedlichen Lebensräumen und mehreren Farbvarianten vor. Darüber hinaus existieren auch bei den Zuchtfischen verschiedene Farbschläge.

Verbreitung: Gabun, Kamerun, Südkongo.

Größe: Männchen etwa 6 cm, Weibchen etwas kleiner.

Futter: Die Fische ernähren sich überwiegend von Lebendfutter, akzeptieren aber auch tiefgefrorenes oder gefriergetrocknetes Futter sowie Flocken.

Becken: Der Bodengrund des Aquariums sollte im Idealfall dunkel sein und etwas Torf enthalten. Ebenso können Sie aber auch humingefärbtes Wasser verwenden, das Sie durch ein „Torfsandwich" filtern. Dazu legen Sie Aquarientorf zwischen zwei Schichten eines anderen Materials oder kaufen einfach eines der handelsüblichen Schwarzwasser-Präparate. Ein Stück Moorkienholz im Aquarium leistet ebenfalls gute Dienste. Das Wasser sollte strömungsfrei, weich und sauer sein. Sorgen Sie außerdem für eine dichte Bepflanzung und gedämpftes Licht. Sie können Bunte Prachtkärpflinge zusammen mit anderen kleinen, friedfertigen Arten halten.

Temperatur: Etwa 18–24 °C; die niedrigeren Temperaturen nicht über längere Zeiträume beibehalten.

Fortpflanzung: Die Eier werden in kleinen Gelegen auf feinblättriger Vegetation oder einem Laichmop aus synthetischer Wolle oder anderen Kunstfasern abgelegt, der an einem Korken befestigt im Wasser treibt. Die Jungfische schlüpfen nach etwa zwei Wochen.

Männliche Bunte Prachtkärpflinge sind farbenfrohe Tiere mit auffällig verlängerten Flossenfortsätzen.

Fundulopanchax gardneri
(Stahlblauer Prachtkärpfling)

Stahlblaue Prachtkärpflinge sind in einer Reihe von unterschiedlichen Farbvarianten erhältlich.

Eine der uneinheitlichsten Killifischarten ist der Stahlblaue Prachtkärpfling. In entlegenen Gebieten Nigerias und Kameruns entdeckte man viele unterschiedliche Exemplare, die aber die morphologischen Merkmale der Art aufwiesen. Deshalb bürgerten sich im Lauf der Jahre verschiedene Bezeichnungen ein, und einige der Typen werden heute von manchen Experten als Unterarten geführt. Die meisten Forscher hingegen ordnen mittlerweile alle Arten der Gattung *Fundulopanchax* zu, statt wie früher *Aphyosemion*. Zu den Arten mit gleichen Merkmalen und Ansprüchen an die Haltung, jedoch variierenden Namen gehören: *Fundulopanchax gardneri gardneri* (Stahlblauer Prachtkärpfling), *F. gardneri lacustris*, *F. gardneri mamfensis* und *F. gardneri nigerianus*.

Verbreitung: Nigeria und Westkamerun.

Größe: Ca. 6 cm.

Futter: Vorzugsweise Lebendfutter; der Fisch akzeptiert jedoch in begrenztem Umfang auch Trockenfutter.

Becken: Die Haltungsbedingungen ähneln jenen von *Aphyosemion australe* (Seite 202). *F. gardneri* verhält sich jedoch aggressiver, auch kämpfen die Männchen oft untereinander. Man sollte die Fische daher in einem eigenen Aquarium mit Rückzugsmöglichkeiten und dichter Vegetation halten.

Temperatur: 22–25 °C, während der Laichzeit im wärmeren Bereich.

Fortpflanzung: Die Eier werden auf feinblättriger Vegetation oder auf Laichmops abgelegt; die Jungen schlüpfen nach 14 bis 21 Tagen. Man kann die Eier aber auch 28 bis 30 Tage lang in feuchtem Torf aufbewahren und diesen anschließend ins Wasser geben. Die Jungen schlüpfen dann innerhalb weniger Stunden.

Weitere Verwandte der Prachtkärpflinge

Zu den zahlreichen attraktiven *Aphyosemion-* und *Fundulopanchax*-Verwandten, die in erster Linie über Spezialisten oder Killifisch-Gesellschaften erhältlich sind, gehören unter anderem folgende bekanntere Arten:

Aphyosemion bitaeniatum (Vielfarbiger Prachtkärpfling), *A. bivittatum* (Gebänderter Prachtkärpfling), *A. calliurum* (Rotsaumprachtkärpfling), *A. cameronense* (Kamerun-Prachtkärpfling – mehrere Unterarten/Varianten), *A. coeleste* (Himmelblauer Prachtkärpfling), *A. congicum* (Schwarzflossiger Prachtkärpfling), *Fundulopanchax fallax* (Schwalbenschwanz-Prachtkärpfling), *F. filamentosum* (Fadenprachtkärpfling), *F. gulare* (Gelber Prachtkärpfling), *F. mirabile* (Lasur-Wunderkärpfling), *F. ogoense* (Ogowe-Prachtkärpfling), *F. sjostedti* (Blauer Prachtkärpfling) sowie *Scriptaphyosemion liberiense* (Liberia-Prachtkärpfling).

Micropanchax macrophthalmus
(Roter Leuchtaugenfisch)

ROTE LEUCHTAUGENFISCHE sind fein gezeichnete Killifische, die man nur selten im Handel findet. Stößt man doch einmal auf sie, befinden sie sich meist in hell beleuchteten Aquarien, die das schimmernde Blau der Männchen nicht gut zur Geltung bringen. Vermutlich sind sie deshalb nicht so weit verbreitet, wie es ihnen eigentlich zustünde. Hält man sie im Schwarm unter den nachfolgend genannten idealen Bedingungen, erzielen sie durchaus eine eindrucksvolle Wirkung, insbesondere in Gesellschaft weiterer friedliebender Schwarmfische.

In der Literatur werden Rote Leuchtaugenfische häufig unter ihrem früheren Namen, *Aplocheilichthys macrophthalmus*, aufgelistet. In manchen Büchern wird der Artname *luxophthalmus* als Synonym geführt, tatsächlich ist dies aber eine eigene, nahe verwandte Art.

Zwei frühere Unterarten, *Aplocheilichthys macrophthalmus macrophthalmus* und A. *macrophthalmus hannerzi* sind heute nicht mehr in der gleichen Gattung, sondern bilden zwei eigenständige Arten: *Micropanchax macrophthalmus* und *Poropanchax hannerzi*. Die letztgenannte Art wurde im Gebiet des Lower Cross River entdeckt.

Verbreitung: Westafrika, besonders Togo und Gebiet des Lower Cross River sowie Nigerdelta in Nigeria.

Größe: Bis 4 cm.

Futter: Bevorzugt Lebendfutter, akzeptiert jedoch auch tiefgefrorenes, gefriergetrocknetes und Trockenfutter.

Becken: Diese sehr lebhaften Schwarmfische benötigen einen ausreichend großen offenen Bereich zum Schwimmen, wobei allerdings die Seiten und der Hintergrund des Aquariums dicht bepflanzt sein sollten. Die Tiere bevorzugen einen dunklen Bodengrund und eine gedämpfte Beleuchtung. So können etwa auch schwimmende Pflanzen an der Wasseroberfläche den Lichteinfall verringern. Das Wasser sollte neutral oder leicht alkalisch und mittelhart sein.

Temperatur: 22–26 °C.

Fortpflanzung: Die Eier werden auf feinblättriger Vegetation oder den Federwurzeln von Schwimmpflanzen abgelegt. Die Jungen schlüpfen nach 10 bis 14 Tagen.

Rote Leuchtaugenfische prägen eine blau schimmernde Färbung aus.

Aplocheilus annulatus
(Ringelhechtling/Zwerghechtling)

Ringelhechtlinge fühlen sich bei gedämpftem Licht am wohlsten.

RINGELHECHTLINGE werden in der Literatur häufig noch unter ihren älteren Bezeichnungen *Epiplatys annulatus* oder *Pseudepiplatys annulatus* geführt. In jüngerer Zeit erkannte man die Ähnlichkeit zwischen dieser Art und einer kleinen Gruppe enger Verwandter sowie den Mitgliedern der Gattung *Aplocheilus*. Dies veränderte in der Folge den Gattungsnamen.

Das Skelett der Ringelhechtlinge unterscheidet sich an einigen Stellen vom Skelett der Arten, die zur Gattung *Nothobranchius* gehören. Hämoglobin-Untersuchungen ergaben dagegen Übereinstimmungen mit den Gattungen *Aphyosemion* und *Rivulus*. Einige Fischkundler ordnen die Art deshalb mittlerweile der Untergattung *Pseudepiplatys* in der Gattung *Aplocheilus* zu.

Im Handel findet man gelegentlich einige weitere Verwandte des Ringelhechtlings, die vergleichbare Ansprüche an die Haltung stellen. Dazu zählen vor allem *Epiplatys chevalieri* (Zierhechtling), *E. dageti* (Querbandhechtling), *E. fasciolatus* und *E. sexfasciatus* (Sechsbandhechtling). Einige Autoren führen auch *Pachypanchax playfairii* (Tüpfelhechtling, Seite 211) als *Aplocheilus*.

Verbreitung: Guinea, Sierra Leone, Liberia.

Größe: Bis 4 cm, in der Regel jedoch etwas kleiner.

Futter: Einige Tiere akzeptieren Trockenfutter, doch bevorzugen die meisten generell Lebendfutter.

Becken: Die kleinen, friedfertigen Fische sollte man entweder im Artenbecken oder zusammen mit anderen kleinen, nicht aggressiven Arten im Gesellschaftsbecken halten. Ringelhechtlinge fühlen sich in weichem, leicht alkalischem Wasser wohl (zur Laichzeit etwas alkalischer als sonst). Sobald geeignete Wasserbedingungen herrschen, benötigt man nicht unbedingt den vielfach empfohlenen Torfboden. Durch eine dicke Schicht schwimmender Pflanzen an der Oberfläche des Beckens lässt sich der Lichteinfall etwas dämpfen.

Temperatur: 23–26 °C.

Fortpflanzung: Die Eier werden auf feinblättrigen Pflanzen oder speziellen Laichmops abgelegt und bleiben sich selbst überlassen. Die Jungen schlüpfen nach acht bis zehn Tagen. Ebenso kann man den Laich auch in feuchtem Torf etwa zwei Wochen lang aufbewahren (siehe die Angaben zu *Austrolebias* auf den folgenden Seiten).

Austrolebias bellottii
(Blauer Fächerfisch)

BLAUE FÄCHERFISCHE sind Saisonfische, die innerhalb kurzer Zeit schlüpfen, heranwachsen, sich fortpflanzen und sterben. In ihrem natürlichen Lebensraum trocknen die Gewässer, in denen die Fische vorkommen, während der warmen Jahreszeit häufig aus, was den Tod aller dort lebenden erwachsenen Exemplare zur Folge hat. Allerdings haben die Fische bis dahin bereits gelaicht, und ihre Eier bleiben im feuchten Grund erhalten. Fällt einige Monate später wieder Regen, schlüpfen die Jungen binnen kurzer Zeit. Auch in Aquarien verändert sich die Lebenserwartung der Saisonfische nicht.

Verbreitung: Einzugsbereich des Rio de la Plata in Argentinien.
Größe: Bis 7 cm; Weibchen etwas kleiner.
Futter: Flocken und anderes Trockenfutter werden zwar akzeptiert, doch bevorzugen die Fische Lebendfutter sowie tiefgefrorenes oder gefriergetrocknetes Futter.
Becken: Blaue Fächerfische sollte man vorzugsweise in einem Artenbecken halten, dessen Boden mit Aquarientorf bedeckt ist. Spülen Sie den Torf zunächst sorgfältig durch, um alle feinen Partikel zu entfernen, und weichen Sie ihn anschließend in Wasser ein, damit er zu Boden sinken kann. Die Torfschicht trägt dazu bei, dass das Wasser weich und leicht sauer wird – so wie die Fische es bevorzugen. Zu empfehlen sind ferner einige feinblättrige Pflanzen wie *Cabomba* spp. oder *Myriophyllum* spp. als Dekor und Rückzugsmöglichkeit für die Weibchen.
Temperatur: Diese Art erträgt Temperaturen von etwa 10–30 °C, fühlt sich aber bei 15–22 °C am wohlsten; zum Laichen wird der wärmere Bereich empfohlen.
Fortpflanzung: Am besten entwickeln sich die Fische, wenn man ein Trio aus einem Männchen und zwei Weibchen hält. Die Eier werden im Torfboden abgelegt, danach sollten die Tiere getrennt werden, denn das Männchen ist sofort wieder paarungsbereit. Drücken Sie den Torf mit den Eiern nun aus, um überschüssiges Wasser zu entfernen – keine Angst, die Eier sind sehr widerstandsfähig. Lagern Sie den Torf dann drei bis vier Monate lang feucht und dunkel in einem geeigneten Plastikbehälter oder -beutel. Wenn Sie ihn anschließend wieder ins Aquarium legen, schlüpfen die Jungen unverzüglich.

Der Blaue Fächerfisch gehört zu den Saisonfischen, die nur etwa ein Jahr lang leben.

Austrolebias nigripinnis
(Schwarzer Fächerfisch/Sternhimmelfisch)

Der Schwarze Fächerfisch zählt zu den attraktivsten Vertretern der Saisonfische.

Schwarze Fächerfische zählen, genau wie ihre nahen Verwandten, die Blauen Fächerfische, zu den Saisonfischen, die im Zeitraum von weniger als einem Jahr schlüpfen, heranwachsen, sich paaren und sterben.

Auch das Laichverhalten beider Arten ähnelt sich, denn auch ein Paar oder Trio dieser Art laicht über einen relativ langen Zeitraum hinweg: Bei *A. nigripinnis* beträgt dieser acht bis zehn Tage, bei *A. bellottii* sogar bis zu drei Wochen.

Die besten Fortpflanzungsergebnisse erzielt man bei allen *Austrolebias*-Verwandten, wenn man die Männchen und Weibchen über mehrere Wochen getrennt hält und mit nährstoffreichem Futter versorgt. Nach dem Ablaichen sollte man die Weibchen aus dem Becken nehmen, da die Männchen aufgrund ihrer geringen Lebenserwartung sofort wieder paarungsbereit sind und die Weibchen ansonsten ständig belästigen.

Verbreitung: In der Region des Rio de la Plata und des Rio Panama in Argentinien.

Größe: Männchen bis 7 cm; Weibchen kleiner.

Futter: Die Fische akzeptieren Trockenfutter, bevorzugen aber tiefgefrorenes oder Lebendfutter.

Becken: Für das Aquarium gelten vergleichbare Bedingungen wie bei *A. bellottii* (Seite 206). Die Männchen verhalten sich aggressiv, und zwar nicht nur männlichen Artgenossen, sondern auch – in weniger starkem Umfang – den Weibchen gegenüber.

Temperatur: 18–25 °C, notfalls auch etwas höhere Temperaturen.

Fortpflanzung: Ähnliche Vorgehensweise wie bei *A. bellottii;* man sollte die Eier mindestens drei Monate lang in feuchtem Torf aufbewahren.

Weitere *Austrolebias*-Verwandte

Austrolebias-Verwandte sind nicht immer leicht im Handel erhältlich, doch kann man sie über Experten oder Mitglieder von Killifischvereinen beziehen. Zu den interessanteren Arten zählen: *A. adloffi* (Adloffs Fächerfisch), *Campellolebias brucei* (legt Eier, jedoch nach innerer Befruchtung), *Cynopoecilus melanotaenia* (Zweiband-Fächerkärpfling, ebenfalls innere Befruchtung), *Leptolebias opalescens* (auch als *Cynolebias nanus* bekannt), *Megalebias elongatus* (Gestreckter Fächerfisch), *Nematolebias whitei* (Whites Fächerfisch), *Simpsonichthys boitonei* (Brasilianischer Leierflosser), *S. constanciae* (Constances Fächerfisch).

Jordanella floridae
(Floridakärpfling)

Der Floridakärpfling ist ein robuster, aktiver Fisch und knabbert gerne an Pflanzen.

FLORIDAKÄRPFLINGE sind europäischen Hobbyaquarianern seit über 80 Jahren als farbenprächtige amerikanische Zierfische für Kaltwasseraquarien bekannt.

Im Laufe der Zeit rechnete man sie aber immer mehr zu den tropischen Zierfischen, weshalb Aquarianer heute oftmals überrascht feststellen, dass sich Floridakärpflinge auch in unbeheizten Aquarien durchaus wohl fühlen.

Im Gesellschaftsbecken sollte man die robusten, aktiven Fische gemeinsam mit anderen widerstandsfähigen Arten und nicht mit scheuen oder empfindlichen Tieren halten. Da sie Pflanzen anknabbern, wählt man zur Begrünung des Aquariums am besten entweder unempfindliche oder ungenießbare Pflanzenarten.

Verbreitung: Von Florida südwärts bis Yucatán, Mexico.
Größe: Männchen bis 6,5 cm; Weibchen kleiner.
Futter: Alle gängigen Futterarten, die aber auch einen Anteil an pflanzlicher Kost enthalten sollten.
Becken: Männchen verhalten sich gegenüber männlichen Artgenossen oft aggressiv, anderen Arten gegenüber jedoch friedlich, sodass sie gut in Gesellschaftsbecken passen. Dabei ist auf die Temperatur zu achten. Diese Fische benötigen einen geräumigen offenen Bereich zum Schwimmen im vorderen Teil des Aquariums sowie an den Seiten und im Hintergrund eine dichte Bepflanzung. Das Bodensubstrat sollte fein sein, damit die Männchen Laichmulden graben können. Oft findet man in Aquarienratgebern die Empfehlung, das Becken an einem Ort mit direkter Sonneneinstrahlung aufzustellen, doch erschwert dies die Temperaturkontrolle. Wenn die Wasserqualität insgesamt gut ist, spielt die Wasserzusammensetzung keine besonders große Rolle.
Temperatur: 19–25 °C; langfristig eher im unteren, zur Laichzeit allerdings im oberen Bereich.
Fortpflanzung: Floridakärpflinge laichen entweder auf feinblättriger Vegetation oder in Mulden ab, die das Männchen in den Bodengrund gräbt. Immer bewacht das Männchen die Eier, bis die Jungen – je nach Temperatur – nach sechs bis neun Tagen schlüpfen.

Nothobranchius guentheri
(Günthers Prachtgrundkärpfling)

Günthers Prachtgrundkärpfling gehört zu den vielen farbenprächtigen *Nothobranchius*-Arten, die man nur gelegentlich im Handel erhält. Eher schon kann man sie in Spezialgeschäften oder über ausgewiesene Killifischvereine beziehen.

Die Tiere stammen vermutlich ursprünglich von der Insel Sansibar, sollen aber auch in Tansania vorkommen. Bei den in Tansania aufgefundenen Tieren könnte es sich allerdings auch um Exemplare der sehr ähnlich aussehende Art *N. melanospilus* (Schwarzfleckiger Prachtgrundkärpfling) handeln.

Bei der Klassifizierung der Gattung *Nothobranchius* und der ihr zugehörigen Arten herrscht derzeit ohnehin Verwirrung, zumal immer wieder Berichte von neuen Funden auftauchen.

Verbreitung: Insel Sansibar und Tansania.
Größe: Ca. 5–7 cm.
Futter: Flocken und anderes Trockenfutter werden zwar akzeptiert, doch bevorzugen die Fische Lebendfutter.
Becken: Die Männchen verhalten sich männlichen Artgenossen gegenüber aggressiv und sollten daher einzeln in der Gesellschaft mehrerer Weibchen in einem Artenbecken leben. Die Haltung mehrerer Männchen in einem Aquarium ist nur dann sinnvoll, wenn dieses sehr geräumig ist und genügend Raum sowie eine dichte Bepflanzung bietet, damit für alle Männchen getrennte Territorien mit zahlreichen Rückzugsmöglichkeiten vorhanden sind. Allerdings werden die Männchen dann – ähnlich wie in freier Natur – ständig Revierkämpfe ausfechten. Das Aquarium sollte über mehrere offene, durch Vegetation voneinander getrennte Schwimmbereiche verfügen. Das Wasser muss weich und leicht sauer, der Grund weich und dunkel sein. Torf eignet sich besonders gut als Bodensubstrat (siehe Einträge zu den *Austrolebias*-Arten, Seite 206f.).
Becken: 22–26 °C.
Fortpflanzung: Dieser Saisonfisch vergräbt seine Eier im Bodengrund, der aus einer dicken Torfschicht bestehen sollte. Anschließend lagert man die Torfschicht – wie bei den *Austrolebias*-Arten angegeben – etwa drei bis vier Monate feucht. Die Jungfische schlüpfen, sobald der Torf anschließend gewässert wird.

Günthers Prachtgrundkärpfling.

Nothobranchius rachovii
(Rachows Prachtgrundkärpfling)

Der farbenfrohe Prachtgrundkärpfling zählt zu den rund 30 erhältlichen Nothobranchius-*Arten.*

Rachows Prachtgrundkärpfling ist ein farbenfroher Saisonfisch, der in freier Natur in zahlreichen unterschiedlichen Farbvarianten vorkommt.

Nach Auffassung von Jorgen Scheel, der sich intensiv mit den genetischen Untersuchungen von afrikanischen und asiatischen Killifischen beschäftigt hat, besitzt *N. rachovii* von allen Arten der Gattung die spezialisiertesten Chromosomen. Scheel hält auch die im nördlichen Verbreitungsgebiet vorkommenden Männchen für die farbenprächtigsten Vertreter dieser Art.

Zwei weitere *Nothobranchius*-Arten, *N. orthonotus* und *N. kuhntae,* kommen im selben Verbreitungsgebiet vor. Dabei sieht man *N. orthonotus* häufiger im Handel als *N. kuhntae.*

Obwohl der Prachtgrundkärpfling wie alle anderen *Nothobranchius*-Arten ein Saisonfisch ist, brauchen einige Männchen etwa drei Monate bis zur Geschlechtsreife.

Verbreitung: Quelimane im südlichen Mosambik und südwärts bis in die nördlichen Teile des Krüger-Nationalparks in Südafrika.

Größe: Männchen bis 6 cm, Weibchen kleiner.

Futter: Die Fische akzeptieren Trockenfutter, doch sollte ihre Kost überwiegend aus Lebendfutter bestehen.

Becken: Die Männchen verhalten sich anderen Arten gegenüber friedlich, männlichen Artgenossen hingegen begegnen sie sehr aggressiv und mit ausgeprägtem Territorialverhalten. Es gelten deshalb die gleichen Bedingungen wie für *N. guentheri* (Seite 209).

Temperatur: 20–24 °C.

Fortpflanzung: Selbst bei Temperaturen unterhalb des oben angegebenen Maximums laichen die Tiere ab. Eine Anhebung der Wassertemperaturen ist somit nicht erforderlich. Die Eier legt das Weibchen in den weichen Bodengrund ab, der aus einer Torfschicht bestehen sollte. Anschließend wird der Torf etwa drei Monate lang feucht gehalten und an einem kühlen Ort aufbewahrt. Sobald man den Torf wieder wässert, schlüpfen die Jungfische meist unverzüglich.

Weitere *Nothobranchius*-Arten

Die Gattung *Nothobranchius* umfasst ca. 50 Arten (die genaue Zahl ist umstritten), die zum Teil nur schwer erhältlich sind. Zu den häufigsten gehören *N. foerschi, N. furzeri* (Furzers Prachtgrundkärpfling), *N. lourensi, N. korthausae* (Korthaus' Prachtfundulus), *N. palmqvisti* (Palmqvists Prachtgrundkärpfling), *N. polli* und *N. rubripinnis.*

Pachypanchax playfairii
(Tüpfelhechtling)

Der Tüpfelhechtling taucht in der Literatur meist unter dem wissenschaftlichen Namen *Pachypanchax playfairii* auf. In letzter Zeit wird er gelegentlich der Gattung *Aplocheilus* zugeordnet.

Tatsächlich teilt der Tüpfelhechtling mit anderen *Aplocheilus*-Arten bestimmte Körpermerkmale, die Skelett, Sinneszellen, Hämoglobin und Chromosomen betreffen. Allerdings bestehen auch klare Unterschiede, wenn man die Struktur und Anordnung dieser Merkmale genauer betrachtet. Es wäre daher durchaus möglich, dass *Pachypanchax playfairii* zwar zur Gattung *Aplocheilus* gehört, jedoch zusammen mit einigen anderen Arten eine eigene Untergattung bildet. Dann müsste die korrekte Bezeichnung *Aplocheilus (Pachypanchax) playfairii* lauten.

Verbreitung: Sansibar, Seychellen und Madagaskar.
Größe: Männchen bis 10 cm; Weibchen kleiner.
Futter: Trockenfutter sowie tiefgefrorenes und gefriergetrocknetes Futter werden akzeptiert, doch bevorzugen die Fische Lebendfutter.
Becken: Da die Fische relativ groß werden können, benötigt man ein geräumiges Aquarium. Anderseits verhalten sich die Tiere Artgenossen gegenüber aggressiv und jagen kleinere Arten. Hält man sie einzeln, so genügt ein 60 cm großes Aquarium; setzt man sie dagegen mit Arten vergleichbarer Größe zusammen, braucht man ein entsprechend größeres Aquarium. Dieses sollte einen im Vordergrund offenen und an den Seiten und im Hintergrund dicht bepflanzten Schwimmbereich aufweisen. Im Idealfall sollte der Bodengrund fein gemahlen und die Beleuchtung eher schwach sein. Wichtig ist eine fest schließende Abdeckung, da diese Art zu den guten Springern gehört. Leicht saures bis neutrales, weiches bis mittelhartes Wasser ist ratsam.
Temperatur: 22–25 °C.
Fortpflanzung: Die Eier werden innerhalb einer Woche auf feinblättriger Vegetation verteilt. Da die Fische eine Vorliebe für ihre eigenen Eier haben, empfiehlt es sich, sie vom Laich zu trennen. Am besten setzt man an verschiedenen Stellen Ballen von Javamoos *(Vesicularia dubyana)* ins Aquarium und entfernt diese täglich. Die Jungen schlüpfen nach zehn bis zwölf Tagen.

Tüpfelhechtling.

AALÄHNLICHE FISCHE

Trotz ihres länglichen, schlangengleichen Körpers sind Stachelaale nicht näher mit den echten Aalen verwandt.

ZAHLREICHE FISCHE TRAGEN als Teil ihres deutschen Artnamens die Bezeichnung „Aal", auch wenn es sich bei ihnen nicht um echte Aale handelt. Die große Gemeinsamkeit dieser Tiere mit echten Aalen stellt ihr lang gezogener, schlangenähnlicher Körper dar.

In Süß- und Meerwasseraquarien kann man verschiedene Typen aalähnlicher Fische antreffen. Die Bandbreite reicht vom im Süßwasser lebenden Kiemenschlitzaal *(Synbranchus marmoratus,* Familie Synbranchidae) über den Zitteraal *(Electrophorus electricus,* Familie Electrophoridae) und den Flussaal *(Anguilla anguilla,* Familie Anguillidae) bis hin zur im Salzwasser lebenden Netzmuräne *(Echidna nebulosa,* Familie Muraenidae).

Bei den auf den folgenden Seiten vorgestellten Fischarten handelt es ich ebenfalls nicht um echte Aale, sondern lediglich um Tiere mit aalähnlichem Körperbau. Sie gehören zwei Familien an, den Flösselhechten (Polypteridae) und den Stachelaalen (Mastacembelidae).

Der Flösselaal *(Erpetoichthys calabaricus)* besitzt den für Aale typischen lang gestreckten Körper und erhielt deshalb seinen deutschen Namen. Er gehört der sehr urtümlichen Familie Polypteridae an, von der einige Arten gelegentlich in Aquaristikfachgeschäften verkauft werden. Dazu zählen besonders einige Flösselhechte der Gattung *Polypterus.*

Flösselaale lassen sich leicht an ihrer eigenartigen Rückenflosse erkennen. Diese setzt sich aus einer Reihe von fähnchenartigen so genannten Flösseln zusammen, die jeweils durch einen kräftigen Knochenstrahl und einige weiche Flossenstrahlen gestützt werden.

Als besonderes Kennzeichen der Stachelaale gilt eine Reihe isoliert stehender Stacheln – je nach Art neun bis 42 –, die der langen, weichen Rückenflosse vorgelagert sind. Diese weist wiederum je nach Art zwischen 52 und 131 weiche Strahlen auf. Zusätzlich fällt bei allen Arten die lange, nach unten gerichtete Schnauze mit fleischigen Barteln auf.

Viele Stachelaale gelten in ihrem natürlichen Verbreitungsgebiet als begehrte Speisefische, während nur wenige der etwa 75 Arten auch als Aquarienfische beliebt sind.

Erpetoichthys calabaricus
(Flösselaal)

Der Flösselaal war früher unter dem wissenschaftlichen Namen *Calamoichthys calabaricus* bekannt, unter dem er in manchen Aquaristikbüchern noch geführt wird. Einige Fischkundler plädieren dafür, den alten Namen beizubehalten, da diese Art ihrer Ansicht nach der Gattung *Polypterus* zuzurechnen ist, die die Flösselhechte zusammenfasst.

Flösselaale teilen mit Flösselhechten viele gemeinsame Merkmale, etwa die Fähigkeit, die Schwimmblase als zusätzliches Atmungsorgan zu nutzen, sowie eine aus sieben bis 13 Flösseln zusammengesetzte Rückenflosse. Sie unterscheiden sich von den Flösselhechten durch die fehlende Bauchflosse. Solange die Luft so feucht ist, dass die Haut nicht vollständig austrocknet, können Flösselaale mehrere Stunden außerhalb des Wassers überleben.

Am leichtesten lassen sich männliche und weibliche Flösselaale anhand der Streifen an der Schwanzflosse unterscheiden: Bei den Weibchen sind es neun, bei den Männchen 12 bis 14.

Flösselaal.

Verbreitung: Kamerun und Nigeria, insbesondere Nigerdelta.

Größe: Bis zu 90 cm lang, fast immer jedoch kleiner.

Futter: Fleisch fressende Art, die Lebendfutter und Fleischbrocken verzehrt, jedoch kein Trockenfutter.

Becken: Der Flösselaal benötigt ein geräumiges Becken. Gegenüber allen Arten, die wegen ihrer Größe für ihn nicht als Futter in Frage kommen, verhält er sich friedlich und kann deshalb auch im Gesellschaftsbecken gehalten werden. Flösselaale benötigen einen feinkörnigen Boden, in dem sie sich eingraben. Daher sollten Pflanzen in kleinen, mit Kieseln beschwerten Töpfen gepflanzt sein oder aber mit rings um die Stängel aufgeschichteten Kieseln geschützt werden. Wichtig ist eine fest sitzende Abdeckung, um Fluchtversuchen vorzubeugen. Flösselaale benötigen Verstecke. Eine „Mondlicht"-Leuchtstoffröhre ermöglicht die Beobachtung der nachtaktiven Fische. Das Wasser sollte leicht sauer und mittelhart sein.

Temperatur: 22–28 °C.

Fortpflanzung: Die Art wurde bislang noch nicht in Aquarien gezüchtet.

Macrognathus aculeatus (Augenfleckstachelaal)

Hält man den Augenfleckstachelaal mit nur einem oder zwei Artgenossen zusammen, legt er eine auffällige Aggressivität an den Tag. In Gesellschaft größerer Gruppen verschwindet die Angriffslust jedoch, und man beobachtet auf Holzstücken und in Höhlen immer wieder regelrechte „Klumpen" von Stachelaalen.

Allerdings fällt dieses gesellige Verhalten eher bei jugendlichen als bei erwachsenen Fischen auf. Am häufigsten sieht man es in Aquariengeschäften, da die wenigsten Heimaquarien groß genug für zehn und mehr Exemplare sind. Daher sollte man lieber nur jeweils einen Augenfleckstachelaal pro Becken halten.

Verbreitung: Süß- und Brackwasser in Südostasien.
Größe: Bis zu 35 cm, gewöhnlich aber kleiner.
Futter: Einige der im Handel erhältlichen Sorten von Sinkfutter werden gelegentlich verzehrt, doch sollte man die Art in erster Linie mit am Boden heimischem Lebendfutter ernähren.
Becken: Alle Stachelaalarten graben sich gerne so in den Boden ein, dass höchstens die Schnauzenspitze und die Augen herausschauen. In dieser Stellung verharren sie dann die meiste Zeit des Tages. Aus diesem Grund sollte das Material des Bodengrunds feinkörnig sein. Größere Fische brauchen natürlich eine tiefe Substratschicht. Pflanzen müssen vor dem Entwurzeln geschützt werden. Zur richtigen Vorgehensweise siehe dazu die Angaben beim Flösselaal (*Erpetoichthys calabaricus*; Seite 213). Das Licht sollte tagsüber gedämpft sein. Eine „Mondlicht"-Leuchtstoffröhre kann die Lichtverhältnisse der Dämmerung und mondheller Nächte simulieren. Dies ermöglicht das Beobachten der nachtaktiven Fische. Stachelaale benötigen unbedingt Versteckmöglichkeiten. Das Wasser sollte neutral und mittelhart sein. Die häufig empfohlene Zugabe von etwas Salz – ca. ein Teelöffel auf neun bis zehn Liter Wasser – ist aber nicht unbedingt notwendig.
Temperatur: 23–28 °C.
Fortpflanzung: Kommt im Aquarium nur sehr selten vor. Auf heftiges Werben folgt die Ablage von bis zu 1000 Eiern. Die Jungfische schlüpfen nach etwa drei Tagen.

Augenfleckstachelaal.

Mastacembelus erythrotaenia
(Feueraal/Rotstreifenstachelaal)

Der Feueraal ist eine schön gezeichnete und großwüchsige Art.

FEUERAALE SIND NICHT nur die farbenprächtigsten, sondern auch die größten Vertreter aller für die Aquarienhaltung angebotenen Stachelaalarten. Allerdings erreichen die meisten in Zoogeschäften und Heimaquarien lebenden Exemplare nicht einmal annähernd die Maximalgröße, die für ihre Art angegeben wird. Meist bleiben sie deutlich kleiner.

Als nachtaktiver Raubfisch kann *M. erythrotaenia* nur zusammen mit Fischen gehalten werden, die aufgrund ihrer Größe nicht als Beute in Frage kommen. Kleinere Tiere werden ausnahmslos verschlungen. Außerdem erträgt der Feueraal die Gesellschaft von Artgenossen nicht (zur Haltung mehrerer Stachelaale einer Art siehe auch den Eintrag zu *Macrognathus aculeatus,* linke Seite).

Obwohl Feueraale im Handel häufiger angeboten werden als die meisten anderen Stachelaale, sind sie aufgrund ihrer Anfälligkeit für Krankheiten und Parasiten keineswegs pflegeleicht. Deshalb sollte das Wasser stets von guter Qualität sein.

Verbreitung: Borneo, Sumatra, Myanmar und Thailand.
Größe: Die Art soll angeblich eine Körperlänge von bis zu 1 m erreichen; allerdings werden die in Aquarien lebenden Tiere selten länger als 35 bis 50 cm.
Futter: Diese Fleisch fressende Art nimmt nur selten Trockenfutter. Gefrorene und gefriergetrocknete Futtersorten werden jedoch akzeptiert.
Becken: Die Bedingungen im Becken sollten im Großen und Ganzen den bei *Macrognathus aculeatus* beschriebenen entsprechen. Dabei ist allerdings zu berücksichtigen, dass Feueraale deutlich größer werden können.
Temperatur: 22–28 °C.
Fortpflanzung: Wurde in Aquarien bisher noch nicht beobachtet.

WEITERE ERHÄLTLICHE STACHELAALARTEN

Die Bezeichnungen *Macrognathus* und *Mastacembelus* werden oft wechselseitig gebraucht, was zu Verwechslungen führt. Die folgende Liste hält sich an die aktuell vorgeschlagene Nomenklatur.

Caecomastacembelus moorii (Moores Stachelaal; 16 cm), *C. tanganicae* (15 cm), *Macrognathus circumcinctus* (Gürtelstachelaal, 25 cm), *M. maculatus* (Fleckenstachelaal; 45 cm), *M. pancalus* (Indischer Stachelaal, 20 cm), *M. siamensis* (Thailändischer Pfauenaugen-Stachelaal, 35 cm), *M. zebrinus* (Bänderstachelaal, 45 cm), *Mastacembelus armatus* (Riesenstachelaal, 75 cm).

Glasbarsche, Kugelfische und Schützenfische

Kugelfische wie dieser Grüne Kugelfisch (Tetraodon fluviatilis) *greifen häufig andere Fische an.*

Glasbarsche, Kugelfische und Schützenfische gelten als typische Bewohner von Brack- und Meerwasserhabitaten. Wie wir sehen werden, trifft dies jedoch nicht immer zu. Allerdings führte die natürliche Verbreitung einiger ihrer bekanntester Vertreter dazu, dass man für die Haltung dieser Tiere ein Brackwasseraquarium für geeigneter hält als ein Süßwasseraquarium.

Die Asiatischen Glasbarsche bilden die Familie Ambassidae, für die gelegentlich auch die Namensalternative Chandidae verwendet wird. Wie der deutsche Name besagt, ist ihr Körper nahezu durchsichtig, sodass man unter der unpigmentierten Muskulatur das Skelett und besonders das Rückgrat deutlich erkennen kann.

Andere Merkmale, durch die sich die Glasbarsche von ihren nächsten Verwandten unterscheiden, sind sieben bis acht Stacheln und sieben bis elf weiche Strahlen der Rückenflosse sowie drei Stacheln und sieben bis elf weiche Strahlen der Afterflosse. Die Familie umfasst insgesamt acht Gattungen mit ungefähr 40 Arten, von denen etwa die Hälfte ausschließlich in Süßwasserlebensräumen vorkommt.

Die für die Haltung in Süß- und Brackwasseraquarien geeigneten Kugelfische gehören der Familie Tetraodontidae an. Diese Tiere kennzeichnen vier spitz zulaufende Zähne sowie die Fähigkeit, sich bei Gefahr aufzublasen. Alle hier vorgestellten Arten entstammen der Unterfamilie Tetraodontinae; ihre typischen Merkmale sind der rundliche Körper und ein oder zwei Nasenöffnungen beiderseits des Mauls.

Die Familie der Schützenfische oder Toxotidae besteht nur aus einer einzigen Gattung, *Toxotes*, sowie sechs Arten. Bei Schützenfischen verläuft das Rückenprofil von der Schnauzenspitze bis zur Vorderkante der Rückenflosse gerade. Das ermöglicht den Fischen, bei ihrer Jagd nach fliegender Beute direkt unterhalb der Wasseroberfläche zu schwimmen. Wenn sie ein geeignetes Opfer entdeckt haben, schießen sie es zielgenau mit einem Wasserstrahl ab – daher ihr deutscher Name.

Parambassis ranga
(Indischer Glasbarsch)

Der Indische Glasbarsch, der auch mit dem wissenschaftlichen Namen *Chanda ranga* bezeichnet wird, war eine Weile der beliebteste Vertreter seiner Gattung. Inzwischen wurde er aber von der größeren Art *P. wolffii* (Wolffs Glasbarsch) aus seiner Spitzenposition verdrängt.

In den 1980er- und den frühen 1990er-Jahren erfreuten sich die Glasbarsche infolge der Einführung künstlich gefärbter Exemplare aus Fernost bei Hobby-Aquarianern großer Beliebtheit. Mit der Zeit aber nahmen Händler und Käufer Abstand davon, die unnatürlich bunten Fische anzubieten bzw. zu erwerben. Außerdem erwiesen sich die mit Färbemittel gespritzten Tiere wesentlich anfälliger für Krankheiten.

Verbreitung: Indien, Myanmar und Thailand.
Größe: Manche Tiere werden bis zu 8 cm lang; gewöhnlich bleiben sie nur 6 cm groß.
Futter: Obgleich Futterflocken und einige andere Trockenfutterarten akzeptiert werden, ziehen die Fische Lebendfutter sowie tiefgefrorenes und gefriergetrocknetes Futter vor.
Becken: Diese gesellige Art sollte im Schwarm gehalten werden. Obwohl sie eher scheu sind, können Indische Glasbarsche im Aquarium mit anderen kleinwüchsigen, friedlichen Arten zusammenleben. Das Becken sollte dicht bepflanzt sein, Verstecke bieten und einen dunklen Boden haben. Er bringt die schöne Färbung der Tiere am besten zur Geltung. Diese ist nur dann voll ausgeprägt, wenn die Qualität des Wassers stimmt. Es sollte hart und alkalisch und mit etwas Salz angereichert sein, am besten mit einer hochwertigen Meersalzmischung (ein bis drei Teelöffel auf 4,5 bis 5 Liter). Das Wasser sollte gereift sein, also nicht frisch aus dem Hahn kommen.
Temperatur: 18–30 °C; eine Temperatur am oberen Ende dieses Bereichs fördert die Fortpflanzungsbereitschaft.
Fortpflanzung: Die Eier werden zwischen den Pflanzen abgelegt. Oft geschieht dies, wenn das Aquarium von der Morgensonne beschienen wird. Die Jungfische schlüpfen nach einem Tag. Sie sind winzig und sollten dementsprechend kleines Futter wie etwa Rädertierchen angeboten bekommen. Aufgrund der geringen Größe ist die Aufzucht junger Indischer Glasbarsche sehr schwierig.

Der hübsche Indische Glasbarsch fühlt sich im Schwarm am wohlsten.

Tetraodon fluviatilis
(Grüner Kugelfisch)

Oben und unten: Grüner Kugelfisch.

Der grüne Kugelfisch kommt, wie sein wissenschaftlicher Name beschreibt, in Flüssen vor. Dies bedeutet aber nicht, dass er völlig an ein Süßwasserhabitat angepasst ist; Zuchterfolge konnten bislang nur im Brackwasser erzielt werden.

Alle Kugelfische wirken mit ihrem rundlichen Körperbau ansprechend und friedfertig. Doch die bedächtige Art zu schwimmen mag darüber hinwegtäuschen, dass sie im Grunde sehr aggressiv sind. Da sie zudem noch über ein beachtliches Gebiss verfügen, können sie kleinere Aquarienbewohner ernsthaft verletzen.

Neben dem Grünen Kugelfisch sind im Handel noch vier weitere Arten erhältlich: *T. biocellatus* (Palembang-Kugelfisch), *T. mbu* (Goldringelkugelfisch) und *T. schoutedeni* (Leopardkugelfisch); *T. steindacheri* wird als Synonym von *T. biocellatus* verwendet.

Verbreitung: Südostasien im Süß- und Brackwasser.
Größe: Bis zu 17 cm.
Futter: Nimmt viele verschiedene Futtertypen, darunter gern Schnecken. Kugelfische eignen sich daher dazu, um Aquarien von Schneckenplagen zu befreien. Ferner werden pflanzliches Futter wie Kopfsalat und Aquarienpflanzen verzehrt sowie Futtertabletten oder -sticks.
Becken: Junge Kugelfische sind meist friedlich, werden mit dem Alter aber aggressiver, vor allem gegenüber Artgenossen. Deshalb sollte man erwachsene Tiere entweder alleine oder zusammen mit widerstandsfähigen Fischen ähnlicher Größe halten. Auch wenn Kugelfische sich gern über die Pflanzen hermachen, sollte das Becken an den Seiten und im hinteren Teil dicht bepflanzt sein. Die Vorderseite lässt man frei, damit der Fisch dort ungehindert schwimmen kann. Als Bepflanzung wählt man am besten zähe oder ungenießbare Arten wie Zwergspeerblatt oder Javafarn. Auch künstliche Pflanzen bieten sich an. Das Becken muss Verstecke bieten, und das Wasser sollte neutral bis leicht basisch und hart sein. Geben Sie Salz hinzu (ein Teelöffel auf 4,5 bis 5 Liter).
Temperatur: 24–28 °C.
Fortpflanzung: Die vom Weibchen auf einem Stein abgelaichten Eier werden vom Männchen bewacht. Die Jungfische schlüpfen nach sechs bis sieben Tagen.

Toxotes jaculatrix
(Schützenfisch)

Für den Schützenfisch werden in der Aquaristik-Literatur zwei verschiedene Namen verwendet: *Toxotes jaculator* und *Toxotes jaculatrix.*

Dieser bemerkenswerte Fisch schießt Beute, die sich außerhalb des Wassers in bis zu 1,5 Meter Entfernung befindet, mit einem Wasserstrahl ab. Dabei besitzt er die Fähigkeit, die zwischen Wasser und Luft auftretende Brechung der Lichtstrahlen exakt auszugleichen. Würde er auf seine Beute so schießen, wie er sie von seiner Unterwasserumgebung aus sieht – also ohne die Lichtbrechung zu berücksichtigen –, würde er sie zweifelsohne verfehlen. Der Umstand, dass ihm dies nicht allzu häufig passiert, zeigt, dass er die Berechnung des optischen Phänomens voll im Griff hat.

Von den fünf übrigen Arten der Gattung findet man am häufigsten noch *T. chatareus* im Fachhandel vertreten.

Verbreitung: Vom Golf von Aden über Indien und Südostasien bis Australien in Flussmündungen.
Größe: Bis zu 30 cm, in Aquarien gewöhnlich kleiner.
Futter: Da dies eine Fleisch fressende Art ist, sollte man entweder Lebendfutter oder gefriergetrocknetes Futter anbieten, das an der Wasseroberfläche schwimmt. Der Schützenfisch schießt auch Insekten ab, die das Aquarium überfliegen.
Becken: Schützenfische sollten nach Möglichkeit ein hohes Becken erhalten, das eine Wassertiefe von 20 cm oder mehr ermöglicht und einen ebenso hohen Luftraum darüber aufweist. Diesen sollte eine fest sitzende Abdeckung abschließen. Auf Zweigen und Ästen, die aus dem Wasser ragen, könnten Fliegen und andere Insekten sitzen, die man als Futter in das Aquarium gibt. Allerdings ist es nicht ganz einfach, Schützenfische ständig mit fliegenden Beutetieren zu versorgen. Zum Glück geben sie sich auch mit auf dem Wasser treibenden Futter zufrieden. Als Pflanzen eignen sich all jene Arten, die Salz gut vertragen oder aber künstlich sind. Das Wasser sollte neutral bis alkalisch und von mittlerer Härte sein. Am besten fügt man einen Teelöffel Salz auf 4,5 bis 5 Liter Wasser hinzu.
Temperatur: 25–30 °C.
Fortpflanzung: Wurde in Aquarien noch nie beobachtet.

Schützenfische sind aufgrund ihrer Jagdtechniken bemerkenswerte Aquarienbewohner.

FLOSSENBLÄTTER, ARGUSFISCHE

Monodactylus sebae, *das Afrikanische Seba-Flossenblatt.*

Flossenblätter (Monodactylidae) und Argusfische (Scatophagidae) bilden zwei verschiedene Familien, die trotz biologischer Unterschiede auch über eine wichtige Gemeinsamkeit verfügen: Den Großteil ihres Erwachsenenlebens verbringen die Mitglieder dieser Familien im Meer, wo sich die meisten von ihnen auch fortpflanzen. Die heranwachsenden Tiere allerdings halten sich im Süß- oder Brackwasser auf.

Typisch für die Monodactylidae ist der platte, silbrig gefärbte Körper, der bei manchen Arten wie dem Seba-Flossenblatt *(Monodactylus sebae)* höher als lang sein kann. Während des Wachstums verändert sich bei den Tieren die Bauchflosse, die bei Jungfischen noch vorhanden ist und sich später bis auf einen verkümmerten Rest zurückbildet.

Die Rückenflosse besitzt einen langen, mit Schuppen bedeckten Ansatz. Vor dem weicheren Teil der Flosse stehen fünf bis acht kurze Stacheln. Die Afterflosse besitzt nur drei Stacheln. Es gibt keinerlei Fett- oder zweite Rückenflosse, wie sie bei Salmlern (Seite 69) oder Regenbogenfischen (Seite 187) vorkommt.

Die Name der Scatophagidae leitet sich von ihrem Ruf ab, Abfallfresser zu sein *(scatophagus* bedeutet „Dungfresser"). Diese hübschen Fische sind schon seit langem bei Aquarianern beliebt. Ihr Körper ist ebenso platt, vom Umriss her aber runder oder quadratischer geformt als der der Flossenblätter. Bei den Argusfischen verfügen sowohl junge als auch erwachsene Exemplare über eine Bauchflosse. Die Rückenflosse ist tief eingekerbt. Aufgrund der Giftdrüsen an ihrer Basis können die Flossenstacheln schmerzhafte Wunden verursachen. Deshalb sollte man beim Umgang mit diesen Tieren sehr vorsichtig sein.

Eine der Arten aus der Gattung *Scatophagus – S. tetracanthus* – unterscheidet sich von den anderen darin, dass sie nicht nur im Stande ist, im Süßwasser zu überleben, sondern sich hier auch fortzupflanzen.

Monodactylus argenteus
(Silberflossenblatt)

Das Silberflossenblatt gelangte zu Beginn des 20. Jahrhunderts erstmals in europäische Aquarien. Obwohl dieser Fisch mit zunehmendem Alter immer höhere Anforderungen stellt, erfreut er sich bei erfahrenen Aquarianern großer Beliebtheit.

Der deutsche Namen beschreibt einprägsam das Aussehen dieses aparten Schwarmfisches. Im Englischen wird das Tier unter anderem als *Fingerfish* bezeichnet, was eine Anspielung auf die langen, beinahe fingerähnlichen Flossen an Rücken und Bauch darstellt. Die Übersetzung des wissenschaftlichen Namens *Monodactylus* lautet wörtlich „ein Finger".

Ohne weiteres erhältlich im Fachhandel ist auch eine andere Art – *Monodactylus sebae* –, die im Deutschen als Afrikanisches Seba-Flossenblatt (siehe Foto links) bezeichnet wird. Der Körper dieser Fische ist sehr viel höher als lang, besonders bei juvenilen Exemplaren. Die Tiere stellen die gleichen Grundanforderungen wie *M. argenteus*, vertragen aber Süßwasser etwas schlechter.

Silberflossenblatt.

Verbreitung: In Afrika, Asien und Australien weit verbreitet in tropischen Brackwasserzonen.

Größe: Bis zu 25 cm, in Aquarien gewöhnlich kleiner.

Futter: Akzeptiert so gut wie alle Futtersorten. Das Futter sollte auch pflanzliche Bestandteile enthalten.

Becken: Je älter die Fische werden, desto salzhaltiger sollte das Wasser sein. Deshalb eignen sie sich am besten für Aquarianer, die sowohl Süßwasser- als auch große Meerwasserbecken besitzen oder im Stande sind, Brackwasserbedingungen bereitzustellen und zu erhalten. Jungfische gedeihen in Süßwasser gut, doch damit sie gesund bleiben, muss das Wasser etwas Salz enthalten (ca. ein Teelöffel auf 4,5 bis 5 Liter Wasser). Das Silberflossenblatt ist ein Schwarmfisch, der ein großes Aquarium erfordert. Die Vegetation muss salztolerant sein. In die Becken, in denen juvenile oder erwachsene Tiere leben, setzt man am besten Brackwasserpflanzen oder solche, die in Flussmündungen wachsen. Das Wasser für Jungfische sollte neutral bis basisch und hart sein.

Temperatur: 24–28 °C.

Fortpflanzung: In Aquarien nicht bekannt.

Scatophagus argus (Gemeiner Argusfisch/Grüner Argus)

Als ausgewachsener Fisch besticht der Gemeine Argusfisch durch seine ansprechende Zeichnung, doch als Jungfisch ist er sogar noch hübscher. Dennoch sollte man der Versuchung widerstehen, mehr als zwei oder drei Exemplare zu kaufen – es sei denn, man ist in der Lage, die Tiere artgerecht unterzubringen.

Gut gepflegte Jungfische werden in bemerkenswert kurzer Zeit zu groß für ein mittelgroßes Becken und stellen ihren Halter damit vor eine enorme Herausforderung. Man sollte auch bedenken, dass Argusfische riesige Mengen an pflanzlicher Kost zu sich nehmen. Empfehlenswert für die Aquarienbegrünung sind deshalb zähe Pflanzen, wie Zwergspeerblatt oder verschiedene Farne.

Der Rotstirnargus *(Scatophagus rubifrons* oder *S. argus atromaculatus)* kann ebenfalls über den Fachhandel bezogen werden und gilt im Allgemeinen als Farbvariante des Grünen Argus.

Verbreitung: Erwachsene Fische sind in Brack- und Küstengewässern des Indischen und Pazifischen Ozeans weit verbreitet. Jungfische schwimmen oft in Süßgewässern.

Größe: Bis zu 40 cm, im Aquarium kleiner.

Futter: Alle Futtertypen eignen sich, sowohl Trocken- wie auch Lebendfutter. Die Futtergaben sollten immer auch pflanzliche Komponenten enthalten.

Becken: Angesichts der Größe, die diese schwarmbildende Art erreicht, können in den meisten Heimaquarien nur juvenile Exemplare gehalten werden. Erwachsene Fische benötigen nicht nur einen großzügigen Schwimmbereich, sondern auch eine ausreichende Wassertiefe. An den Seiten und im Hintergrund sollten dichte Gruppen salztoleranter oder künstlicher Pflanzen stehen. Jedoch ist Javafarn *(Microsorum pteropus)* für die Tiere giftig. Junge Fische kann man in gut gefiltertem alkalischem und hartem Wasser halten. Wenn sie älter werden, gibt man Salz ins Wasser, beginnend mit einem Teelöffel auf 4,5 bis 5 Liter Wasser. Diese Menge steigert man allmählich aufs Doppelte. Erwachsene Fische benötigen besser gefiltertes Wasser, mehr Salz oder am besten ein Meerwasserbecken.

Temperatur: 20–28 °C.

Fortpflanzung: Die Vermehrung dieser Art gelang noch nie in Heimaquarien.

Der Gemeine Argusfisch hat einen vielfältigen Speiseplan.

Selenotoca multifasciata
(Silberargus/Australischer Argus)

Der Silberargus ähnelt dem Gemeinen Argusfisch (siehe vorhergehenden Eintrag), doch werden die ausgewachsenen Exemplare bei dieser Art noch etwas größer. Die senkrechten schwarzen Streifen der oberen Körperhälfte und die Punkte der unteren machen den Silberargus zu einem sehr attraktiven Fisch.

In freier Natur leben die erwachsenen Tiere in Mündungsgebieten und den Unterläufen von Flüssen, während Jungfische flussaufwärts wandern und sich eine Zeit lang im Süßwasser aufhalten. Mit zunehmendem Alter begeben sie sich wieder in salzhaltigere Regionen.

Verbreitung: Indopazifischer Raum und die Küsten Australiens, von Südosten aus nordwärts, an der gesamten Nordküste und der nördlichen Hälfte der Westküste.
Größe: Bei frei lebenden Tieren wurden Größen bis zu 41 cm gemessen.

Futter: Alle im Handel erhältlichen Sorten an Trocken- und Lebendfutter werden akzeptiert; allerdings müssen die Tiere auch pflanzliche Kost erhalten.
Becken: Angesichts der beträchtlichen Größe, die diese Art erreicht, sollten in kleineren oder mittleren Becken nur Jungfische gehalten werden. Weil sie die meisten Pflanzen abfressen, empfiehlt es sich, nur ungenießbare und salztolerante Arten einzusetzen. Die leichter erhältlichen künstlichen Pflanzen stellen vielleicht eine bessere Alternative für die Bepflanzung des Beckens dar. Fügen Sie dem Wasser ca. einen Teelöffel Salz auf 4,5 bis 5 Liter Wasser hinzu und steigern Sie diese Dosis allmählich, wenn die Fische größer werden; orientieren Sie sich dabei an den Angaben zu *Scatophagus argus*.
Temperatur: 20–28 °C.
Fortpflanzung: Über die Fortpflanzungsgewohnheiten dieser Art sind keine genaueren Details bekannt.

Der Silberargus weist ein interessantes Färbungsmuster auf.

Verschiedene Arten

Eine willkürliche Auswahl Eier legender Fischarten wird immer unvollständig bleiben, zumal ihre Zusammenstellung auf jeden Fall auch durch bewusste oder unbewusste persönliche Vorlieben beeinflusst ist. Selbst eine Reihe weiterer Faktoren, wie zum Beispiel Platzgründe, haben Einschränkungen zur Folge. Dennoch ist es bislang hoffentlich gelungen, eine ausreichend breit gefächerte Zahl von tropischen Süßwasserfischarten vorzustellen, die gewöhnlich in Aquaristikfachgeschäften angeboten werden.

Auf den folgenden Seiten wird die Aufstellung durch eine weitere kleine Auswahl von Arten ergänzt, die ebenfalls oft im Fachhandel erhältlich sind, jedoch nicht den bisher beschriebenen Familien angehören.

Badis badis
(Blaubarsch)

Nach neueren Erkenntnissen ist der Blaubarsch eine von 16 Arten in der Familie Badinae. Diese Arten sind mitunter sehr klein, aber hübsch.

Von wild lebenden Blaubarschen kennt man zwei Farbvarianten. Die indischen Populationen sind meist am ganzen Körper bläulich; mitunter bezeichnet man sie als Unterart *Badis badis badis*. Fische aus Myanmar dagegen sind rötlicher und werden neuerdings als *B. ruber* (Burmesischer Blaubarsch) bezeichnet. Bemerkenswert an den Blaubarschen ist, dass die Männchen ihre Farbe mit der Stimmung ändern.

Verbreitung: Indien und Myanmar.

Größe: Männchen bis zu 8 cm, Weibchen etwas kleiner.

Futter: Frost- und Lebendfutter.

Becken: Blaubarsche verhalten sich in Gesellschaftsaquarien im Großen und Ganzen friedlich, verteidigen aber mitunter ihr Revier. Sie lieben stark bepflanzte Becken mit vielen Versteckmöglichkeiten. Bei guter Qualität des Wassers spielen dessen chemische Eigenschaften keine sehr große Rolle.

Temperatur: 23–28 °C; das obere Ende dieser Skala fördert die Fortpflanzungsbereitschaft.

Fortpflanzung: Die Eier werden in einer Höhle abgelegt und vom Männchen bewacht. Die Brut schlüpft nach ungefähr drei Tagen. Das Männchen bewacht die Jungfische einige Tage lang, bis sie ihre Dottersäcke aufgezehrt haben.

Blaubarsch.

Gnathonemus petersii (Elefantenrüsselfisch/Tapirfisch)

In den 1950er- und 1960er-Jahren stellte der Elefantenrüsselfisch aus der Familie Mormyridae (Nilhechte) eine Rarität dar. Erst ab den 1980er-Jahren, als die Nachfrage nach afrikanischen und besonders nigerianischen Fischen stieg, gelangte er in deutlich größeren Mengen in den Handel. Herausragendstes Merkmal dieser Tiere ist die Eigenschaft, schwache elektrische Impulse auszusenden, um sich in den oft trüben Gewässern ihres natürlichen Lebensraums zurechtzufinden und mit Artgenossen zu kommunizieren.

Den interessanten Fisch trifft man heute relativ häufig in Zoohandlungen an. Da zum einen die Anforderungen besser bekannt sind, die diese Art an das Aquarium stellt, und zum anderen eine große Bandbreite hochwertiger Futterprodukte verfügbar ist, wurde es leichter, Elefantenrüsselfische weitgehend problemlos zu halten. Allerdings erweisen sich die Tiere als anspruchsvoller als viele andere Arten. Da sie unter jeglicher Verschlechterung der Wasserqualität leiden, sollte alle 14 Tage oder einmal im Monat ein Teilwechsel des Wassers erfolgen.

Neben *G. petersii* werden auch zahlreiche andere Arten eingeführt, von denen einige keinen „Rüssel" besitzen, darunter der Elefantenfisch *(Campylomormyrus elephas)* sowie *C. tamandua, Marcusenius macrolepidotus angolensis* und *Brienomyrus brachyistius.*

Verbreitung: Zentral- und Westafrika, besonders Kamerun, Demokratische Republik Kongo und Nigeria.
Größe: Bis zu 35 cm, im Aquarium kleiner.
Futter: Akzeptiert Trockenfutter und Futterflocken, zieht aber Lebendfutter sowie tiefgefrorenes und gefriergetrocknetes Futter vor.
Becken: Weil der zu einem fleischigen, rüsselähnlichen Auswuchs verlängerte Unterkiefer, mit dem der Fisch seine Nahrung sucht, zart und empfindlich ist, sollte man ein feinkörniges Substrat wählen. Diese vor allem in der Dämmerung und nachts aktive Art benötigt ferner Höhlen und Verstecke sowie dichte Pflanzengruppen. Eine „Mondlicht"-Leuchtstoffröhre ermöglicht es, die Tiere nachts zu beobachten. Die chemische Zusammensetzung des Wassers ist nicht allzu wichtig, aber es sollte von guter Qualität und leicht sauer bis neutral sein.
Temperatur: 22–28 °C.
Fortpflanzung: Kommt in Aquarien nicht vor.

Elefantenrüsselfisch.

Chitala chitala
(Tausenddollarfisch/Indischer Fähnchenmesserfisch)

Der Tausenddollarfisch ist möglicherweise der am häufigsten in Aquarien lebende Messerfisch. Meist wird er als attraktiv gezeichneter 10 bis 15 cm langer Jungfisch verkauft. Verantwortungsbewusste Händler warnen allerdings ihre Kunden, dass sich der hübsche Kleine zu einem gefräßigen Riesen auswachsen wird.

Unabhängig von ihrer Größe leben alle Messerfische räuberisch. Die verschiedenen in Aquarien gehaltenen Arten, die alle der Familie Notopteridae angehören, werden 30 cm lang oder sogar noch länger. Erhältlich sind gewöhnlich vor allem *Papyrocranus afer* (80 cm), *Notopterus notopterus* (Asiatischer Fähnchenmesserfisch, 60 cm) und *Xenomystus nigri* (Afrikanischer Messerfisch, 30 cm).

Verbreitung: Südostasien, besonders Borneo, Indien, Myanmar, Malaysia und Sumatra.
Größe: Wild lebende Exemplare erreichen eine Körperlänge bis 1,2 m. Unter optimalen Bedingungen werden in Aquarien lebende Fische bis zu 70 oder 80 cm lang.
Futter: Diese räuberisch lebende Art wird mit Fisch und Fleisch ernährt. Tiefgefrorenes und gefriergetrocknetes Futter wird ebenfalls akzeptiert, vor allem von jüngeren Fischen, von denen einige auch Trockenfutter nehmen.
Becken: In einem großen Aquarium kann man mehrere Jungfische zusammen halten, die untereinander eine Rangordnung festlegen. Das Becken darf jedoch nicht zu voll sein. Ansonsten empfiehlt sich die Einzelhaltung oder aber die Vergesellschaftung mit anderen großen, robusten Arten. Ein effektives Filtersystem ist von höchster Wichtigkeit. Das Becken muss viel Raum zum Schwimmen bieten und darf keine scharfkantigen Gegenstände enthalten. Empfehlenswert ist eine Ausstattung mit großen Wurzelholzstücken sowie eine gedämpfte Beleuchtung, die abends und nachts die Beobachtung der Fische erlaubt. Die chemischen Eigenschaften des Wassers sind nicht so wichtig, solange es von guter Qualität ist.
Temperatur: 24–30 °C.
Fortpflanzung: Frei lebende Tausenddollarfische legen die Eier auf einer zuvor gesäuberten Oberfläche ab, wo sie dann vom Männchen bewacht werden. Die Jungfische schlüpfen nach fünf bis sieben Tagen. Berichte über das Laichen in Aquarien sind nicht bekannt.

Der Tausenddollarfisch wächst zu beachtlicher Größe heran.

Oryzias latipes
(Medaka/Reiskärpfling)

Medakas zeigen ein ungewöhnliches Fortpflanzungsverhalten.

Die Wildform des Medakas (Familie Adrianichthyidae, Reisfische) ist heute nur selten in Aquarienfachgeschäften zu sehen, da die Zuchtformen sie mittlerweile fast vollständig aus dem Handel verdrängt haben.

Eine der ungewöhnlichsten Eigenheiten aller Reiskärpflinge besteht darin, dass die Weibchen ihre Eierpakete, die wie winzige Weintrauben aussehen, mit sich herumtragen. Die Eier hängen an der Genitalöffnung und werden nach einer Weile, meist in Klumpen, an kleinblättrigen Pflanzen abgelegt. Bemerkenswert ist außerdem, dass die Eier sowohl außerhalb des Körpers befruchtet werden können (wie bei frei laichenden Arten) als auch innerhalb (wie bei Lebendgebärenden).

Ebenfalls zu den Reiskärpflingen zählen unter anderem die Arten *O. celebensis* (Celebesbärbling), *O. javanicus* (Java-Reiskärpfling), *O. marmoratus* (Schwarzfleckiger Reiskärpfling) und der relativ selten erhältliche *O. nigrimas* (Schwarzmantel-Reiskärpfling).

Verbreitung: China, Japan und Südkorea; wurde außerdem auch auf Java und in Malaysia gesichtet.

Größe: Bis zu 4 cm.

Futter: Akzeptiert die meisten im Handel erhältlichen Sorten an Trocken- und Lebendfutter.

Becken: Diese aktive, schwarmbildende Art hält sich vorwiegend im oberen Teil der Wassersäule auf und kann gut mit anderen Fischen vergesellschaftet werden. Zur Dekoration eignen sich zwar auch schwimmende Pflanzen, doch benötigen die Tiere einen ausreichend großen freien Schwimmraum ebenso wie freie Oberflächenbereiche. Bepflanzt werden sollten daher vor allem die Seiten und der hintere Beckenbereich. Reiskärpflinge schätzen gut gefiltertes, leicht bewegtes Wasser. Die chemische Zusammensetzung ist nicht allzu wichtig, doch bekommt ihnen ein nahezu neutrales und mittelhartes Wasser am besten.

Temperatur: Medakas vertragen Temperaturen von unter 15 °C bis über 28 °C, doch sollte keines dieser Extreme über längere Zeit fortbestehen.

Fortpflanzung: Die Eier können sowohl außerhalb als auch im Körper des Weibchens befruchtet werden. Das Weibchen trägt sie eine Weile mit sich herum, bevor es sie an Pflanzen ablegt. Je nach Wassertemperatur schlüpfen die Jungfische nach sieben bis zehn Tagen.

Osteoglossum bicirrhosum
(Gabelbart / Arowana / Knochenzüngler)

Der Gabelbart kann sich aggressiv verhalten. Er wird bis zu einen Meter lang.

Der Gabelbart (Familie Osteoglossidae, Knochenzüngler) ist neben dem Schwarzen Knochenzüngler *(O. ferreirai)* eine der beiden aus dem Amazonasgebiet importierten Arowana-Arten. Diese werden meist als Jungfische verkauft, die noch ihren Dottersack besitzen, denn es dauert viele Wochen, bis ein frisch geschlüpfter Fisch diesen aufgebraucht hat. Es ist leicht, die Fischbabys erfolgreich zu akklimatisieren. Sobald ihre natürliche Nahrungsreserve erschöpft ist, beginnen sie zu fressen.

Je älter sie werden, desto schlechter ertragen die Fische allerdings die Anwesenheit von Artgenossen. Nun wird es Zeit, sie in getrennte Becken umzusetzen.

Der eng verwandte und streng geschützte Rote Asiatische Arowana *(Scleropages formosus)* wird mittlerweile in mehreren eingetragenen Fischfarmen in Fernost gezüchtet, sodass auch von dieser Art mittlerweile Exemplare bei uns erhältlich sind.

Verbreitung: Flusssystem des Amazonas, westlicher Orinoco, Guyana.

Größe: Bis 1 m, im Aquarium meist kleiner.

Futter: Kräftiges Lebendfutter sowie Fleisch- und Fischgaben, darunter selbst hergestellte Fischpaste, Fischstücke usw. Auch tiefgefrorene Futterarten werden verzehrt, ebenso wie ungeschälte Garnelen und große Insekten.

Becken: Die Arowana-Arten sind bereits in ihrer Jugend aggressiv. Dennoch kann man eine Gruppe von Jungfischen gemeinsam halten, sofern sie gut zusammenpassen. Das Becken muss groß sein, viel Platz zum Schwimmen bieten und darf nur wenig Dekoration aufweisen. Aquarien für Jungfische können ein Bodensubstrat aus Kies haben. In größeren Aquarien für halbwüchsige und erwachsene Fische lässt man es meist weg. Diese werden einzeln oder zusammen mit robusten, großwüchsigen anderen Fischen gehalten. Eine fest sitzende Abdeckung des Beckens ist ebenso wichtig wie ein effizientes Filtersystem. Das Wasser sollte weich und leicht bis gemäßigt sauer sein.

Temperatur: 24–30 °C.

Fortpflanzung: Nur selten wurde von einer Fortpflanzung im Aquarium berichtet, doch haben sich einige kommerzielle Fischfarmen auf die genannten Arten spezialisiert. Das Männchen bewahrt den befruchteten Laich und die geschlüpften Jungfische bis zu 60 Tage lang im Maul auf. Die Jungfische müssen erst gefüttert werden, nachdem der Dottersack vollständig aufgezehrt ist.

Pantodon buchholzi
(Schmetterlingsfisch)

SCHMETTERLINGSFISCHE sind die einzigen Vertreter der Familie Pantodontidae (Schmetterlingsfische). Seit etwa 90 Jahren kann man diese Tiere in Heimaquarien antreffen, doch wurden sie nie in großen Mengen verkauft. Dies liegt zum Teil an den Anforderungen, die sie an die Haltung stellen, zum Teil auch an ihrer Verbreitung: Einige der Länder, in denen sie vorkommen, exportieren erst seit jüngster Zeit Fische. Darüber hinaus ist es problematisch, diese Art in einem für kommerzielle Zwecke hinreichenden Maßstab zu züchten.

Trotz seines friedlichen Aussehens ist dieses Tier ein Raubfisch mit einem beachtlichen Maul. Deshalb sollten seine Aquariengenossen so groß sein, dass sie als Beute nicht in Betracht kommen.

Vereinzelten Berichten zufolge wurden „fliegende" Exemplare dieser Art beobachtet. Allerdings bewegt der Schmetterlingsfisch beim „Fliegen" seine Brustflossen nicht, sodass er eigentlich nur dahingleitet und nicht fliegt (zum Thema „fliegende Fische" siehe Seite 75).

Schmetterlingsfisch.

Verbreitung: Westafrika, insbesondere Kamerun, Demokratische Republik Kongo und Nigeria.
Größe: Bis zu 10 cm.
Futter: Akzeptiert mitunter Futterflocken und -sticks, zieht als Fleisch- und Fischfresser jedoch lebendes und gefrorenes oder gefriergetrocknetes Futter vor.
Becken: Die Fische jagen nah an der Wasseroberfläche. Deshalb können hier zwar einige Pflanzen treiben, doch sollte genügend Schwimmraum frei bleiben. Eine sichere Abdeckung ist unverzichtbar, damit die Tiere nicht aus dem Becken springen. Andere im Oberflächenbereich schwimmende Arten werden meist nicht geduldet, Bewohner des mittleren und unteren Beckenbereichs dagegen ignoriert. Empfohlen wird weiches, leicht saures und tanninhaltiges Wasser. Um dies zu erhalten, kann man in einen Filtertopf ein Stück Torf stecken oder aber ein im Handel erhältliches Schwarzwasser-Präparat verwenden.
Temperatur: 23–30 °C.
Fortpflanzung: Im Laufe mehrerer Tage werden durchsichtige, schwimmende Eier abgelegt. Nach etwa 36 bis 48 Stunden schlüpfen die Jungfische.

Lebendgebärende

Alle bisher behandelten Arten gelten als Eier legende Fische, da sie Laich ablegen. Meist werden diese Eier außerhalb des Mutterleibs befruchtet, das heißt, Eier und Sperma werden ins Wasser abgegeben, wo die Befruchtung erfolgt. In einigen Fällen jedoch findet die Befruchtung zumindest gelegentlich im Körper statt, und die Weibchen laichen erst danach (siehe Seite 201, Killifische und Seite 227, Medaka).

Bei Arten mit innerer Befruchtung kann man sich fragen, ob es sich um echte Eier legende Arten handelt, da die innere Befruchtung typisch für lebendgebärende Fische ist. Lebendgebärende unterscheiden sich von den Eier legenden Arten außerdem dadurch, dass die Weibchen den Laich im Körper behalten, bis der Nachwuchs geschlüpft ist und ins Wasser entlassen werden kann.

Einige Eier legende Arten bilden jedoch Ausnahmen. Die bemerkenswerteste davon ist ein Mitglied der Familie Poeciliidae. Diese umfasst die beliebtesten lebendgebärenden Zierfische, unter anderem den Guppy *(Poecilia reticulata)*. Bei *Tomeurus gracilis* findet die Befruchtung im Körper des Weibchens statt, das die Eier jedoch anschließend ablaicht. Dies ist sonst gewöhnlich bei den Eier legenden Arten der Fall, wie bei den beiden Killifischarten *Cynolebias brucei* und *C. melanotaenia*, sowie gelegentlich beim Medaka *(Oryzias latipes)*.

Abgesehen von dieser und wenigen anderen Ausnahmen kann man die lebendgebärenden Zierfische in vier Hauptgruppen einteilen:

a) Lebendgebärende Zahnkarpfen, Familie Poeciliidae
b) Vieraugen, Familie Anablepidae
c) Hochlandkärpflinge, Familie Goodeidae
d) Halbschnäbler, Familie Hemirhamphidae

Der Messerkärpfling (Alfaro cultratus) *fühlt sich in einer Gemeinschaft friedlicher Arten wohl. Siehe Seite 232.*

Guppy (Poecilia reticulata). *Siehe Seite 240.*

Lebendgebärende Zahnkarpfen (Poeciliidae)

Lebendgebärende Zahnkarpfen unterscheiden sich in mehreren Punkten von anderen Lebendgebärenden. Am auffälligsten ist die Umwandlung der Afterflosse beim Männchen zu einem Fortpflanzungsorgan, das Gonopodium genannt wird. Die Strahlen der Afterflosse sind verlängert und laufen in Haken aus. Wird das Gonopodium bei der Paarung nach vorne geklappt, wandern an ihm Spermapäckchen entlang und in den Körper des Weibchens, wo sie die Eier befruchten.

Ein weiteres besonderes Merkmal der Lebendgebärenden Zahnkarpfen ist, dass die Weibchen das Sperma der Männchen im Körper speichern und nach und nach reifende Eier damit befruchten. Deshalb sind Zahnkarpfenweibchen nach einer einzigen Paarung in der Lage, mehrmals hintereinander eine größere Anzahl von Jungfischen zur Welt zu bringen.

Die auf den folgenden Seiten vorgestellten Gattungen gehören (nach Parentis Revision von 1981) alle der Unterfamilie Poeciliinae an: Es handelt sich um *Alfaro, Gambusia, Limia, Poecilia* und *Xiphophorus.*

Vieraugen (Anablepidae)

Bei den männlichen Vieraugen bilden die Flossenstrahlen des Gonopodiums eine Röhre. Während ihrer Entwicklung nehmen die Embryos der Vieraugen stark an Gewicht zu, während die Embryos der Zahnkarpfen etwa so viel wie die Eier wiegen, aus denen sie sich entwickeln.

Die beiden hier vorgestellten Gattungen von Anablepiden, *Anableps* und *Jenynsia,* gehören der Unterfamilie Anablepinae an.

Hochlandkärpflinge (Goodeidae)

Das auffälligste Kennzeichen der Männchen besteht darin, dass die Afterflosse nicht in ein Gonopodium umgewandelt ist, sondern eine deutliche Kerbe aufweist. Bei dieser Gruppe nennt man das Fortpflanzungsorgan Andropodium. Es wird durch die zusammengewachsenen, verkürzten fünf bis sieben vorderen Flossenstrahlen gebildet und zur Begattung zusammengefaltet.

Nach der Befruchtung entwickeln sich die Jungfische vollständig in der Bauchhöhle der Weibchen, ähnlich wie in einer Gebärmutter. Dabei werden die Embryos über die so genannten Trophotaenien (Nährschnüre) so gut ernährt, dass sie stark an Gewicht zunehmen.

Weibliche Hochlandkärpflinge können kein Sperma speichern. Deshalb entwickeln sich Embryos nur unmittelbar nach einer Befruchtung.

Die hier vorgestellten Gattungen *Ameca, Characodon* und *Xenotoca* gehören der Unterfamilie Goodeinae an.

Halbschnäbler (Hemirhamphidae)

Auch die männlichen Halbschnäbler besitzen als Fortpflanzungsorgan ein Andropodium. Es hat mehrere besondere Merkmale, darunter ein knieähnliches Element (Geniculus), zwei seitlich abgespreizte Stacheln (Tridens flexilis), das so genannte Spiculum (Teil des zweiten Flossenstrahls) und eine taschenartige Hautfalte (Physa).

Die drei hier behandelten Gattungen *Dermogenys, Hemirhamphodon* und *Nomorhamphus* sind der Unterfamilie Hemirhamphidae zugeordnet.

Das Vierauge (Anableps anableps) *sieht, was sich im und über dem Wasser abspielt. Siehe Seite 246.*

LEBENDGEBÄRENDE ZAHNKARPFEN

Alfaro cultratus (Messerkärpfling)

DER MESSERKÄRPFLING ist ein lebhafter, oft auch scheuer Fisch, der sich in der Gesellschaft friedfertiger Arten wohl fühlt. Man kann ihn auch im Schwarm halten, sofern genügend Verstecke für nicht dominante Männchen vorhanden sind. Berichte über sehr aggressive dominante Männchen sind häufig übertrieben.

Der deutsche Name Messerkärpfling bezieht sich auf den durch überlappende Schuppen gebildeten Kiel am Bauch, der sich von der Afterflosse bis zur Schwanzflosse erstreckt.

Alfaro cultratus und sein naher Verwandter *A. huberi* stellen die einzigen beiden Vertreter dieser Gattung dar, der man eine ursprüngliche Form von Gonopodium zuschreibt. Dessen Häkchen sind nicht so komplex entwickelt wie bei anderen Poeciliiden.

Verbreitung: Costa Rica, Nicaragua und Panama.

Größe: Männchen bis zu 9 cm; Weibchen können etwas größer sein, gewöhnlich bleiben jedoch beide Geschlechter unter der maximalen Größe.

Futter: Akzeptiert Trockenfutter sowie tiefgefrorenes und gefriergetrocknetes Futter, zieht jedoch schwimmendes Lebendfutter vor.

Becken: Messerkärpflinge sind scheue und häufig nervöse Tiere, besonders wenn das Becken wenig Versteckmöglichkeiten bietet. Deshalb sollte man ihm dicht gepflanzte Vegetation sowie offenen Raum zum Schwimmen zur Verfügung stellen. Das Wasser sollte klar und gut gefiltert sein und nach Möglichkeit eine Strömung aufweisen, wie sie zum Beispiel durch einen Powerfilter oder eine Umwälzpumpe erzeugt wird. Wichtig ist auch eine gut schließende Abdeckung. Als ideal erweisen sich ein nahezu neutraler pH-Wert und leicht bis gemäßigt hartes Wasser, dem man aber kein Salz hinzufügen sollte, da die Fische dies nicht besonders gut vertragen.

Temperatur: 24–28 °C; Temperaturen im oberen Bereich fördern die Paarungsbereitschaft.

Fortpflanzung: Das Weibchen bringt etwa alle vier bis fünf Wochen bis zu 100 Jungfische hervor, gewöhnlich sind es aber nur 20 bis 30.

Ein Messerkärpflingspaar, oben das Weibchen, unten das Männchen.

Gambusia affinis und *G. holbrooki* (Texaskärpfling und Koboldkärpfling)

TEXAS- UND KOBOLDKÄRPFLING galten früher als Unterarten von *Gambusia affinis*. Heute werden sie im Allgemeinen als zwei eigenständige Arten anerkannt: Texaskärpfling *(G. affinis)* und Koboldkärpfling *(G. holbrooki)*; einige Männchen der zuletzt genannten Art sind schwarz gefleckt oder aber fast ganz schwarz.

Beide stellen vermutlich die verbreitetsten Arten der Welt dar, zumal sie auf allen Erdteilen außer der Antarktis vorkommen. Grund für diese starke, durch den Menschen erfolgte Verbreitung ist die Neigung dieser Fische, große Mengen von Moskitolarven zu vertilgen. Deshalb gelten sie als effektivste „biologische Waffe" im Kampf gegen die Mücke, die Malaria überträgt.

Leider gelang es bislang nicht, die Malaria auf diese Weise auszurotten. Andererseits wurden die einheimischen Fischpopulationen durch die Einführung dieser Kärpflingarten stets mehr oder weniger geschädigt.

Verbreitung: *Gambusia affinis:* vom Becken des Rio Panuco im nördlichen mexikanischen Bundesstaat Veracruz im Süden bis in das südliche Indiana im Norden und Alabama im Osten, inklusive Mississippi-Gebiet und Texas. *G. holbrooki:* vom zentralen Alabama im Osten bis nach Florida im Süden und entlang der in den Atlantik mündenden Wasserläufe bis New Jersey. Zahlreiche Populationen wurden weltweit in tropischen und subtropischen Gewässern eingeführt.

Größe: Männchen bis 4 cm, Weibchen bis 7 cm.

Futter: Beide Arten akzeptieren zahlreiche im Handel erhältliche Produkte, ziehen jedoch Lebendfutter vor.

Becken: Beide *Gambusia*-Arten sind anpassungsfähige Fleischfresser, die häufig an den Flossenrändern wesentlich größerer Fische knabbern. Am besten hält man sie in einem Artenbecken mit dicht stehender Vegetation. Auf der Oberfläche schwimmende Pflanzen sind empfehlenswert, da sie erwachsenen und vor allem jungen Fischen zusätzliche Rückzugsmöglichkeiten bieten. Die Zusammensetzung des Wassers ist nicht sehr wichtig.

Temperatur: Von nahe am Gefrierpunkt bis etwa 30 °C. Der Gesundheit und Fortpflanzungsbereitschaft der Fische am zuträglichsten sind Temperaturen um 25 °C.

Fortpflanzung: In der Fortpflanzungsperiode setzt ein Weibchen alle fünf bis acht Wochen ungefähr zehn bis 80 Jungfische frei, denen die Eltern nachstellen.

Rechts: Koboldkärpfling (Gambusia holbrooki), *geschecktes Männchen; unten: ein Texaskärpfling-Paar* (G. affinis).

Limia melanogaster
(Dreifarbiger Jamaikakärpfling / Jamaikakärpfling)

Während der wissenschaftliche Artname dieses Fisches übersetzt „schwarzbäuchig" bedeutet – als Anspielung auf den großen schwarzen Bauchfleck der Weibchen –, bezieht sich der deutsche Name auf den bunt schillernden Leib der Tiere.

Bei dieser Art handelt es sich um sehr lebhafte Fische; die Männchen balzen ständig vor den Weibchen oder starten Paarungsversuche. Dennoch kommt offene Aggression nur selten vor. Das macht diesen Kärpfling zu einem unproblematischen Aquarienbewohner, vorausgesetzt die Wasserqualität und das Futterangebot stimmen.

Die Männchen versuchen auch häufig, sich mit Weibchen anderer Arten zu paaren, besonders mit anderen Limias. Aus diesen Verbindungen können fruchtbare Hybriden hervorgehen, die allerdings nicht verbreitet werden sollten, damit die Arten in unseren Aquarien rein erhalten bleiben.

Verbreitung: Jamaika.
Größe: Männchen bis 4,5 cm; Weibchen bis 6 cm.
Futter: Trockenfutter wird akzeptiert, doch müssen auch pflanzliche Bestandteile gefüttert werden.
Becken: Jamaikakärpflinge weiden die Algen ab, die sich auf allen Oberflächen im Becken ansiedeln. Deshalb sollten die Scheiben an den Seiten und hinten nicht gereinigt werden. Im vorderen Bereich brauchen die Fische genügend Platz zum Schwimmen, während sie an den Seiten und im Hintergrund gerne Versteckmöglichkeiten in der Vegetation finden wollen. *L. melanogaster* ist ein aktiver, friedfertiger Schwarmfisch, der in einer Gruppe von Artgenossen gehalten werden sollte und sich auch mit anderen Arten verträgt. Die chemische Zusammensetzung des Wassers ist nicht allzu wichtig; am besten empfiehlt sich alkalisches und eher hartes Wasser. Es muss von guter Qualität und leicht bewegt sein.
Temperatur: 22–28 °C.
Fortpflanzung: Alle fünf bis sechs Wochen setzt das Weibchen um die 20 Jungfische frei. Es wurden aber auch schon bis zu 80 Junge gezählt und Abstände von nur vier Wochen zwischen zwei Würfen beobachtet.

Unter geeigneten Bedingungen lässt sich der Dreifarbige Jamaikakärpfling problemlos halten.

Limia nigrofasciata
(Schwarzbandkärpfling/Buckelkärpfling)

Schwarzbandkärpfling – oben das Männchen, links das Weibchen.

Verbreitung: Ein Brackwassersee (Étang Saumâtre) und der nördliche Teil des Miragoanesees auf Haiti.
Größe: Männchen bis 5,5 cm, Weibchen bis 6 cm.
Futter: Frisst verschiedene im Handel erhältliche Sorten an Lebend- und Trockenfutter. Letzteres sollte auch pflanzliche Komponenten enthalten.
Becken: Die friedliche, schwarmbildende Art fühlt sich in unterschiedlichsten Umgebungen wohl, solange das Wasser nicht allzu weich ist. Der pH-Wert sollte neutral bis alkalisch, das Wasser von mäßiger Härte sein. Die Fische brauchen offenen Schwimmraum, der hinten und seitlich von Pflanzen begrenzt sein kann. An den Scheiben hinten und an den Seiten kann man die Algen wachsen lassen. Obwohl manche Populationen dieser Art im Brackwasser leben, ist die Zugabe von etwas Salz nicht unbedingt notwendig.
Temperatur: 24–28 °C.
Fortpflanzung: Die Weibchen werfen alle vier bis sechs Wochen bis zu 60 Jungfische. Angeblich erzielt man bei höheren Wassertemperaturen mehr weibliche Jungfische.

Der Buckelkärpfling ist ein hübscher Fisch, der bei artgerechter Haltung die namensgebenden Merkmale entwickelt. Den Buckel besitzen nur ausgewachsene Männchen. Dagegen weisen beide Geschlechter die senkrechten dunklen Streifen auf, die jedoch bei den Männchen deutlicher in Erscheinung treten. Beiden Geschlechtern sind die zartgelbe Grundfarbe und das netzartige Schuppenmuster zu Eigen. Zusätzlich befinden sich bei den Männchen am Bauch zwischen der Afterflosse und dem Schwanzflossenansatz kielartige Schuppen, ähnlich denen des Messerkärpflings (*Alfaro cultratus*, Seite 232).

Die Männchen sind in ihrem Paarungsverhalten nicht ganz so energisch wie ihre nahen Verwandten aus Jamaika. Dennoch umwerben sie sowohl die Weibchen ihrer eigenen Art als auch die fremder Arten, sodass in Aquarien nicht selten Kreuzungen auftreten.

Limia vittata
(Kubakärpfling/Bänderkärpfling)

Der Kubakärpfling kommt in der Natur fast nur in einer ungescheckten Form vor. Allerdings besitzen diese Tiere zahlreiche auffällige kleine Flecken an der Rücken- und Schwanzflosse sowie einen deutlichen dunklen Seitenstreifen. Lediglich in seltenen Fällen trifft man in den Heimatgewässern des Kubakärpflings gescheckte Exemplare an.

Im Aquarium werden seit langem auch Kubakärpflinge gehalten, die neben der dunklen Scheckung auch größere goldfarben schillernde Bereiche aufweisen. Aufgrund dieses Färbungsmusters sind sie bei Aquarianern sehr beliebt. Wie diese Form entstanden ist und ob sie überhaupt so in der Natur vorkommt, ist bislang unklar.

Verbreitung: Kuba, vor allem im Süßwasser, aber auch im Brack- und sogar Salzwasser.
Größe: Männchen bis 8 cm; bei Weibchen wurden bis zu 10 cm gemessen, meist aber sind sie kleiner.
Futter: Die Fische nehmen viele verschiedene Sorten an Trockenfutter an, die aber auch pflanzliche Bestandteile enthalten sollten.
Becken: Das Aquarium sollte geräumig sein und im vorderen Bereich genügend Platz zum Schwimmen bieten. Im Hintergrund und an den Seiten schätzen die Fische eine dichte Bepflanzung. Wie bei den beiden zuvor genannten Arten empfohlen, kann man auch für den Kubakärpfling die Algen an den Scheiben hinten und den Seiten als natürliche Quelle von pflanzlicher Kost belassen. Das Wasser muss gut gefiltert, neutral bis alkalisch und von gemäßigter Härte sein. Die Zugabe von einem Teelöffel Salz auf 4,5 bis 5 Liter Wasser bekommt den Fischen gut, ist aber nicht Bedingung.
Temperatur: 24–28 °C.
Fortpflanzung: Große Weibchen können alle vier bis sechs Wochen bis zu 100 Jungfische freisetzen.

Besonders wohl fühlt sich der Kubakärpfling in einem dicht bepflanzten Becken mit vielen Algen.

Poecilia latipinna, P. sphenops, P. velifera
(Mollys: Breitflossenkärpfling, Spitzmaulkärpfling, Segelkärpfling)

P. sphenops *(oben) und* P. velifera *(rechts) sind zwei der zahlreichen erhältlichen Wildformen des Mollys.*

Obgleich es eine grössere Anzahl von Wildformen der Mollys gibt (darunter *Poecilia formosa,* die nur aus Weibchen besteht), sind nur drei Arten gelegentlich im Handel erhältlich: die kurzflossige Art *P. sphenops* und die beiden durch vergrößerte Rückenflossen gekennzeicheten Arten *P. latipinna* und *P. velifera.* Hier werden alle drei in einem Eintrag behandelt, da aufgrund zahlloser Kreuzungen zwischen den Arten die heutigen Aquarien-Mollys gemischter Abstammung sind.

Der Spitzmaulkärpfling oder Black Molly *(P. sphenops)* ist die robusteste der drei Arten. Neben ihm kommen in der Natur noch zahlreiche weitere, oft recht hübsche kurzflossige Arten vor. Sie sind allerdings nicht im Handel, sondern nur in den Aquarien der Spezialisten in Lebendgebärenden-Vereinen zu finden.

Der Libertymolly ähnelt bezüglich der Färbung stark der mit *P. sphenops* nahe verwandten Unterart P. *gillii salvatoris.* Er wurde im Laufe der Jahre vor allem wegen seiner schönen kurzen Rückenflosse gezüchtet, die viele Männchen ziert. Vor einigen Jahren bekam man keinen dieser Fische mehr zu sehen, doch vor kurzem tauchten sie zur großen Freude vieler Aquarianer wieder im Fachhandel auf. Sie sind jedoch verhältnismäßig selten.

Aus der domestizierten Form des Mollys wurden all die hübschen *Sphenops*-Formen gezüchtet. Dabei machte man sich die natürliche Neigung der Art, eine schwarze Pigmentierung auszuprägen, zunutze. Ebenso förderte man andere Mutationen, wie etwa jene, die den Leierschwanz und seine Varianten entstehen ließen. Als Folge davon findet man Leierschwänze ebenso wie kurzflossige Typen in vielen Farben, mit marmoriertem Leib oder orangefarbener Schwanzflosse bis hin zu reinen Albinos.

Von den beiden langflossigen Arten ist *P. velifera* (Segelkärpfling) mit bis zu 18 cm Länge die größte. Die meisten Fische erreichen diese Größe jedoch nicht, sodass es ohne eingehende Untersuchung nicht ganz einfach ist, zwischen den beiden Arten zu unterscheiden.

Bei *P. velifera* besitzt die Rückenflosse 18 oder 19 Flossenstrahlen, während sie bei *P. latipinna* nur 14 hat. Zu-

Oben: Langflossiger Black Molly.
Links: Kurzflossiger Black Molly.

dem soll die Vorderkante der Rückenflosse bei *P. velifera* weiter vorne in Kopfnähe ansetzen. Die langflossigen Mollys sind in einer erstaunlichen Vielfalt von Farben erhältlich, und ständig kommen neue hinzu.

Außer den drei genannten Arten gelangt gelegentlich ein vierter Mollytyp in den Handel, der Eigenschaften sowohl von *P. sphenops* als auch von den beiden langflossigen Molly-Arten aufweist. Derartige Fische sind Hybriden, die meist größer als *sphenops* und mit einer Rückenflosse ausgestattet sind, deren Größe zwischen der von *sphenops* und der langflossiger Mollys liegt. Diese Tiere vermehren sich und erweisen sich als deutlich robuster als alle langflossigen Mollys.

Anders als die meisten anderen beliebten Gesellschaftsfische stammen Molly-Wildfänge häufig aus küstennahen Gewässern mit einer höheren Härte. In Florida leben Mollys sogar in Mündungsgebieten, in denen das spezifische Gewicht des Wassers bei 1,015 liegt; das ist schon ziemlich salzig. Sofern sie richtig akklimatisiert sind, kann man einige Mollys auch in tropischen Meerwasserbecken halten.

Einige Arten, und besonders die langflossigen, fühlen sich bei Wassertemperaturen unter 25 °C nicht sehr wohl. Andererseits liegt diese Temperatur wiederum am Ende der für viele Fische, die in Gesellschaftsbecken leben, akzeptablen Skala. Temperaturen knapp über 20 °C, die zahlreichen Zierfischen ausgezeichnet bekommen, sind vielen Mollys nicht hoch genug. Eine unangemessene Temperatur schwächt die Fische mit der Zeit und kann längerfristig Erkrankungen zur Folge haben.

Daher sollte auf die Haltung von Mollys etwas mehr Sorgfalt verwendet werden, zumal sie unter artgerechten Bedingungen entgegen ihrem Ruf ebenso widerstandsfähig sind wie die meisten anderen Zierfische.

Verbreitung: *P. latipinna:* North und South Carolina, Virginia, Florida, Texas und mexikanische Atlantikküste. *P. sphenops:* Mexiko, etwa im Gebiet des Rio Balsas. *P. velifera:* Yucatán (Mexiko).

Größe: *P. latipinna:* Männchen um 13 cm, Weibchen um 15 cm. *P. sphenops:* Männchen bis 6 cm, Weibchen bis 8 cm. *P. velifera:* Männchen bis 15 cm, Weibchen bis 18 cm.

Futter: Alle Mollys akzeptieren eine große Auswahl der im Handel erhältlichen Produkte sowie Lebendfutter; eine Ergänzung mit pflanzlicher Kost ist erforderlich.

Becken: Mollys sind Schwarmfische und sollten in Gruppen gehalten werden. Die Männchen zeigen ständig Imponiergehabe und können sich aggressiv begegnen, besonders wenn man sie paarweise hält. Deshalb empfiehlt sich die Kombinationen von einem Männchen mit mehreren Weibchen oder aber einer Gruppe von Männchen zusammen mit mehreren Weibchen. Dies gilt nicht nur für die langflossigen Arten, sondern auch für die *Sphenops*-Typen. Die Fische brauchen einen großen, von Pflanzen gesäumten Schwimmraum und eine gute Beleuchtung. Die chemische Zusammensetzung ist wichtig, da Mollys die gängigen Aquarienbedingungen schlecht vertragen. Sie beanspruchen gut gefiltertes, alkalisches und leicht bis mittelhartes Wasser. Bei *P. velifera* kann man etwas Salz hinzufügen.

Temperatur: Die *Sphenops*-Typen kommen bei 23–28 °C gut zurecht, während die langflossigen Mollys Temperaturen von 25–28 °C oder sogar mehr bevorzugen.

Fortpflanzung: *Sphenops*-Weibchen können alle vier bis sechs Wochen ungefähr 80 Jungfische freisetzen. Bei den langflossigen Arten sind es noch mehr: Je nach Temperatur und Jahreszeit kommen alle vier bis sieben Wochen bis zu über 100 Jungen zur Welt.

Rechts: Leierschwanz-Segelkärpfling.
Unten: Segelkärpfling.

Poecilia reticulata
(Guppy/Millionenfisch)

Selbst Nichtaquarianern ist der Guppy als vielleicht beliebtester Aquarienfisch bekannt. Seine farbenprächtigen Flossen, der bunte Körper sowie sein anmutiges Wesen mit dem auffälligen Balzverhalten haben dazu ebenso beigetragen wie seine leichte Züchtbarkeit.

Der deutsche Name Guppy ist abgeleitet von der wissenschaftlichen Bezeichnung *Girardinus guppii.* Diesen Namen hatte der Fisch 1866 von Günther zu Ehren des Pastors Robert John Lechmere Guppy erhalten, der mitunter als Entdecker dieser Spezies in Trinidad gilt. Zur Doppeltbeschreibung der Art kam es, weil der Erstbeschreiber, Peters, 1859 nur ein farbloses Weibchen für seine Publikation benutzte.

Nach dem Texas- und dem Koboldkärpfling *(Gambusia affinis* und *G. holbrooki,* siehe Seite 233) ist der Guppy die am weitesten verbreitete lebendgebärende Art. Da er so häufig und in so unterschiedlichen Lebensräumen wie Gräben, Wasserläufen und Nebenflüssen auftritt und mitunter auch im Brackwasser vorkommt, überrascht es nicht, dass bei Wildformen unterschiedliche Größen und Farbkombinationen auftreten.

Sosehr sich diese wilden Guppys auch unterscheiden mögen, so sind sie einander doch ähnlicher als allen in Zoohandlungen anzutreffenden Zuchtformen. Bei sämtlichen Wildfängen bleiben die Flossen kurz und unauffällig. Dennoch ist ihnen eine gewisse Schönheit zu Eigen, die sie zu Lieblingen aller Freunde lebendgebärender Fische macht. Besonders populär ist die „Endlers Guppy" genannte Varietät.

Seit der Guppy 1908 Einzug in europäische Aquarien hielt, machen sich Züchter und Forscher die genetische Vielfalt dieser Art zunutze. Das Ergebnis sind zahllose und immer fantastischer wirkende Farbschläge. Zu den bedeutendsten Zuchtzentren gehört Florida, doch in zu-

Zwei Guppymännchen, oben eine halbschwarz-blaue Zuchtform, unten ein Snakeskin-Guppy.

Ein blondes Guppy-Männchen.

Ein wildfarbenes Zuchtguppy-Weibchen.

nehmendem Maße auch Sri Lanka. Die meisten neuen Guppyvarianten stammen aber nach wie vor aus Fernost.

Verbreitung: Im Gebiet nördlich des Amazonas weit verbreitet: Antillen, Trinidad, Barbados, Grenada, Antigua, St. Thomas, Venezuela und Guyana. Außerdem an vielen anderen Orten eingeführt, darunter Alberta (Kanada), Madagaskar, Australien und Singapur.
Größe: Männchen um 2,5 cm, Weibchen bis 5 cm. Diese Angaben beziehen sich auf Wildfänge. Zuchtvarianten sind meist größer.
Futter: In Frage kommt eine große Auswahl von Lebendfutter sowie von tiefgefrorenem oder gefriergetrocknetem Futter und Trockenfutter. Dieses sollte auch eine pflanzliche Komponente enthalten.
Becken: Guppys sind friedfertige Schwarmfische, die in der Gruppe gehalten werden sollten. Die Männchen balzen ständig, sowohl vor den Weibchen als auch vor anderen Männchen, ohne dass es jedoch zur Beschädigung von Flossen kommt. Da die Flossen der Zuchtformen stark vergrößert sind, sollten diese Tiere nicht zusammen mit Arten gehalten werden, die an Flossen knabbern, wie zum Beispiel Sumatrabarben *(Barbus tetrazona)*. Guppys brauchen einen geräumigen, freien Schwimmraum, der von Pflanzen eingefasst sein sollte. Die Zusammensetzung des Wassers ist von keiner großen Bedeutung, doch sollte die Qualität dennoch gut sein, selbst wenn Guppys im Allgemeinen als relativ robuste Tiere gelten. Salz sollte dem Wasser nicht zugefügt werden, obwohl die Fische dies gut vertragen.
Temperatur: Bei 21–25 °C gedeihen die Fische gut und pflanzen sich auch fort; ansonsten vertragen sie kurzfristig auch niedrigere oder höhere Temperaturen.
Fortpflanzung: Je Wurf wurden schon bis zu 193 Jungfische gezählt. Meist setzt ein Weibchen jedoch alle vier Wochen 30 bis 40 Jungfische frei.

Xiphophorus hellerii
(Schwertträger)

Der Schwertträger zählt zu jenen Zierfischen, deren Wildform man kaum jemals in Aquarien antrifft. Das ist sehr schade, weil wilde Schwertträger mit ihrem stromlinienförmigen Körper, den kurzen Flossen, dem geraden „Schwert" und ihrer bunten und sich verändernden Färbung wirklich hübsche Fische sind.

Am ähnlichsten sehen der Wildform noch die kurzflossigen grünen und schwarzgefleckten grünen Varianten, wie sie einige kommerzielle Züchter anbieten. Außer diesen relativ naturnahen Formen findet man Schwertträger heute in unzähligen Farbschlägen und mit unterschiedlich geformten Flossen. Dies ist im Wesentlichen auf zwei Faktoren zurückzuführen: zum einen der Neigung zur Variantenbildung (die Farbskala wilder Populationen reicht von Grün bis Rot, mit oder ohne Flecken); zum anderem dem Umstand, dass *X. hellerii* problemlos mit den ihm am engsten verwandten Arten Hybriden zeugen kann, insbesondere mit dem Platy oder Spiegelkärpfling *(X. maculatus)* und dem Papageienplaty *(X. variatus)* – siehe Seiten 244 und 245.

Es verwundert also kaum, dass es heute so viele Zuchtvarianten des Schwertträgers gibt. Sie unterteilen sich im Allgemeinen in drei größere Gruppen:

a) Normalflossige Fische, die vom Körperbau her den Wildformen ähneln, jedoch meist anders gefärbt sind.

b) Langflossige Varianten des Simpson-Typs mit einer segelartigen Rückenflosse, deren übrige Flossen in etwa denen der Wildformen entsprechen.

c) Die langflossigen Leierschwanzvarianten, bei denen alle Flossen stark entwickelt sind; die verlängerten Strahlen am oberen und unteren Rand ihrer Schwanzflosse bilden die „Leier", für die diese Fische berühmt sind.

Bei der Auswahl von Schwertträgern sollte man berücksichtigen, mit welchen Fischen sie das Becken teilen werden. Wenn darunter flossenzupfende Arten sind, wie die Sumatrabarbe *(Barbus tetrazona)*, empfiehlt es sich, keine Schwertträger mit allzu langen Flossen zu kaufen.

Ferner sollte man nicht vergessen, dass sich Schwertträger-Männchen untereinander bekämpfen. Deshalb hält man in einem Becken immer nur ein Männchen oder aber vier bis sechs. Diese sind dann so beschäftigt damit, ihr Imponiergehabe zur Schau zu stellen, dass kaum ein einzelnes Männchen zur Zielscheibe von Angriffen wird.

Nur die Männchen tragen das typische „Schwert". Zusätzlich ist wie bei allen anderen Lebendgebärenden Zahnkarpfen die Afterflosse zum Gonopodium, dem

Dieser herrlich gefärbte Schwertträger ist ein normalflossiges rotes Männchen.

Wildform des Schwertträgers.

Simpsonflossiger Schwertträger.

Fortpflanzungsorgan, umgewandelt. Weibchen besitzen normale Afterflossen. Die Spitze des Gonopodiums ist mit winzigen arttypischen Haken besetzt, die bewirken, dass eine Paarung nur zwischen Schwertträgern oder diesen und eng verwandten Arten möglich ist.

Bei den echten „Leierschwanz"-Varianten sind das Gonopodium und alle anderen Flossen so stark vergrößert, dass eine erfolgreiche Paarung unmöglich ist, zumal die Haken und das „Schwert" stark zurückgebildet sein oder ganz fehlen können. Infolgedessen stellen diese Leierschwanzmännchen eine Sackgasse der Evolution dar, obgleich sie fruchtbar sind. Es treten jedoch auch immer wieder Leierschwänze mit einem normal ausgebildeten Gonopodium auf, die sich arttypisch vermehren können.

Die Zucht von Leierschwänzen mit voll ausgebildeten Flossen ist nur möglich, wenn man ein Leierschwanzweibchen mit einem kurzflossigen Männchen verpaart oder dieses künstlich mit dem einem Leierschwanzmännchen entnommenen Spermienpäckchen besamt. Dabei handelt es sich aber um eine hochspezialisierte Technik, die nur von erfahrenen Fachleuten vorgenommen werden kann.

Es kursieren viele Geschichten über den Geschlechtswandel bei Schwertträgern. Angeblich sollen aus Weibchen fortpflanzungsfähige Männchen geworden sein. Obwohl man so etwas oft hört, ist wissenschaftlich nicht belegt, dass die Weibchen dieser Art tatsächlich zu Männchen werden können. Man nimmt an, dass es sich in diesen Fällen um spät entwickelte Männchen handelt.

Verbreitung: In den Atlantik mündende Flüsse Mittelamerikas sowie ausgesetzt an vielen weiteren Orten, darunter der Süden der USA, Hawaii, Puerto Rico sowie zahlreiche außerhalb des ursprünglichen Verbreitungsgebiets liegende Regionen in Mexiko, Südafrika, Sri Lanka, Australien u. a.

Größe: Männchen bis 14 cm (ohne „Schwert" gemessen), Weibchen bis 16 cm, gewöhnlich aber kleiner.

Futter: Alle im Handel erhältlichen Sorten an Trocken- und Lebendfutter werden akzeptiert.

Becken: Das Aquarium sollte einen großzügig bemessenen Schwimmraum aufweisen, der im Hintergrund und an den Seiten von Pflanzen gesäumt ist. Da die Fische gut springen, muss die Abdeckung fest schließen. Helle Beleuchtung und gut gefiltertes Wasser lassen die lebhaften Farben am besten zur Geltung kommen. Die chemischen Eigenschaften des Wassers spielen keine große Rolle; ratsam ist alkalisches, leicht hartes Wasser.

Temperatur: 20–26 °C.

Fortpflanzung: Große Weibchen bringen alle vier bis sechs Wochen bis zu 150 Jungfische hervor, meist weniger.

Xiphophorus maculatus und *X. variatus*
(Platy / Spiegelkärpfling und Papageienplaty)

Da Platys eng mit Schwertträgern verwandt sind, weisen sie oft einige Merkmale dieser Art auf.

Wenn man die farbenprächtigen Platys sieht, errät man oft nicht, welcher Art sie angehören. Manche sehen in allem, außer in der Färbung, wie Spiegelkärpflinge *(Xiphophorus maculatus)* oder Papageienplatys *(X. variatus)* aus, wirken aber, als besäßen sie Eigenschaften beider Arten. Bei vielen könnte man sogar meinen, dass sie einige Gene des Schwertträgers *(X. hellerii)* besitzen. Eine Variante trägt sogar ein beachtliches „Schwert".

Der Grund für all diese Ähnlichkeiten liegt darin, dass Schwertträger (siehe vorhergehenden Eintrag) und Platys eng miteinander verwandt sind; beide gehören der Gattung *Xiphophorus* an. Aufgrund dessen können sie miteinander fruchtbare Hybriden zeugen.

Diese Gegebenheiten werden kommerziell ausgenutzt, zumal auch bei den ursprünglichen Arten sehr häufig Varianten auftreten. Die Folge davon ist, dass man heute Platys in verschiedensten Färbungen und mit unterschiedlichsten Flossenformen erhält.

Dennoch dürfen wir nicht vergessen, dass diese farbenfrohen Mutanten mit den oft überdimensionerten Flossen von Arten abstammen, die zum Glück in freier Natur noch in großer Zahl vorhanden sind. Auch in der Natur existieren sehr unterschiedliche Varianten des Platys. Einige Populationen, wie jene, die im Rio Coatzalcoalos leben, sind außerordentlich schön.

X. maculatus lässt sich leicht von *X. variatus* unterscheiden, auch wenn den Tieren die fantasievollsten Farben und Flossenformen angezüchtet wurden. *X. maculatus* besitzt einen eher stämmigen Körperbau, während *X. variatus* von der Silhouette her an den Schwertträger erinnert, auch wenn kein „Schwert" vorhanden ist. Außerdem verlaufen bei *X. variatus* seitlich am Körper meist eine Reihe senkrechter Streifen. Diese Merkmale trifft man natürlich nur bei Exemplaren an, die ausschließlich von *Variatus*- oder *Maculatus*-Eltern abstammen. Bei Hybriden können Merkmale beider Arten auftreten, sodass Unterschiede verschwimmen.

Anders als sein Name vermuten ließe, ist *X. variatus* weniger variantenreich als *X. maculatus*. Allerdings gibt es mehrere natürliche Populationen. Die Population aus dem Rio Axtla, die wohl attraktivste unter ihnen, ähnelt den einfacheren Zuchtformen.

Zwei andere Fische, die früher als Unterarten von *X. variatus* galten, werden heute als eigenständige Arten angesehen: Schwertplaty *(X. xiphidium)* und Hochlandplaty oder Pueblaplaty *(X. evelynae)*. In der Natur kommen Kreuzungen zwischen *X. variatus* und *X. xiphidium (X. „kosszanderi"* aus dem Rio La Marina) und zwischen *X. variatus* und *X. couchianus (X. „roseni")* vor.

Verbreitung: *X. maculatus:* von Veracruz in Mexiko bis Belize und Guatemala.
X. variatus: Atlantikküste Mexikos.
Größe: *X. maculatus:* wild lebende Männchen bis 3,5 cm, Weibchen bis 6 cm. *X. variatus:* wild lebende Männchen um 5,5 cm, Weibchen um 7 cm. Zuchtformen beider Arten und ihre Kreuzungen sind meist größer.
Futter: Eine große Auswahl unterschiedlicher Sorten von Trockenfutter und Lebendfutter wird akzeptiert. Zusätzlich sollten die Tiere regelmäßig mit pflanzlichen Komponenten gefüttert werden.
Becken: Optimal ist ein gut beleuchtetes Becken mit ausreichend großem freiem Schwimmraum, der durch dichte Vegetation begrenzt wird. Platys sind verträgliche und friedfertige Schwarmfische, die in der Gruppe gehalten werden sollten. Die chemische Beschaffenheit des Wassers spielt keine so große Rolle, doch sollte das Wasser von guter Qualität und neutral bis leicht alkalisch sein. Die Fische ziehen gemäßigt hartes Wasser vor.
Temperatur: Für *X. maculatus* werden 18–25 °C empfohlen, für *X. variatus* 16–27 °C. Beide vertragen die für *X. maculatus* angegebenen Temperaturen.
Fortpflanzung: Die Weibchen werfen alle vier bis fünf Wochen jeweils 50 bis 60 Jungfische, mitunter auch mehr.

Ein auffallend rot-schwarz gefärbter Tuxedo-Platy (rechts) und ein fast rein gelbes Platyweibchen (unten).

VIERAUGEN

Anableps anableps
(Vierauge)

Das Vierauge hat nur zwei Augen, ist aber im Stande, gleichzeitig ober- und unterhalb der Wasseroberfläche zu sehen.

TROTZ SEINES IRREFÜHRENDEN Namens besitzt das Vierauge nur zwei Augen. Allerdings wird jedes davon waagerecht durch Klappen in eine obere und eine untere Hälfte geteilt. Diese Klappen bestehen aus pigmentiertem Irisgewebe, die sich vor der Pupille treffen, jedoch nicht miteinander verwachsen sind.

Die Linse des Auges ist nicht rund wie bei anderen Fischen, sondern länglich mit abgerundeten Enden. Sie ist so gebaut, dass die flachere Oberfläche stets schräg nach oben steht und das rundere Ende nach unten – und damit ins Wasser – gerichtet ist. Zusammen mit einer geteilten Netzhaut, die Lichtstrahlen aus Wasser und Luft unabhängig voneinander empfangen kann, erlaubt dieser Bau der Linse dem Vierauge, gleichzeitig oberhalb und unterhalb des Wasserspiegels zu sehen.

Verbreitung: Von Südmexiko bis in den Norden Südamerikas verbreitet; lebt im Süß-, Brack- und Salzwasser.
Größe: Männchen um 20 cm, Weibchen bis doppelt so groß, meist aber kleiner.
Futter: Akzeptiert manche Trockenfuttersorten in Flockenform und gefriergetrocknete Futtertypen, zieht aber Lebendfutter vor.
Becken: Am besten geeignet ist ein längliches, nur zur Hälfte oder zu zwei Dritteln gefülltes Becken, in dem der Fisch auf arttypische Weise an der Oberfläche schwimmen kann. Weil Vieraugen Brackwasser brauchen, kommen für die Bepflanzung nur Arten infrage, die Salz vertragen, wie zum Beispiel Javafarn *(Microsorum pteroptus)*, Pfeilkraut *(Sagittaria* spp.), einige Arten der Wasserschraube *(Vallisneria)* sowie Amazonas-Schwertpflanzen, etwa die Grasartige Zwergschwertpflanze *(Echinodorus tenellus)*. Zur Verzierung können auch Wurzelstücke aus Aquarienholz verwendet werden. Das Wasser sollte alkalisch und mittelhart sein und eine Zugabe von einem Esslöffel Salz auf zehn Liter Wasser erhalten.
Temperatur: 22–30 °C, doch vertragen Vieraugen auch etwas niedrigere und höhere Temperaturen.
Fortpflanzung: Die Weibchen werfen etwa zweimal im Jahr wenige, aber mit 3 bis 4 cm sehr große Jungfische.

Jenynsia multidentata
(Linienkärpfling)

Linienkärpflinge weisen ein interessantes Merkmal auf. So können die Männchen ihr Begattungsorgan jeweils nur nach rechts oder links bewegen. In gleicher Weise ist auch die Geschlechtsöffnung der Weibchen nur von einer Seite zugänglich. Paarungen gelingen nur zwischen „gegensätzlichen" Fischen, das heißt, ein Männchen mit nach rechts beweglichem Fortpflanzungsorgan kann stets nur ein Weibchen mit linksseitig liegender Geschlechtsöffnung begatten, und umgekehrt. Gleiches gilt übrigens auch für das Vierauge *(Anableps anableps)*.

Sowohl bei *Jenynsia* wie auch bei *Anableps* schlüpfen die Jungfische im Mutterleib schon nach wenigen Tagen aus den Eiern. Sie schwimmen dann in einer Art Nährlösung, wachsen sehr gut heran und sind deswegen bei der Geburt bereits sehr groß.

Verbreitung: Südlich des Amazonas von Südbrasilien über Uruguay bis zum Rio de la Plata in Argentinien.
Größe: Männchen bis 4 cm. Bei Weibchen wurden schon bis zu 10 cm gemessen, meist aber sind sie kleiner.
Futter: Unterschiedliche Sorten an Trocken- und Lebendfutter; allerdings brauchen Linienkärpflinge regelmäßig pflanzliche Komponenten.
Becken: Der Fisch kann scheu werden, wenn man ihn zusammen mit dominanten Arten hält. Wohler fühlt er sich in einem Artenbecken oder aber in Gemeinschaft mit anderen friedlichen Fischen. Linienkärpflinge schätzen ein dicht bepflanztes Aquarium. Im Vordergrund sollte ein freier Raum zum Schwimmen offen bleiben, doch sollte er weder zu groß noch zu exponiert sein. Empfohlen wird alkalisches, mittelhartes Wasser. Man kann einen Teelöffel Salz auf 4,5 bis 5 Liter Wasser zugeben, doch ist das nicht unbedingt notwendig.
Temperatur: 18–25 °C sind ratsam, doch wurden in den natürlichen Lebensräumen dieser Art auch schon Wassertemperaturen von 12 °C gemessen. Die Tiere leben unter anderem im Lago Rodrigo de Freitas in Rio de Janeiro, dessen Wassertemperatur 34,4 °C beträgt.
Fortpflanzung: Alle fünf bis sieben Wochen gebären die Weibchen ungefähr 20 große Jungfische.

Linienkärpflinge müssen, um sich fortpflanzen zu können, einen „passenden" Partner finden.

HOCHLANDKÄRPFLINGE

Ameca splendens
(Ameca-Kärpfling/Flitterkärpfling/Schmetterlingskärpfling)

SEIT DEN FRÜHEN 1970ER-Jahren regte der Ameca-Kärpfling mehr als jede andere Art dieser Familie Aquarianer dazu an, sich für die Gruppe der Hochlandkärpflinge zu interessieren. Bereits in den frühen 1980er-Jahren hielt und züchtete man zahlreiche der 35 bis 40 bekannten Arten auf beiden Seiten des Atlantiks.

Die Anhänger von Lebendgebärenden schätzen *Ameca splendens* immer noch sehr. So verwundert es eigentlich, dass Zoofachgeschäfte nur verhältnismäßig wenige Arten regelmäßig anbieten. Der Ameca-Kärpfling gehört zu diesen Arten und ist wohl auch heute noch die am häufigsten gekaufte, gehaltene und gezüchtete Art. Tatsächlich handelt es sich um einen widerstandsfähigen, lebhaften Fisch, den jeder früher oder später einmal in seinem Aquarium pflegen sollte.

Verbreitung: Rio Ameca und Rio Teuchitlán im Becken des Rio Ameca in Jalisco (Mexiko).
Größe: Männchen bis 10 cm. Bei Weibchen wurden bis zu 12 cm gemessen, meist aber sind sie kleiner.
Futter: Alle im Handel erhältlichen Sorten an Trocken- und Lebendfutter werden akzeptiert. Zusätzlich muss pflanzliche Kost angeboten werden.
Becken: Diesen lebhaften Fisch kann man in der Gruppe halten. Gewöhnlich verträgt er sich mit anderen Arten, doch entwickeln einzelne Exemplare mitunter eine Vorliebe für das Flossenzupfen. Daher müssen sie von langflossigen Fischen fern gehalten werden. Das Becken sollte freien Schwimmraum und dicht bewachsene Stellen bieten. Es empfiehlt sich, die Wasseroberfläche mit schwimmenden Pflanzen abzudecken, damit die Jungfische darin zahlreiche Versteckmöglichkeiten finden. Wichtig sind auch eine kräftige Beleuchtung und Filterung des Wassers. Die chemische Zusammensetzung spielt keine so große Rolle; am schönsten entwickelt sich die Farbenpracht der Männchen jedoch in alkalischem und mittelhartem Wasser.
Temperatur: 20–29 °C; allerdings gedeihen die Fische bei einer Wassertemperatur von 22–25 °C am besten.
Fortpflanzung: Die Weibchen setzen zur Paarungszeit ungefähr alle acht Wochen Würfe von über 40 sehr großen Jungfischen frei; meist sind es jedoch weniger Junge.

Ameca-Kärpflinge sind robuste, lebhafte Fische, an denen jeder Aquarianer seine Freude hat.

Characodon lateralis (Regenbogen-Goodeide)

Der farbenfrohe Regenbogen-Goodeide versteckt sich gerne im hinteren Bereich des Aquariums.

Der Regenbogen-Goodeide zählt zu den buntesten Mitgliedern seiner Familie. Wenn sie sich in guter Verfassung in einer stressfreien Umgebung befinden, nehmen die Männchen an Kopf, Rücken und Seiten eine rötliche, mit grün schillernden Schuppen gesprenkelte Färbung an, während Kopfunterseite, Brust und Bauch goldgelb strahlen. Von der Schnauzenspitze bis zum Schwanzflossenansatz zieht sich eine Linie aus schwarzen Punkten. Die Flossen sind gelb bis rot gefärbt und weisen einen schwarzen Rand auf.

Eine lebhafte schwarmbildende Art mit diesem Aussehen wäre sicher außergewöhnlich beliebt. Weil der Regenbogen-Goodeide jedoch ein scheuer Fisch ist, der sich lieber zwischen den Pflanzen im hinteren Aquarienbereich versteckt und seltener für Nachwuchs sorgt, trifft man ihn im Aquarienfachhandel eher selten an.

Gelegentlich wird, wenn auch in geringer Stückzahl, eine ebenso schöne, aber vorherrschend schwarze Art angeboten: *Characodon audax*, deren deutscher Name treffend „Schwarzer Prinz" lautet. Weil die beiden Arten miteinander Hybriden zeugen können, sollte man sie lieber nicht gemeinsam in einem Becken halten.

Verbreitung: Weit verbreitet im Oberlauf des Rio Mezquital in Durango (Mexiko), doch tritt die Art nirgendwo in größeren Individuendichten auf.

Größe: Männchen um 6 cm, Weibchen um 7 cm.

Futter: Akzeptiert gefriergetrocknetes und tiefgefrorenes Futter sowie Trockenfutter, zieht aber Lebendfutter vor und sollte zusätzlich pflanzliche Kost bekommen.

Becken: Diesen scheuen Fisch hält man am besten im Schwarm in einem Artenbecken, oder man vergesellschaftet ihn mit anderen friedlichen Arten. Die Fische brauchen eine dichte Bepflanzung und gedämpftes Licht. Wichtig sind regelmäßige Teilwasserwechsel, auf starkes Filtern durch eine Umwälzpumpe kann verzichtet werden. Das Wasser sollte leicht alkalisch und mittelhart sein.

Temperatur: 20–24 °C.

Fortpflanzung: Ungefähr alle acht Wochen bringt das Weibchen kleine Würfe von bis zu 20 Jungfischen hervor.

Xenotoca eiseni
(Banderolenkärpfling/Eisens Kärpfling)

Banderolenkärpflinge behalten auch im Aquarium die Farben der Wildform bei.

Der Banderolenkärpfling kommt von Natur aus in mehreren ansprechenden Farbvarianten vor, bei denen Blau-, Orange- oder Rottöne vorherrschen. Es gibt aber auch eine wild lebende Population mit goldenen Schuppen auf der vorderen Körperhälfte. Die Färbung bleibt im Aquarium erhalten, wie man an den im Handel erhältlichen Exemplaren sieht. Sie stammen überwiegend aus Zuchten.

Mit zunehmendem Alter werden die Männchen etwas plumper und entwickeln im Nacken einen deutlich sichtbaren Buckel, sodass der Kopf im Verhältnis zum Körper zu klein zu sein scheint. Ältere Männchen sind oft aggressiv und zupfen an den Flossen anderer Fische.

Der Gattung gehören zwei weitere Arten an, *X. melanosoma* und *X. variata* (Nymphen-Hochlandkärpfling). Ersterer ist nicht ganz so bunt wie *X. eiseni*, Letzterer besitzt einen flacheren Körper und ähnelt ein wenig *Ameca splendens* (siehe Seite 248).

Verbreitung: Nayarit: El Sacristán, Rio Grande de Santiago und Rio Leonel; Jalisco: Rio Tamazula (Mexiko).
Größe: Männchen um 6 cm, Weibchen um 7 cm.

Futter: Akzeptiert werden viele verschiedene Futtersorten sowie Lebendfutter; zusätzlich muss auch pflanzliche Kost angeboten werden.
Becken: *X. eiseni* ist eine lebhafte Art, die einen offenen, von dichter Vegetation gesäumten Schwimmraum benötigt. Vor allem ältere Tiere knabbern gerne an den Flossen anderer Fische und sollten dann von langflossigen Exemplaren fern gehalten werden. Am wohlsten fühlen sich Banderolenkärpflinge in geräumigen, hell beleuchteten Aquarien, die viele Verstecke bieten. Das Wasser sollte gut gefiltert und immer leicht in Bewegung sein. Die Tiere vertragen unterschiedliche Wasserwerte, doch wird ein gemäßigt hartes Wasser empfohlen.
Temperatur: Wild lebende Fische scheinen Temperaturen von 15–33 °C zu vertragen. Temperaturen um 25 °C sind das ganze Jahr über und auch während der Fortpflanzungsperiode empfehlenswert.
Fortpflanzung: Zwar kamen schon Würfe von bis zu 90 Jungfischen vor, doch setzt das Weibchen gewöhnlich um die 30 Junge frei. Je nach Haltungsbedingungen können zwischen den einzelnen Trächtigkeiten sieben bis neun Wochen liegen.

HALBSCHNÄBLER

Dermogenys pusilla
(Halbschnabelhechtkärpfling/Sumatra-Halbschnäbler)

DER HALBSCHNABELHECHTKÄRPFLING ist ein schlanker Raubfisch. Die Männchen reagieren sehr aggressiv aufeinander und verwickeln sich gegenseitig in bis zu 20 Minuten andauernde Kämpfe. Obwohl es dabei meist nicht zu größeren Verletzungen kommt, sollte man in einem Becken immer nur ein Männchen halten.

Die Jungfische können bereits nach der Geburt bis zu 1 cm groß sein. Ihre Kiefer sind zu diesem Zeitpunkt noch beinahe gleich lang. Im Laufe der folgenden Wochen wird der Unterkiefer immer länger, bis der Fisch das typische Profil der Halbschnäbler zeigt.

Da die Art stark verbreitet ist, treten unter den verschiedenen Populationen beträchtliche Unterschiede hinsichtlich der Färbung auf. Diese sind so auffallend, dass manche Ichthyologen bestimmte Populationen als Arten ansehen. Gelegentlich gelangt auch eine goldfarbene Zuchtvariante in den Handel.

Verbreitung: Stark verbreitet im Süß- und Brackwasser Südostasiens.

Größe: Männchen bis 5 cm, Weibchen größer, meist 8 cm.

Futter: Obgleich im Wasser schwimmende Futterflocken gelegentlich genommen werden, sollte man diese Fische überwiegend mit schwimmendem gefriergetrocknetem Futter oder Lebendfutter ernähren.

Becken: Die Art hält sich vorwiegend im oberen Bereich der Wassersäule auf und sucht dort nach schwimmender Beute. Deshalb müssen größere Bereiche der Wasseroberfläche von Pflanzen frei bleiben, ebenso wie der zentrale Teil des Beckens. Die Bepflanzung sollte sich auf die Seiten und den Hintergrund konzentrieren. Halbschnäbler sind manchmal nervöse Fische. Plötzliche Bewegungen oder starke Vibrationen könnten sie so erschrecken, dass sie gegen die Glasscheibe prallen und sich am verlängerten Unterkiefer verletzen. Da sie mitunter auch versuchen könnten, aus dem Becken zu springen, benötigt das Aquarium eine dicht schließende Abdeckung. Das Wasser sollte idealerweise ungefähr neutral sein; die Härte spielt keine besondere Rolle.

Temperatur: 22–30 °C.

Fortpflanzung: Die Weibchen bringen je nach Umweltbedingungen alle vier bis acht Wochen bis zu 40 Jungfische zur Welt; meist sind es aber nur 10 bis 30.

Halbschnabelhechtkärpfling.

Hemirhamphodon pogonognathus
(Zahnleistenhalbschnäbler)

Zahnleistenhalbschnäbler kommen bei guter Beleuchtung sehr schön zur Geltung.

ZAHNLEISTENHALBSCHNÄBLER sind schlanke Fische, die zwar keine auffällige Färbung aufweisen, aber in einem gut beleuchteten, artgerechten Becken sehr gut zur Geltung kommen und einen echten Blickfang bieten.

Ebenso wie bei anderen Arten dieser Gattung und anders als bei den *Dermogenys*-Halbschnäblern sind die Zähne im verlängerten Unterkiefer auch für das bloße Auge deutlich sichtbar und lassen eindeutig auf die räuberische Lebensweise dieser Fische schließen.

Ein weiteres typisches Merkmal der Art ist die zum Andropodium umgewandelte Afterflosse der Männchen. Das Begattungsorgan besitzt eine sehr lange Führungskante und einen verkürzten hinteren Rand.

Neben *H. pogonognathus* gehören der Gattung noch fünf weitere Arten an. Zwei sind gelegentlich im Handel erhältlich. *H. chrysopunctatus* soll bis zu 15 cm lang werden, erreicht meist aber nur 8,5 cm, während *H. phaiosoma* lediglich 7,5 cm lang wird.

Verbreitung: Zahlreiche fließende Gewässer in Malaysia, Singapur, auf Sumatra, Borneo sowie den indonesischen Inseln Bangka, Belitung und Halmahera (Molukken).

Größe: Bis zu 8 cm.

Futter: Akzeptiert mitunter schwimmende Futterflocken, zieht aber schwimmendes gefriergetrocknetes und gefrorenes Futter sowie an der Oberfläche schwimmendes Lebendfutter vor.

Becken: Im Becken sollten die Fische einen offenen zentralen, von Pflanzen gesäumten Schwimmraum vorfinden. Man kann auch schwimmende Pflanzen einsetzen, muss dann aber verhindern, dass sie die gesamte Oberfläche überwuchern (gleiches gilt auch für Aquarien, in denen andere Halbschnäblerarten untergebracht sind). Am besten vertragen diese Fische neutrales bis leicht alkalisches sowie weiches bis leicht hartes Wasser.

Temperatur: 22–28 °C.

Fortpflanzung: Es ist nicht einfach, diese Art zur Fortpflanzung zu bringen. Die Weibchen setzen nach einer sieben bis acht Wochen dauernden Trächtigkeit über einen Zeitraum von zwei Wochen hinweg jeden Tag einige große Jungfische frei.

Nomorhamphus liemi
(Liems Halbschnäbler / Rosa Celebes-Halbschnabelhecht)

Innerhalb der Art *N. liemi* unterscheidet man zwei Typen. Die Männchen des einen Typs besitzen überwiegend rote Flossen mit schwarzen Rändern, während die Flossen des anderen Typs überwiegend schwarz sind. Bei den ausgewachsenen Männchen beider Typen fällt der schwarze, fleischige und nach unten gerichtete Haken an der Unterkieferspitze auf.

Die rot-schwarz-flossige Variante wurde früher der Unterart *N. liemi liemi* zugeordnet, der dunklere Typ wurde als *N. liemi snijdersi* (Schwarzer Celebes-Halbschnäbler) bekannt. Beide sind sehr eindrucksvolle Fische und bieten einen schönen Anblick im Aquarium.

Verbreitung: Hochland von Maros im südlichen Sulawesi (Indonesien).
Größe: Männchen um 6 cm; Weibchen sind mit bis zu 10 cm wesentlich größer. Manchen Berichten zufolge sollen beide Geschlechter allerdings um 8,5 cm lang sein.
Futter: Manche Futterflocken könnten die Fische akzeptieren, doch ziehen sie gefriergetrocknetes oder tiefgefrorenes Futter und vor allem Lebendfutter vor.
Becken: *Nomorhamphus*-Halbschnäbler sind ebenso wie die anderen Mitglieder der Familie an eine Lebensweise knapp unterhalb des Wasserspiegels angepasst. Um ihren Bedürfnissen Rechnung zu tragen, hält man die Wasseroberfläche weitgehend von Pflanzen frei. Vorn sollte ein offener, an den Seiten und im Hintergrund von Vegetation eingerahmter Schwimmraum eingerichtet sein. Pflanzendickichte bieten vor allem den Jungfischen gute Versteckmöglichkeiten, da sie ansonsten Gefahr laufen, von den Eltern gefressen zu werden. Liems Halbschnäbler benötigen weiterhin ein gut gefiltertes und mit Sauerstoff angereichertes Wasser, das leicht sauer bis leicht alkalisch und weich bis mittelhart sein darf. Da die Art aus gebirgigen Regionen stammt, braucht man dem Wasser kein Salz hinzuzufügen.
Temperatur: 22–26 °C, wobei sich die Fische bei Temperaturen am unteren Ende der Skala am wohlsten fühlen.
Fortpflanzung: Die Weibchen können nach einer sechs bis acht oder neun Wochen dauernden Trächtigkeit im Verlauf mehrerer Tage bis zu zehn große Jungfische zur Welt bringen.

Liems Halbschnäbler.

REGISTER